2018年度国家社会科学基金教育学青年项目课题（课

我国高校教师的
时间分配与
工作状态研究

付梦芸 著

上海社会科学院出版社
SHANGHAI ACADEMY OF SOCIAL SCIENCES PRESS

目 录

第一章 高校教师学术工作的时间之维 … 1
第一节 高校教师学术工作的柯罗诺斯之困 … 1
一、柯罗诺斯之困:古希腊神话隐喻 … 1
二、时间都去哪儿了:高校教师工作体验的审思 … 3
三、时间分配:高校教师工作状态之忧 … 4
第二节 学术职业中时间研究的滥觞与发展 … 5
一、关于时间内涵的研究 … 6
二、关于高校教师时间分配及其影响因素的研究 … 8
三、关于高校教师时间分配与工作状态的研究 … 15
四、相关研究评价 … 22
第三节 研究思路与方法 … 23
一、研究问题与意义 … 23
二、研究方法 … 25
三、研究思路与框架 … 33

第二章 我国高校教师时间分配的特征描述 … 35
第一节 高校教师时间结构的内涵 … 35
一、时间结构的相关研究综述 … 36

二、高校教师时间结构的内涵界定 ………………………………… 38
 第二节 我国高校教师时间分配的总体特征 …………………………… 45
  一、数据说明 ……………………………………………………… 45
  二、教师时间分配的现状描述 …………………………………… 46
  三、教师时间分配的特征概括 …………………………………… 57
 第三节 我国高校教师时间分配的差异性特征 ………………………… 62
  一、教师个体特征与时间分配 …………………………………… 63
  二、教师家庭特征与时间分配 …………………………………… 69
  三、教师院校特征与时间分配 …………………………………… 73
 本章小结 …………………………………………………………………… 76

第三章 我国高校教师时间分配的影响因素 ……………………………… 79
 第一节 影响教师时间分配的个体因素 ………………………………… 79
  一、教师兴趣偏好 ………………………………………………… 80
  二、教师作息习惯 ………………………………………………… 82
  三、教师理想抱负 ………………………………………………… 84
 第二节 影响教师时间分配的高校内部环境因素 ……………………… 87
  一、教师聘任制度 ………………………………………………… 87
  二、教师绩效考核制度 …………………………………………… 97
  三、高校权力结构 ………………………………………………… 101
 第三节 影响教师时间分配的高校外部环境因素 ……………………… 108
  一、家庭环境 ……………………………………………………… 109
  二、地区经济水平 ………………………………………………… 112
  三、科技发展 ……………………………………………………… 115
 本章小结 …………………………………………………………………… 118

第四章 我国高校教师的时间分配与工作满意度 ········ 123
第一节 教师工作满意度的内涵与测量 ········ 123
一、工作满意度的内涵 ········ 124
二、工作满意度的测量 ········ 126
三、我国高校教师工作满意度的内容 ········ 128
第二节 我国高校教师工作满意度的现状特征 ········ 129
一、教师的总体工作满意度特征 ········ 129
二、教师工作满意度各维度分析 ········ 130
三、教师工作满意度的差异性分析 ········ 135
第三节 我国高校教师的时间分配与工作满意度 ········ 146
一、教师工作时间与工作满意度 ········ 147
二、教师家务时间与工作满意度 ········ 153
三、教师休闲时间与工作满意度 ········ 157
四、教师其他时间与工作满意度 ········ 160
本章小结 ········ 162

第五章 我国高校教师的时间分配与职业压力 ········ 164
第一节 高校教师职业压力的内涵与结构 ········ 164
一、高校教师职业压力的内涵 ········ 165
二、高校教师职业压力的测量 ········ 166
三、教师职业压力的影响因素 ········ 169
第二节 我国高校教师的职业压力及其影响因素 ········ 171
一、教师职业压力的整体特征 ········ 171
二、教师职业压力的差异性特征 ········ 177
三、教师职业压力的影响因素 ········ 183

第三节　我国高校教师的时间分配与职业压力 …………… 186
　一、教师工作时间与职业压力 ………………………… 187
　二、教师家务时间与职业压力 ………………………… 191
　三、教师休闲时间与职业压力 ………………………… 194
　四、教师其他时间与职业压力 ………………………… 197
本章小结 ………………………………………………… 199

第六章　我国高校教师的时间分配与工作绩效 …………… 203
第一节　高校教师工作绩效的内涵 …………………………… 203
　一、工作绩效的内涵 …………………………………… 204
　二、高校教师工作绩效的内涵与测量 ………………… 205
　三、高校教师工作绩效的影响因素 …………………… 208
第二节　我国高校教师工作绩效的特征及其影响因素 ……… 212
　一、教师的教学表现特征 ……………………………… 212
　二、教师的科研产出特征 ……………………………… 216
　三、教师工作绩效的影响因素 ………………………… 220
第三节　我国高校教师的时间分配与工作绩效 ……………… 227
　一、教师工作时间与工作绩效 ………………………… 227
　二、教师家务时间与工作绩效 ………………………… 234
　三、教师休闲时间与工作绩效 ………………………… 238
　四、教师其他时间与工作绩效 ………………………… 242
本章小结 ………………………………………………… 244

第七章　结论与反思 …………………………………………… 247
第一节　研究结论 ……………………………………………… 247
　一、我国高校教师的时间结构与内涵特征 …………… 247

二、我国高校教师时间分配的影响因素 …………………… 249
　　三、我国高校教师的时间分配与工作满意度 ………………… 250
　　四、我国高校教师的时间分配与职业压力 …………………… 252
　　五、我国高校教师的时间分配与工作绩效 …………………… 254
第二节　反思与建议 ……………………………………………… 256
　　一、时间荒:我国高校教师的时间体验 ……………………… 256
　　二、结构化生存:我国学术职业的现实处境 ………………… 261
　　三、多措并举:促进高校教师的学术成长 …………………… 263
第三节　研究创新与局限 ………………………………………… 269
　　一、研究贡献 …………………………………………………… 270
　　二、研究创新 …………………………………………………… 270
　　三、研究局限与展望 …………………………………………… 272

参考文献 ………………………………………………………… 274

附录 ……………………………………………………………… 307

后记 ……………………………………………………………… 319

第一章
高校教师学术工作的时间之维

在这个速度至上的社会里
你还能认真地读一本经典名著么?
坐下来亲手写一封书信,写一篇日记么?
你还能心无旁骛地休息一整天么?
关掉网络和手机,只是陪家人聊天,陪孩子玩耍么?
你还能安静地思考一个复杂问题么?
整理一条清晰的逻辑,甚至只是想象一种全新的可能么?[①]
——[挪威]托马斯·H.埃里克森

第一节　高校教师学术工作的柯罗诺斯之困

一、柯罗诺斯之困:古希腊神话隐喻

时间是一种客观存在,是永恒的,也是不可逆的。在古代,"时间"

---

① 托马斯·H.埃里克森.时间,快与慢[M].周云水,何小蓉,译.北京:北京联合出版公司,2013:封皮页.

往往被神化为一种"不灭不朽"的事物。从词源学角度看,"时间"的词根"Chron-"来源于拉丁文"Khrono-",而"Khrono-"与柯罗诺斯(又译克罗诺斯,英文为 Chronos/Khronos,古希腊文为 Χρόνος)密不可分。在《圣辞》的俄耳甫斯神谱中,柯罗诺斯是最高神,也是第一起源。在斯多亚学派看来,柯罗诺斯的力量维系整个宇宙,如果他的力量耗尽,那么整个宇宙就会被火海吞噬,同时柯罗诺斯也将回归最初火之中。

在古希腊神话中,柯罗诺斯创造出了埃忒尔(Aether,希腊文为 Αἰθήρ)和卡俄斯(Chaos,希腊文为 Χάος)。其中,卡俄斯是无边无际的,是位于大地与塔尔塔洛斯(Tartarus,"地狱"的代名词)之间的虚空;埃忒尔是"太空",是众神所呼吸的最纯洁的天堂之气。柯罗诺斯在无限的埃忒尔体内做出了一个宇宙蛋,宇宙蛋包含了整个宇宙的过去、现在和未来,并孕育出了法涅斯(Phanes)。法涅斯是原始神,具有双重性别,独自创造了神的种族。因此,Chronos 一词意味着万物之始,意味着永恒不朽。

在此神话意义的基础上,柯罗诺斯又被分化为克罗诺斯(Chronos)与卡伊洛斯(Kairos)。前者指一般时间,是可流逝但不可逆的常规性时间,后者指意想不到的时间,常被理解为时机,是可遇不可求、稍纵即逝的机会窗口。于是,时间与个人的行为选择进一步紧密结合起来,时间不仅代表着人们生命的尺度,也成为一种重要的稀缺资源。时间是永恒的存在,它不会因某一事物的变化而停止前进的步伐。时间作为承载人们社会实践的无声载体,一面默默无闻,似乎令人意识不到它的存在;一面又咄咄逼人,以钟表的刻度催促着人们的脚步。[1]

---

[1] 刘谦.教育的社会文化土壤:基于美国费城安卓学校的教育人类学观察[M].北京:光明日报出版社,2016:162.

"逝者如斯夫,不舍昼夜。""一日无二晨,时间不重临。"那么,时间到底是什么呢?应该如何把握好时间,利用好时间?这恐怕是当下每一个人都需要思考的问题。

二、时间都去哪儿了:高校教师工作体验的审思

木心的《从前慢》中有句歌词说得好:"从前的日色变得慢,车马邮件都慢,一生只够爱一人。"但是在当下社会中,"从前慢"的生活图景已经逐渐成为一种追忆,"时间越来越不够用,节奏越来越快"成为多数人的生活体验,"时间都去哪儿了"成为不少人的疑问。德国批判理论家哈特穆特·罗萨曾用"加速社会"这一概念来形容现代社会,他认为"各种现代时间结构以一种非常特殊的、命定般的方式发生了改变,这些时间结构是被加速逻辑所支配的"[1]。加速社会造成了人们"并行多、全天候"的生活方式。

在新时期,信息技术的发展和网络的普及要求高校教师在知识爆炸的时代背景中加速知识创新,高等教育强国建设和"双一流"建设目标要求高校教师承担起争创"一流"的使命,人才培养、科学研究、社会服务、文化传承、创新创业等方面的需求都要求高校教师接受多重考核,教师也因此置身于更为繁杂的多任务之中。于是,时间成为高校教师愈加珍贵而稀缺的资源。不同于其他职业,知识探究的规律与学术工作的本质决定了学术职业的"慢节奏"。然而,如今理想中学术应有的"闲逸"已逐渐成为一种奢侈,"没时间""挤时间""赶时间"成为高校

---

[1] 哈特穆特·罗萨.新异化的诞生:社会加速批判理论大纲[M].郑作彧,译.上海:上海人民出版社,2018:4.

教师的直接体验。走进大学校园,学者们闲暇惬意、悠然自得的画面已很难捕捉,忙忙碌碌、急急匆匆成为多数大学教师的常态。正如陈平原教授所言,"现在的状态,即便是在北大校园,大家都急匆匆赶路,像在赶地铁"①。

那么,高校教师都在忙什么呢?他们的时间究竟去哪儿了?背后的原因是什么?有何破解困局之法?……这些不仅仅是属于高校教师自身的疑惑,也是学术界需要深入探究的问题。

三、时间分配:高校教师工作状态之忧

2018年1月,中共中央、国务院印发了《关于全面深化新时代教师队伍建设改革的意见》,其中明确提出要"全面提高高等学校教师质量,建设一支高素质创新型的教师队伍"。若要切实提高师资队伍质量,就需要首先了解当下高校教师的工作状态,而教师的工作状态又与时间分配密切相关。

时间是有限的,时间分配是反映教师工作状态与生活质量的重要指标。大量研究表明,工作时间过长、闲暇时间不足往往会影响教师的身体健康。有学者通过调查10所高校教师的健康状态发现,"只有约10%的教师处于基本健康状态,约20%处于各种疾病状态,在其余的70%属于亚健康的人群中,约1/3属于重度亚健康"②,高血压、高血脂、高血糖、颈椎病是其主要表现,工作时间长、运动时间少是重要原因。

---

① 陈平原.深度剖析高校教师的处境及出路[EB/OL].(2016-01-13)[2019-03-21]. https://www.hnzk.gov.cn/zhikuyanjiu/1981.html.
② 孙文玲,王力锋.高校教师与学生共同选修体育课的可行性探析[J].当代体育科技,2023(2):186-190.

身体健康是教师各项工作得以开展的基本条件。因此,如何帮助教师合理分配时间,提高身体素质,也成为一个值得探讨的问题。

此外,时间也是重要的压力源,掌控时间是教师学术职业发展的关键。拥有"自由时间"或者"个人时间"是高校教师开展学术工作的前提,但是现实场景中,在各种竞争规则、绩效制度的加持下,时间越来越成为一种稀缺商品,它与效率和金钱高度关联。时间是获得竞争优势的直接手段。教师很难,而且也不敢放慢脚步去体验生活。在这种"加速"的学术环境中,时间焦虑已然成为教师压力和紧张感的重要来源。此外,如果压力持续时间过长,还容易致使教师产生工作满意度下降、工作效率降低甚至职业倦怠问题,严重影响教育教学工作。因此,从时间分配角度研究高校教师的工作状态具有独特意义。

第二节 学术职业中时间研究的滥觞与发展

时间是世上最难以捉摸的事物之一,从古至今,人们从未停止对它的探索。关于时间的研究,过去多集中于物理学、天文学和哲学领域,自20世纪40年代开始拓展至社会学和高等教育研究领域,并在90年代后逐渐丰富起来。但是相比其他领域,社会学和教育学中的相关研究依然较少,"与其他学科相比,在形成关于时间的知识体系上,社会学的步伐一直比较慢"[①]。

---

① 约翰·哈萨德.时间社会学[M].朱红文,李捷,译.北京:北京师范大学出版社,2009:2.

一、关于时间内涵的研究

时间是人们日常生活中最为熟悉的概念。然而,时间是什么?什么是时间?却是困扰人们已久的谜题。古罗马帝国时期的神学家圣·奥古斯丁就曾发出感叹:"时间究竟是什么?没有人问我,我倒清楚;有人问我,我想说明,便茫然不解了。"

实际上,对时间概念的探究可追溯至古希腊时期。例如,柏拉图在《蒂迈欧篇》(*Timaeus*)中将时间看作永恒的影像[1];亚里士多德在《物理学》中提到"时间是关于前和后的运动的数,并且是连续的"[2]。到了欧洲中世纪时期,时间逐渐与基督教联系在一起,"时间转变为以基督为中心的时间","克罗诺斯即一般时间,被挤压在了道成肉身与近于审判的两大边界之间"[3]。之后,时间概念逐渐内化,并与人的存在联系在一起。譬如,康德认为"空间和时间是一切感性直观的两个合在一起的纯形式,它们由此而使先天综合命题成为可能"[4];黑格尔认为时间是"纯粹的己内存在,是一种从自身产生出来的活动"[5]。到了18世纪,随着自然科学的发展,关于时间的研究也进一步扩展。进入20世纪后,社会学、管理学、教育学等也开始加强对时间相关的研究。

纵观相关研究,在物理学或天文学领域中,时间一般与运动和距离相联系;哲学领域中,时间往往具有主观性、内化性、与人的意识相联系;社会学领域则往往把时间与社会生活、制度文化联系在一起。例

---

[1] 柏拉图.柏拉图全集(第3卷)[M].王晓朝,译.北京:人民出版社,2003:288.
[2] 亚里士多德.物理学[M].张竹明,译.北京:商务印书馆,1982:127.
[3] 赵汀阳,弗朗索瓦·阿赫托戈.时间和历史的概念:一个实验性的跨文化对话[J].王惠民,贾祯祯,译.哲学研究,2023(1):84-95.
[4] 康德.纯粹理性批判[M].邓晓芒,译.北京:人民出版社,2004:27.
[5] 黑格尔.自然哲学[M].梁志学,薛华,译.北京:商务印书馆,1980:47.

如,迪尔凯姆(Émile Durkheim)在研究原始宗教时就指出,时间起源于社会生活,是集体意识的产物①;布迪厄强调时间与仪式的关系,他在研究阿尔及利亚卡比尔人的时间观时发现,卡比尔农民的生活节奏遵照一种仪式性的立法,而这种历法完全是一个神话式的系统②;索罗金和默顿强调了社会时间的意义,认为"时间的表达,无论是关于持续时间还是时间标记,都是关于社会活动或者集体的成就"③,等等。还有些研究强调物理时间,这一倾向多集中在经济学和管理学领域。例如,马克思在《资本论》中提到"时间是人类发展的空间"④;摩尔(W.E. Moore)认为时间首先是时钟时间,时间是一种难得的资源,也是人们借助此来组织自己的生活方式⑤;汤普森(E.P. Thompson)考察工人时间时,也把时间聚焦为可以量化的时钟时间⑥;约翰·哈萨德将时间看作一种分析变量——总量是确定的,一旦用了,就不能重新得到⑦;茱迪丝·肖尔(J.B. Schor)在分析"二战"以来美国人的工作时间时,把时间看作一种资本⑧。

在教育学领域中,时间研究多带有综合性和跨学科性的特点,一方

---

① G. Pronovost. Time in a Sociological and Historical Perspective[J]. International Social Science Journal,1986(107):5-18.
② 约翰·哈萨德.时间社会学[M].朱红文,李捷,译.北京:北京师范大学出版社,2009:216-231.
③ 约翰·哈萨德.时间社会学[M].朱红文,李捷,译.北京:北京师范大学出版社,2009:45.
④ 马克思,恩格斯.马克思恩格斯全集(第2卷)[M].中共中央马克思恩格斯列宁斯大林著作编译局,译.北京:人民出版社,1995:90.
⑤ W.E. Moore. A Reconsideration of Theories of Social Change[J]. American Sociological Review,1960(25):255-266.
⑥ E.P. Thompson. Time,Work-Discipline,and Industrial Capitalism[EB/OL]. [2019-02-04]. http://links.jstor.org/sici?sici=00312746%28196712%290%3A38%3C56%3ATWAIC%3E2.0.CO%3B2-G.
⑦ 约翰·哈萨德.时间社会学[M].朱红文,李捷,译.北京:北京师范大学出版社,2009:6.
⑧ J.B. Schor. The Overworked American: The Unexpected Decline of Leisure[M]. New York: Basic Books,1993:1-3.

面强调时间的社会意义,另一方面又强调时间的客观属性。例如,有学者认为学校时间配置并非仅是教育的要求,而是权力的微观运作①;有学者在研究教师教育生活时区分了内在时间和外在时间,认为"在内在时间视域下,时间具有不同的前后序列,并可以被能动地改造和利用",而外在时间具有被动性②。还有些学者将时间特别锁定为客观时间,认为时间是可以量化的,并具体探究了工作时间及其分配。③④⑤

二、关于高校教师时间分配及其影响因素的研究

(一) 教师的时间分配

早在20世纪70年代,美国学者罗根·威尔逊(Logan Wilson)就通过研究20世纪40年代到70年代学术职业的变化发现,在大学中,有相当数量的教师会在图书馆或者实验室度过大部分时间,而且不管是工作日还是周末,他们很可能会在家里工作到凌晨。尽管他们被正式安排的工作时间可能不及商店或者政府的工作人员(可能每周工作不会超过35小时或者40小时)那么长,但是他们自我强制(self-imposed)性的时间安排会远远超过这一工作时长。⑥20年后,雅各布斯

---

① 桑志坚.作为一种规训策略的学校时间[J].湖南师范大学教育科学学报,2014(5):31-35.
② 郑楚楚.教师教育生活的意义困境及其超越:时间哲学的视角[J].教育发展研究,2022,42(8):30-37.
③ 沈红,谷志远,等.大学教师工作时间影响因素的实证研究[J].高等教育研究,2011(9):55-63.
④ 付梦芸.柯罗诺斯之困:我国研究型大学教师的工作时间及其分配[D].上海:华东师范大学,2017.
⑤ P.J. Bentley, Svein Kyvik. Academic Work from a Comparative Perspective: A Survey of Faculty Working Time across 13 Countries[J]. Higher Education,2012(63):529-547.
⑥ L. Wilson. American Academics: Then and Now[M]. New York: Oxford University,1979:200.

(Jerry A. Jacobs)、戈森(Kathleen Gerson)等学者调查美国教师专业群体和其他工作群体的工作时间安排情况时发现,无论是男性还是女性教师,平均每周工作时间都在 40 小时以上,其中以男性的工作时间最长,平均达 45 小时左右,并且每周工作 50 小时以上的占比超过 35%。① 在日本,有研究发现,高校教师平均每周工作时间均高于法定劳动时间,其中,医学齿科领域的教师工作时间最长,教授平均每周工作时间长达 58 小时 32 分钟,副教授为 62 小时 50 分钟。② 在意大利,有学者利用全国时间利用调查数据专门研究了所有群体的各项时间分配(工作时间、家务时间、"生理时间"、学习和自由时间等)中的性别差异,发现男性比女性的工作与学习时间长,"生理时间"与家务时间短,而且这些差异还会随着年龄的不同而有所变化。③

在我国,中科院政策所通过 2007 年对科技人员的调查发现,中科院的科技人员平均每周工作时间为 65.4 小时,其中有 15% 的科技人员的周工作时间总计超过 80 小时。与此类似,在清华大学工作的教师也是经常熬夜,每周工作的时间远远超过国家标准。④ 沈红等人通过对全国 11 个省份 68 所大学 3 612 名大学教师的调查发现,教师平均每周工作时间为 43.7 小时,并且在性别、职称、大学层次等方面存在显著差异。⑤ 刘贝妮通过分析 358 份高校教师工作情况调查表发现,在教学期,

---

① Jerry A. Jacobs, Kathleen Gerson. The Time Divide: Work, Family, and Gender Inequality[M]. Cambridge, MA: Harvard University Press, 2004:16.
② 鲍威,王嘉颖.象牙塔里的压力:中国高校教师职业压力与学术产出的实证研究[J].北京大学教育评论,2012(1):126-190.
③ Rina Camporese, Cristina Freguja, Linda Laura Sabbadini. Time Use by Gender and Quality of Life[J]. Social Indicators Research, 1998(44):119-144.
④ 陈秀兰.浅析高校教师"过劳死"现象及保护措施[J].法制与社会,2007(2):583.
⑤ 沈红,谷志远,等.大学教师工作时间影响因素的实证研究[J].高等教育研究,2011(9):55-63.

教师平均每周工作达 52.3 小时,而在寒暑假平均每周工作 32.9 小时。[1]李琳琳通过对我国 9 所高校教师的调查也发现:教师用在教学活动上的时间最多,占比达 48% 以上;其次为科研和服务时间,两者分别约占比 30% 和 20%。[2]与此结论相仿,陆根书等人的研究发现大学教师的工作主要围绕教学和研究展开,两者占整个工作时间的 80%,但是教师的工作时间分配会因高校类型的不同而有所差异。[3]在我国香港地区,有学者发现,教师平均每周工作 52.8 小时,其中用于教学的时间为 21.7 小时,科研时间为 15.9 小时。[4]

(二) 教师时间分配的影响因素

时间并不是个人的,而是普遍的、集体的。[5]时间分配看似是个人的一种时间预算和安排策略,但其实背后受到社会结构的影响和制约,"时间的体制是伴随着社会结构而发生变化的……人们对时间的使用受制于社会结构或社会过程的作用"[6]。结构是决定历史、社会与文化各种事件和行为的基本规则,我们应当透过杂乱无章的经验表象去发现起制约作用的深层结构。[7]所谓社会结构,既可以看作是社会关系的

---

[1] 刘贝妮.高校教师工作时间研究[J].开放教育研究,2015(2):56-62.
[2] 李琳琳.我国大学教师服务工作特征探析[J].高等教育研究,2014(11):49.
[3] 陆根书,黎万红,张巧艳,等.大学教师的学术工作:类型、特征及影响因素分析[J].复旦教育论坛,2010(6):38-50.
[4] P.J. Bentley, Svein Kyvik. Academic Work from a Comparative Perspective: A Survey of Faculty Working Time across 13 Countries[J]. Higher Education,2012(63):529-547.
[5] 埃米尔·涂尔干.宗教生活的基本形式:涂尔干文集(第一卷)[M].渠东,汲喆,译.上海:上海人民出版社,2006:8.
[6] P.A. Sorokin, R.K. Merton. Social Time: A Methodological and Functional Analysis[J]. American Journal of Sociology, 1937, 42(5):615-629.
[7] 约翰·斯特罗克.结构主义以来:从列维-斯特劳斯到德里达[M].渠东,李康,李猛,译.沈阳:辽宁教育出版社,1998:25.

组合形式,又可以理解为"社会关系的网络",包含社会群体之间和所有人与人之间的社会关系。①如果按照帕森斯(T. Parsons)结构功能主义的阐释,结构会表现为一种功能,社会结构就是具有不同功能的、多层面的子系统(经济系统、政治系统、社会系统和文化系统)所形成的一种相互渗透的"总体社会系统",每一层面的子系统对应相应的基本功能。②社会结构十分复杂,既包括政治、经济、文化等宏观系统,又包括群体之间、组织之间的中观系统,还包含个体与个体之间互动而产生的微观系统。纵观教师时间分配的相关研究,影响高校教师时间分配的因素大致可概括为4个层面,即教师个体、家庭、大学组织和社会环境因素。

1. 教师个体因素

在教师个体层面,相关研究大多把时间分配看作个体独立的自我体验。威尔逊(L. Wilson)认为大学教师具有高度的伦理自觉性,尽管他们被正式安排的工作时间可能不及商店或者政府工作人员,但是自我强制性的工作时间会远远超过他们。③芬克尔斯坦(M.J. Finkelstein)也强调,学术职业具有较强的自主性,在某种意义上,教师对所偏好的研究,往往在时间上也会有所侧重。④但也有学者发现,时间分配并不完全由个人喜好决定,而是与经济地位有关,只有经济条件达到一定程度,才能谈得上能拥有时间使用的自由,一般来说,收入水平越高,休闲时间越长,家务劳动时间越短。⑤

---

① 拉德克利夫-布朗.社会人类学方法[M].夏建中,译.北京:华夏出版社,2002:1-20.
② 格哈特.帕森斯学术思想评传[M].李康,译.北京:北京大学出版社,2009:17-31.
③ L. Wilson. American Academics: Then and Now[M]. New York: Oxford University, 1979:200.
④ M.J. Finkelstein. The American Academic Profession: A Synthesis of Social Scientific Inquiry since World War II[M]. Columbus, OH: Ohio State University Press, 1984:5.
⑤ 王琪延.中国城市居民生活时间分配分析[J].社会学研究,2000(4):86-87.

还有学者将影响教师时间分配的因素归为个体的意志、理想、情感、动机等。例如,舍恩(Schoen)等学者认为,女性比男性在教学方面会展示出更强的自信和更多的情感,所以上课的频次(Frequency)也会相对较多[1];贝利(J.G. Bailey)[2]、舒斯特(J.H. Schuster)、芬克尔斯坦[3]等学者认为,心理动机是个体行为的方向,会对教师的时间分配有一定影响,等等。

2. 家庭因素

作为教师生活的重要场域,家庭环境对教师的时间分配产生重要影响。婚姻是人们生命历程的重要事件,进入婚姻状态后,个体的时间安排往往会顾及配偶或新家庭成员的需求。桑切斯(L. Sanchez)和汤普森(E. Thompson)发现,结婚之后的家庭生活会在一定程度上占用更多的时间,进而影响了人们的工作投入。[4]但也有研究认为婚姻状况并不影响教师的工作时间投入。[5]

与婚姻状况相比,大多数研究证实了生育或者养育子女对教师时间分配的影响。例如,戈洛布(T.F. Golob)等人发现,有子女的人比无子女的人在家庭上投入更多的时间,而在工作上投入的时间相对较少,但是当其他成员(如父母、小时工等)能分担一部分家庭责任时,这种情

---

[1] L.G. Schoen, S. Wincour. An Investigation of the Self-efficacy of Male and Female Academics[J]. Journal of Vocational Behaviour, 1998(32):307-320.

[2] J.G. Bailey. Academics' Motivation and Self-efficacy for Teaching and Research[J]. Higher Education Research & Development, 1999, 18(3):343-359.

[3] J.H. Schuster, M.J. Finkelstein. The American Faculty: The Restructuring of Academic Work and Careers[M]. Baltimore: Johns Hopkins University Press, 2006:60-65.

[4] L. Sanchez, E. Thompson. Becoming Mothers and Fathers: Parenthood, Gender, and the Division of Labor[J]. Gender and Society, 1997(11):747-772.

[5] 朱依娜,卢阳旭.性别、家庭与高校教师的时间分配:基于2011年全国科技工作者时间利用调查[J].妇女研究论丛,2014(9):25-32.

况会有一定缓解。①吴国宝、檀学文的研究也发现,家庭结构(如存在需要资助的学生、需要照顾的老人和儿童)等会对个人生活时间产生显著的影响。②随着子女年龄的增长,照料子女的时间往往会相应减少③,而且随着家庭经济条件的改善,家庭生产常常被家庭设备和服务外包所替代,家务劳动时间有下降的趋势,休闲时间有上升的趋势④。

另外,受传统性别角色的影响,"男主外,女主内"的分工模式往往使男性拥有比女性更多的工作时间,而女性则比男性承担更多的家务劳动,而且由于家务劳动时间的挤占,女性的休闲时间也普遍少于男性。⑤

3. 大学组织因素

作为大学的一员,高校教师的时间分配离不开大学组织环境的影响。鲍尔斯(J.K. Bowers)认为,评价与考核制度是教师活动和行为的指引,由于制定的目标不是最基础(primary)的,并不是所有人都可以达到,所以为了避免淘汰或者想获得更高的职位,教师们不得不朝着评价指标的方向努力。⑥特别是在研究型大学中,教师在工作上的时间投

---

① T.F. Golob, M.G. McNally. A Model of Activity Participation and Travel Interactions Between Household Heads[J]. Transportation Research, Part B: Methodological, 1997(3): 177-194.
② 吴国宝,檀学文.用多少时间为自己而活?:作为福祉的农民个人生活时间影响因素分析[J].中国农村经济,2015(9):57-68.
③ J. Kimmel, R. Connelly. Mothers' Time Choices: Caregiving, Leisure, Home Production, and Paid Work[J]. Journal of Human Resources, 2007(3):643-681.
④ 王琪延.从时间分配看北京人20年生活的变迁:基于2006年北京生活时间分配调查的统计分析[J].北京社会科学,2007(5):22-26.
⑤ M. Bittman, J. Wajcman. The Rush Hour: The Character of Leisure Time and Gender Equity[J]. Social Forces, 2000, 79(1):165-189.
⑥ J.K. Bowers. Issues in Developing a Faculty Evaluation System[J]. Journal of Personnel Evaluation in Education, 1989(3):31-38.

入尤为突出。有学者通过对13个国家和地区的学术职业调查发现,无论是在欧美还是亚洲,均以研究型大学的教师工作时间为最高。[1]在"要么发表,要么出局"的严苛环境中,教师为了有充足的时间进行科研,不得不牺牲生活与休闲时间。[2]受"非升即走"政策的刺激与诱导,大学教师特别是青年教师的工作时长,近年来有明显增加的趋势。[3][4]

4. 社会环境因素

在宏观社会环境因素方面,相关研究主要强调科学技术、宗教与文化对时间分配的作用。法国哲学家贝尔纳·斯蒂格勒认为"与其说技术在时间中,不如说它构造时间"[5],"技术造成了种族的非区域化,新的知识、自然、政治、经济,时间和空间的变迁"[6]。阿特巴赫也发现,在美国,新技术,特别是信息与通信技术,已经渗透到高等教育的各个层面,并"对大学里的教学、院校管理、财政、外在的关系,图书馆服务,研究成果和论文,以及大学教师和学生生活等每点每滴都有不同凡响的影响"[7]。

---

[1] P.J. Bentley, Svein Kyvik. Academic Work from a Comparative Perspective: A Survey of Faculty Working Time across 13 Countries[J]. Higher Education, 2012(63): 529-547.

[2] Dheeraj Sharma. Faculty Evaluation of Marketing of Research Streams and Self-Serving [C]//Harlan Spotts. Creating and Delivering Value in Marketing: Proceedings of the 2003 Academy of Marketing Science(AMS) Annual Conference, 2015: 218.

[3] A.N. Link, C.A. Swann, B.A. Bozeman. Time Allocation Study of University Faculty[J]. Economics of Education Review, 2008(27): 365-373.

[4] L.D. Singell, J.H. Lillydahl. Will Changing Times Change the Allocation of Faculty Time [J]. The Journal of Human Resources, 1996, 31(2): 429-440.

[5] 贝尔纳·斯蒂格勒.技术与时间:爱比米修斯的过失[M].裴程,译.南京:译林出版社,2012:31.

[6] 贝尔纳·斯蒂格勒.技术与时间:爱比米修斯的过失[M].裴程,译.南京:译林出版社,2012:98.

[7] 菲利普·阿特巴赫,利斯·瑞丝伯格,劳拉·拉莫利.全球高等教育趋势:追踪学术革命轨迹[M].姜有国,等,译.上海:上海交通大学出版社,2010:107.

时间是文化①的建构,时间本身和其概念化的过程是通过社会文化进化机制来改变的。②韦伯在阐述资本主义精神时指出资本主义工商界领导人、资本占有者、商业巨鳄等群体工作十分拼命,而其中的原因与他们所信仰的新教文化是分不开的,新教所确立的"因信称义"以及上帝的选民标准正好推动了他们的积极进取精神。③

三、关于高校教师时间分配与工作状态的研究

按照《辞海》解释,状态有两层意思:一是指人或事物表现出来的形态,如心理状态、液体状态;二是指物质系统所处的状况。④因此,工作状态可以理解为工作状况。具体来讲,对工作状态的界定主要有两种倾向。有研究将工作状态界定为是否在工作,如梁樱在研究已婚女性的精神健康时,把工作状态变量转化定义为在工作或全职料理家务的状态。⑤

---

① "文化"是人类学和社会学的重要概念,但对于究竟什么是文化,却是见仁见智,莫衷一是。功能论强调文化是同人类的基本需要联系起来的,认为文化是基于人们的生活需要或者适应社会的需要而产生的,主要以马林诺夫斯基(Malinowski)和拉德克利夫-布朗(Alfred Radcliffe-Brown)等人为代表;符号说则将文化看作一种象征符号体系,如特纳(Victor Turner)关注仪式的研究;结构主义将文化看作一种分类系统,可以按照其成分之间的结构关系加以分析,主要代表有维特根斯坦(Ludwig Josef Johann Wittgenstein)、让·皮亚杰(Jean Piaget)、列维-斯特劳斯(Claude Lévi-Strauss)等人;在阐释主义者看来,文化的分析不是一种探索规律的实验科学,而是一种探索意义的阐释性科学,如格尔兹(Clifford Geertz)关于斗鸡的深度阐释便是文化阐释主义的经典。
② Niklas Luhmann. The Differentiation of Society[M]. Stephen Holmes, Charles Larmore, trans. New York: Columbia University Press, 1982:38.
③ 马克斯·韦伯.新教伦理与资本主义精神[M].于晓,陈维纲,译.北京:生活·读书·新知三联书店,1987.
④ 辞海编辑委员会.辞海(第六版)[M].上海:上海辞书出版社,2009:3043.
⑤ 梁樱.工作状态对城镇已婚女性精神健康的影响:基于CSS2013的实证分析[J].妇女研究论丛,2016(7):103.

但更多的研究将其定义为高校教师在工作中所呈现出的情感、态度,以及对工作的认知、表现与感受。例如,兰德(H.F. Ladd)认为教师的工作状态就是教师对工作环境的认知,主要从时间、拓展的角色、领导、专业发展、设施与资源5个方面来体现。[1]陈涛、张莉等以高校辅导员为专门研究对象,通过因子分析发现工作状态包含工作满意度、工作投入、组织承诺3个方面。[2]还有学者考虑到了工作压力、职业倦怠等方面。[3][4]基于此,以下主要从工作满意度、职业压力和工作绩效三方面展开分析。

(一) 教师时间分配与工作满意度

工作满意度最早由霍波克(R. Hoppock)提出,他在《工作满意度》一书中,将其定义为从业者对工作环境的满足程度。[5]当然,也有学者将其看作从业者对工作本身的情感反应。[6]

就现有文献来看,关于工作时间与工作满意度的关系研究有两种

---

[1] H.F. Ladd. Teachers' Perceptions of Their Working Conditions: How Predictive of Planned and Actual Teacher Movement? [J]. Educational Evaluation and Policy Analysis, 2011, 33(2):235-261.

[2] 陈涛,张莉,张莹瑞.高校辅导员幸福指数、工作状态、离职倾向互动影响分析:基于江苏7所高校的调查研究[J].江苏高教,2015(6):91.

[3] Suzanne H. Lease. Occupational Role Stressors, Coping, Support and Hardiness as Predictors of Strain in Academic Faculty: An Emphasis on New and Female Faculty[J]. Research in Higher Education, 1999, 40(3):285-307.

[4] W.H. Gmelch, P.K. Wilke, N.P. Lovrich. Dimensions of Stress among University Faculty: Factor-analytic Results from a National Study[J]. Research in Higher Education, 1986(3):266-286.

[5] R. Hoppock. Job Satisfaction[M]. New York: Harper & Brothers Publishers, 1935:8-21.

[6] H.A. Wright, R. Cropanzano, D.G. Bonett. The Moderating Role of Employee Positive Well-being on the Relation between Job Satisfaction and Job Performance[J]. Journal of Occupational Health Psychology, 2007(12):93-104.

倾向。一种是将工作时间看作工作满意度的一个内容或者结构性要素。例如,明尼苏达工作满意度量表(Minnesota Satisfaction Questionnaire,MSQ)就包含对工作时间的满意程度①;2009年中山大学社会科学调查中心所进行的"中国(广东)家庭动态跟踪调查"也将工作时间包含在内②;克诺普(R. Knoop)则将工作时间、时间自由性、假期等作为工作满意度中除工作结果之外具有重要价值的内容③。

另一种是将工作时间作为影响工作满意度的重要因素。例如,许琪和戚晶晶通过分析"第三期中国妇女社会地位调查"的数据发现,工作时间长度对工作满意度有显著的负面影响,即女性的工作时间越长,其工作满意度越低。④也有学者运用2004年美国的高校教师调查数据对教师的教学满意度开展专门研究,发现工作时间及分配情况与教学满意度关系最为密切(解释力达4.3%),而且本科教学时间对工作满意度的影响高于科研时间对应的相关系数。⑤此外,还有一些学者从时间管理、时间意识等方面对工作满意度的影响因素进行了探究。例如,麦坎(T.H. Macan)以大学生群体作为研究对象发现,大学生的时间管理行为可以影响学习满意度,有效的时间管理可以增加学生的学

---

① M. Hancer, R.T. George. Job Satisfaction of Restaurant Employees: An Empirical Investigation Using the Minnesota Satisfaction Questionnaire[J]. Journal of Hospitality & Tourism Research, 2003(1): 85-100.
② 才国伟,刘剑雄.归因、自主权与工作满意度[J].管理世界,2013(1):133-142.
③ R. Knoop. Work Values and Job Satisfaction[J]. Journal of Psychology, 1994(128):683-690.
④ 许琪,戚晶晶.工作—家庭冲突、性别角色与工作满意度:基于第三期中国妇女社会地位调查的实证研究[J].社会科学文摘,2016(8):208.
⑤ 刘进,王静.什么影响美国高校教师教学满意度:基于对NSOPF调查数据的分析[J].教师教育研究,2009(3):75-80.

习满意度[1]；兰迪（F.J. Landy）等人则从时间意识角度出发进行了探究，认为时间意识或者时间紧迫感可以影响职工的工作满意度[2]。

综上所述，相关研究多认为时间分配既是工作满意度测量的重要维度，也是工作满意度的重要影响因素。工作时间一般与工作满意度呈负相关，而工作自由度、假期时长则与工作满意度呈正相关。尽管这些结论大多是基于大规模调查数据所得出的，但是与其他群体的工作相比，学术工作有一定的特殊性，针对其他从业群体的调查研究结论并不能完全适用于大学教师。

（二）教师时间分配与职业压力

时间分配是影响职业压力的重要变量，也是压力测量的重要指标，相关研究大多揭示了工作时间对职业压力的影响作用。例如，鲍威等人的研究表明，"在控制其他变量的基础上，工作时间每增加1个小时，教师职业压力增加的可能性将增加0.006倍"。[3]在美国，有学者发现虽然工作时间长可以带来高产出，但是工作时间最长的大学教师所承受的压力也是最大的。[4]

此外，还有学者探究了时间压力问题。在《学术资本主义》一书中，斯劳特就指出"时间压力和缺少个人时间是教学科研人员到目前为止

---

[1] T.H. Macan, C. Shahani, R.L. Dipboye, et al. College Students' Time Management: Correlations with Academic Performance and Stress[J]. Journal of Educational Psychology, 1990(4):760-768.

[2] F.J. Landy, H.Rastegary, J. Thayer, C. Colvin. Time urgency: The Construct and Its Measurement[J]. Journal of Applied Psychology, 1991(5):644-657.

[3] 鲍威,王嘉颖.象牙塔里的压力:中国高校教师职业压力与学术产出的实证研究[J].北京大学教育评论,2012(1):125-190.

[4] W.G. Tierney, E.M. Bensimon. Promotion and Tenure: Community and Socialization in Academe[M]. New York: State University of New York Press, 1996:172.

最常见的压力来源"。①在我国,还有学者专门研究了女教授群体的时间焦虑问题,发现我国高校女教授在精神层面不同程度地存在着因时间秩序混乱、时间冲突、时间管理失效、时间掌控力不足等方面造成的匆忙、担心、紧张、倦怠等时间焦虑心理。②

就当前研究来看,对时间是如何使教师产生压力的解释主要来源于角色冲突理论。有学者认为长时间的工作为个人与家庭生活带来了挑战,两者的不平衡往往使教师产生角色冲突,带来压力。③角色是对具有一定社会地位的个体所应该具有的一系列特殊行为的期望。④角色冲突理论源于角色理论。一般认为较早将角色概念引进社会学研究的是米德。在"符号互动论"(Theory of Symbolic Interaction)中,他提到,在个体与社会之间的相互作用中,个体以"泛化的他人"的角色参与共同的活动,构成自我基本结构,即"客我"与"主我"的统一。其中,"泛化的他人"涉及角色扮演过程的普遍化。在有组织的人类社会中,由于个体成员之间错综复杂的相互关系,个体自我之间既可以导致社会合作,也可以导致对抗与冲突。⑤受米德的影响,戈夫曼对角色理论做了进一步发展。在《日常生活中的自我呈现》一书中,他把社会看作正在演出的戏剧舞台,每一个人都是社会生活舞台上的演员,在互动过程中会按一定的常规程序(剧本)扮演不同的角色,但由于被期望的角色往往与

---

① 希拉·斯劳特,拉里·莱斯利.学术资本主义[M].梁骁,黎丽,译.北京:北京大学出版社,2014:213.
② 颜印华.高校女教授的时间焦虑研究[D].桂林:广西师范大学,2022.
③ J.A. Jacobs. The Faculty Time Divide[J]. Sociological Forum, 2004, 19(1):3-26.
④ D. Katz, R.L. Kahn. The Social Psychology of Organizations[M]. New York: Wiley, 1978:55-78.
⑤ 乔治·赫伯特·米德.心灵、自我与社会[M].赵月瑟,译.上海:上海译文出版社,2008:10-44.

其实际角色之间存在差异,于是就会出现主我(自生的自我)和宾我(受社会压制的自我)之间的紧张。[1]

一般来讲,角色冲突分为角色间冲突和角色内冲突。作为一种社会期望,当个体同时扮演不同的角色时,因缺乏充分的时间和精力而无法满足这些角色期望所产生的冲突,被称为角色间冲突。时间是有限的,当多个角色同时出现时,要符合一个角色,就很难符合另外一个角色。随着感受到的物理学时间的稀缺性增加,人们对生活中事件的控制感就会减少。这种控制感的丧失,最终会导致忧虑沮丧,产生角色无能的情绪。[2]莱斯(R.E. Rice)等人发现,时间限制是影响教师学术职业发展的重要方面,也是造成教师压力的主要根源,因为有限的时间常使得教师不能有效地平衡工作和生活,工作时间延长意味着家庭生活参与程度的降低,而家庭方面投入的时间长就会影响工作。[3]也有学者指出,当个人的时间和精力不足以同时满足工作和家庭两个角色的需求时,就会产生工作和家庭的冲突,给教师带来压力。[4]

角色内冲突一般是指两个或两个以上的角色伙伴对同一个角色抱有矛盾的角色期望所引起的冲突。在社会学研究中,时间往往被看作一种社会时间,它通过群体生活和文化特征传递到个体。[5]正如前文所

---

[1] 欧文·戈夫曼.日常生活中的自我呈现[M].冯钢,译.北京:北京大学出版社,2008:17-34.
[2] 约翰·哈萨德.时间社会学[J].朱红文,李捷,译.北京:北京师范大学出版社,2009:87.
[3] R.E. Rice, M.D. Sorcinelli, et al. Heeding New Voices: Academic Careers for a New Generation[Z]. Forum on Faculty Roles & Rewards(American Association for Higher Education),2000.
[4] J.H. Greenhaus, N.J. Beutell. Sources of Conflict between Work and Family Roles[J]. Academy of Management Review,1985,10(1):76-88.
[5] 约翰·哈萨德.时间社会学[J].朱红文,李捷,译.北京:北京师范大学出版社,2009:87.

述,对学术职业来说,工作时间的长短和结构往往不是由教师本人决定的,而是受学术政策、制度、文化等各个方面的影响。当大学教师被角色定势后,如果教师个人所承担的角色行为或者时间安排与之存在较大差异时,便会遭到来自社会的非议,进而使教师产生压力。

(三)教师时间分配与工作绩效

工作绩效是对教师整体工作表现的一种评价,本质上是个体为组织实现其目标的程度。[1]它考察的是工作或任务的完成情况,可表现为产出、成果或成就。[2]有学者发现,家庭与工作时间的不平衡很容易导致角色冲突,影响工作效率。[3]还有研究发现,如果工作时间过长,会导致压力过大,对工作产生焦虑、厌烦等消极情绪,影响工作业绩。[4]

还有学者专门研究了时间分配对学术产出的影响。例如,阎光才、牛梦虎通过对我国50多所高水平大学教师的调查研究发现,超负荷的时间投入是影响教师学术产出的关键因素。[5]笔者的研究也发现,一定的科研时间投入对教师的学术产出产生显著的积极作用[6],等等。

---

[1] J.P. Campbell, B.M. Wiernik. The Modeling and Assessment of Work Performance[J]. Annual Review of Organizational Psychology and Organizational Behavior, 2015(2): 47-74.
[2] W.C. Borman, D.R. Ilgen, R.J. Klimoski. Handbook of Psychology: Industrial and Organizational Psychology[M]. Hoboken, NJ: John Wiley & Sons, 2003:39-53.
[3] R.E. Rice, M.D. Sorcinelli, et al. Heeding New Voices: Academic Careers for a New Generation[Z]. Forum on Faculty Roles & Rewards(American Association for Higher Education), 2000.
[4] P.K. Wilke, W.H. Gmelch, N.P. Lovrich. Stress and Productivity: Evidence of the Inverted U Function[J]. Public Productivity Review, 1985(4):342-356.
[5] 阎光才,牛梦虎.学术活力与高校教师职业生涯发展的阶段性特征[J].高等教育研究,2014(10):29-37.
[6] 付梦芸.我国学术职业压力与科研产出的实证研究[J].科学学研究,2021(3):476-484.

四、相关研究评价

通过以上梳理可以发现,国内外有关高校教师时间分配与工作状态的研究虽然较为丰富,但是不够系统,并且专门以大学教师为研究对象的研究成果比较少。相关成果可概括为具有以下 4 个特点。

第一,相关研究多半来自国外学者,而国内学者的研究相对较少。高校教师时间分配与工作状态的研究属于学术职业的研究范畴。虽然早在韦伯时期就已有学者关注学术职业,但其中涉及时间分配问题的研究直到 1942 年洛根·威尔逊(Logan Wilson)发表《学术人》(*The Academic Man*)时才出现。2000 年左右,"学术职业"被部分学者作为主题词介绍到国内,但当时并没有激起我国学术界的研究热情。之后,随着沈红教授参与的"第二次学术职业变革国际调查——中国研究"的开展以及系列成果的发表,学术职业研究逐渐成为高等教育研究的重要内容。但是与国外相比,国内的相关研究依然较少,特别是将教师时间分配与工作状态联系起来的更是屈指可数。

第二,研究成果多来自社会学、心理学和管理学领域,而教育学,特别是高等教育学领域,对高校教师时间分配与工作状态的关注较少,并且起步较晚。正如联合国教科文组织所指出的,"时间一直使诗人、哲学家、浪漫主义作家和科幻作家们着迷,而教育学家们却刚刚发现时间作为教育过程中一种变量的全部意义和影响"[1]。

第三,研究方法多为利用问卷调查数据来说明高校教师的时间分配情况与工作状态。例如,在分析其影响因素时,大多采用因子分析、

---

[1] 中央教育科学研究所比较教育研究室.简明国际教育百科全书:教学(上)[M].北京:教育科学出版社,1990:405.

主成分分析和回归分析方法。虽然这种方法可以很直观地发现各变量与变量之间的关系,但由于缺乏相关质性材料(如访谈、观察、文本政策材料等)的佐证,对于数据背后的意义阐释往往不够深入。

第四,研究内容大多关注高校教师的工作时间以及所反映的教学与科研状态,而忽视了高校教师作为社会人的多重角色内涵。例如,教师的其他时间分配(如家庭时间、休闲时间等)情况所反映出的教师群体的教学与科研质量、精神状态、工作效率等并未得到应有的重视。

尽管如此,这些既有的研究成果仍然开阔了本研究的视野,拓展了本课题的研究思路,对本研究的开展具有十分重要的借鉴意义。

第三节 研究思路与方法

一、研究问题与意义

(一) 研究问题

本课题的核心问题是:我国高校教师的时间分配与工作状态如何?两者有何关系?其背后的影响机制是什么?以此为中心,可以将本研究所涉问题分解为以下几个方面。

第一,我国高校教师的时间结构包括哪些方面?具体内容有哪些?

第二,我国高校教师的时间是怎么分配的?每项内容的具体时长有多少?在性别、年龄、婚姻、职称、学科等人口统计学方面有何差异?

第三,影响我国高校教师时间分配的因素有哪些?

第四,我国高校教师的工作状态如何?在不同的教师群体中有何差异性特征?

第五,我国高校教师呈现的这些工作状态与时间分配有何联系?在不同的时间分配模式下,教师的工作状态是怎样的?背后的原因是什么?

最后,针对当前高校教师时间分配与工作状态的现状特征与存在的问题,有何针对性的策略?如何更好地管理时间,保持教师良好的工作状态?

(二) 研究意义

时间既是日常生活中的重要概念,也是各个学术领域研究的重点。研究高校教师的时间分配与工作状态具有重要的理论意义和实践价值。

通过前文的文献梳理可以发现,无论是在社会学还是教育学中,关于时间的研究仍然较少,并且起步较晚。在高等教育学领域中,关于高校教师工作状态的研究虽然较多,但是将时间分配与之结合起来的研究却是凤毛麟角。本课题对高校教师时间分配与工作状态的研究不但可以丰富相应的时间理论,还可以增加学术职业方面理论探究的广度和深度。

此外,随着社会节奏的加快,时间成为愈发珍贵的资源,如何合理利用时间成为当下每个个体都需要面对的问题。本研究从时间分配视角来探究当前我国大学教师的生存状态和学术职业的处境,不但可以进一步增进社会各界对学术职业的认识,还可以提升政府职能部门、高校和其他相关部门对学术职业的关注度,进而为相关政策与制度的制定提供支持。与此同时,本研究对高校教师时间分配的探讨,还有助于教师明确"时间都去哪儿了",为其今后更有效地利用时间,促进职业发展,提供些许启示。

二、研究方法

为了更好地适应以上研究问题,本研究采用量化研究与质性研究相结合的混合研究方法。量化研究采用问卷调查法,质性研究采用访谈法和观察法。

(一) 问卷调查法

时间分配数据的获得一般有日志调查和问卷调查两种方法。日志调查主要是记录受访者一天内各项活动的时间分布情况。这种方法获得的数据虽然比较具体,但是鉴于个体每日活动的多变性,大多数研究还是采用问卷调查法,即通过个体每周/每月各项活动的自我估计来判断时间分配情况。另外,考虑到要开展对教师工作状态的探究,本研究采用后者。

本研究所设计的问卷调查内容包括被调查者的基本信息(如性别、年龄、学历等)、时间分配情况(如课时量、备课时间、指导学生时间、科研时间、社会服务时间、家务时间等)、工作状态(包括工作满意度、压力感受与工作绩效)。其中,工作满意度、压力感受以及工作绩效中的教学表现量表采用李克特(Likert)五级计分法,从 1 分至 5 分,程度逐步递增;工作绩效中的科研表现以及时间分配情况则由被调查者直接填写相关数值。

为提高问卷效度,在正式发放问卷之前,先对 30 余名高校教师进行了预测试,之后根据分析结果对相关题项进行了修改。经最终数据分析发现,本问卷信度系数和效度系数分别为 0.876 和 0.815,表明此问卷具有非常高的可靠性和有效性,所测结果可以反映我国高校教师时间分配与工作状态的真实状态。

本调查按照学科采取分层整群抽样,通过网络调查和纸质问卷调查两种方式进行。其中,福建省特别是厦门市内的高校教师多采用纸质问卷调查,其他省市高校教师多采用问卷星,通过微信、QQ、电子邮件等方式进行网络调查。两种调查自 2018 年 9 月中旬开始同步实施,至 2019 年 3 月中旬共收到来自全国 14 个省/市高校的 3 346 份样本(含纸质调查问卷 1 628 份),其中有效样本为 2 286 份,问卷填写有效率为 68.3%。另外,考虑到军事学和医学的特殊性,本调查不包含这两个学科的教师。

如表 1-1 所示,本调查的样本中,男女性别之比约为 6∶4,年龄分布以中青年教师为多,45 岁及以下的教师约占 70%。在家庭情况方面,接近 90% 的教师都处于已婚状态,多数教师养育一个子女(占比 60.5%),并且大约一半的教师家庭有需要照顾的子女(读小学及以下,占比 51.7%)并赡养 3—4 位老人(占比 48.9%)。在地区分布上,调查样本以东部高校居多,接近 60%。在最高学位方面,70% 以上的教师获得博士学位,接近 60% 的教师毕业于国家"双一流"建设院校。在人才项目获得(多选题)方面,所调查的样本中,大多数教师没有获得人才项目(占比 76.1%),只有 9 位教师为院士(占比 0.4%),接近 6% 的教师获评长江学者、千人计划等人才项目,与实际中高层次人才项目比例分布相近。职称和职务分布上,所占比例以副高级(占比 38.1%)和中级职称教师(占比 31.9%)居多,两者之和达 70%;约有 70% 的教师不担任行政职务和学术组织的相关职务。税后年收入(不含课题经费)以 10 万—20 万元的教师最多,约占 43.3%,20 万元以上的不到 20%。在学科分布上,以社会科学和工程技术类教师居多,两者均约占 30%。在院校声誉方面,以入选国家"双一流"建设院校的教师(占比 45.8%)为多,这主要是因为网络调查中这些大学教师的电子邮箱更容易获得。

表 1-1 样本分布特征

类别		占比	类别		占比
性别	男	61.5%	婚姻	已婚	89.3%
	女	38.5%		未婚	10.7%
年龄	35 岁及以下	31.4%	子女数量	无	21.9%
	36—45 岁	41.0%		1 个	60.5%
	46—55 岁	21.3%		2 个	17.1%
	55 岁以上	6.3%		3 个及以上	0.5%
需要赡养的老人数量	无	17.1%	地区	东部	59.4%
	1—2 人	33.0%		中部	16.3%
	3—4 人	48.9%		西部	24.3%
	4 人以上	1.0%	最高学位来源	海/境外研究型大学	6.4%
最高学位	博士学位	71.4%		中科院/社科院	2.8%
	硕士学位	24.3%		国家"双一流"建设院校	58.9%
	学士学位	3.8%		省/市"双一流"建设院校	22.4%
	其他	0.5%		一般本科院校	9.5%
人才项目	院士	0.4%	行政职务	是	28.3%
	长江学者、千人计划等	5.7%		否	71.7%
	省级人才项目	13.4%	学术组织职务	是	30.1%
	校级人才项目	16.2%		否	69.9%
	无	76.1%	税后年收入(不含课题经费)	10 万元以下	37.8%
学科类别	人文学科	18.4%		10 万—20 万元	43.3%
	社会科学	32.5%		20 万(不含 20 万)—30 万元	15.8%
	自然科学	21.8%		30 万元以上	3.1%
	工程技术	27.3%	职称级别	正高级	24.0%
院校声誉	国家"双一流"建设院校	45.8%		副高级	38.1%
	省/市"双一流"建设院校	26.4%		中级	31.9%
	其他一般院校	27.8%		初级及以下	6.0%

注：2017 年 1 月，我国开始启动"世界一流大学和一流学科"建设，俗称"双一流"建设。随之，部分省/市开始公布本省/市的"双一流"建设方案。从各省/市的"双一流"高校建设名单来看，除了原来的国家"双一流"建设高校之外，还包括本省/市的其他重点高校。例如，2018 年 3 月，福建省公布的福建省"双一流"建设高校名单中，有厦门大学、福州大学、华侨大学、福建师范大学和福建农林大学 5 所学校入选。其中，厦门大学和福州大学同时也是国家层面的"双一流"建设高校。由于本调查是在 2019 年进行的，为清楚地了解教师所在的院校层次，本研究加入了省/市"双一流"建设高校选项，指的是除国家"双一流"建设高校以外，仅为省/市层面的"双一流"建设院校。

(二) 访谈法

1. 访谈过程

如果按照访谈结构的控制程度来分的话,访谈一般分为结构性访谈、半结构性访谈和开放性访谈。在访谈初期,为了初步了解教师对时间分配和工作状态的认识、看待问题的角度以及对相关意义的解释,采用开放性访谈。访谈时,"访谈者只是起一个辅助的作用,尽量让受访者根据自己的思路自由联想"[①]。

然后,随着研究的深入,转向半结构性访谈,按照事先准备好的访谈提纲,对受访者提出问题。当然,由于每位教师的故事各异,在具体访谈时,访谈提纲或者提问方式也会根据每位教师的回答有所调整。随着受访者回答的深入,笔者还会采用追问的方式一步步递进,进入被访者的日常系统中,深度挖掘信息。所采用的方式以面对面的直接访谈为主,访谈时间均在 40 分钟以上。另外,由于疫情原因,笔者还采用了微信、电话等在线访谈方式,访谈时间为 30—60 分钟。

同时,为了更深入地了解教师工作时间和工作状态中的重要问题以及"非常规事件"的意义解释,笔者还对典型受访者进行了 2—4 次的多次回访,以确保收集的资料达到饱和。另外,由于研究者的偏见和"感应性"(研究者对现场或研究中个人的影响)是威胁质性研究效度的重要因素[②],为了避免相关因素的影响,无论对于什么形式的访谈,访谈者在访谈时都一直尽力保持价值中立状态,对被访者的回答不予任何评价和价值判断。整个访谈过程会征求受访者的意见进行录音,然后

[①] 陈向明.质的研究方法与社会科学研究[M].北京:教育科学出版社,2000:171.
[②] 约瑟夫·A.马克斯威尔.质的研究设计:一种互动的取向[M].朱光明,译.重庆:重庆大学出版社,2007:83.

再将录音直接进行文字转换。

2. 信度与效度检验

信度是指资料的可靠性与一致性,效度是指资料的真实性,用来评价结果与实际情况的符合程度。在质性研究中,最重要的是效度的检验。马克斯威尔将效度分为 5 种,即描述型、阐释型、理论型、推断型和评价型。[①]

本研究为了保证这 5 种效度以及信度,一是采用"三角检验法"。所谓三角检验,是指同一结论用不同的方法,在不同的情景和时间里,对样本中不同的人进行检验,目的是通过尽可能多的渠道对目前已经建立的结论进行检验,以求获得结论的最大真实度。[②]为此,在对教师访谈时,本研究会加入学生访谈和观察的方式来验证资料的真实性和一致性。比如,在访谈教师时,基于其所指导的学生,特别是研究生对该导师的学生指导以及相关作息的了解程度,本研究会对相关学生,特别是相应导师所指导的研究生进行访谈,以了解教师的工作情况。受访学生均来自受访教师的推荐,共 42 名,均为受访教师指导的学生。其中,大四本科生 7 名,研究生 20 名(研二、研三学生各 10 名),博士生 15 名(博二学生 4 名,博三学生 5 名,博四学生 3 名,延期学生 3 名)。如果教师与学生的回答不一致,即便短时间内无法验证彼此的真实性,本研究也会为了提高研究的信度和效度,而将此类访谈资料剔除。需要说明的是,由于针对学生的访谈只是为了提高教师访谈资料的信度和效度,本研究的重点仍在于教师,因此并未对学生的访

---

① J. Maxwell. Understanding and Validity in Qualitative Research[J]. Harvard Educational Review,1992(62):279-300.
② 陈向明.质的研究方法与社会科学研究[M].北京:教育科学出版社,2000:403.

谈材料进行进一步处理。

二是采用追问的方式提高受访资料的真实性。对于访谈中得到的比较模糊或者不一致的回答,本研究在访谈过程中会步步追问,多问几个"为什么",直到教师对相关问题解释清楚,无相互矛盾之处为止。

此外,为尽可能地还原现场,保证资料的"原汁原味",每次访谈过后,本课题组成员都会对资料及时整理。同时,在访谈过程中会注意观察教师的微表情、行为动作等细节,并对于这些细节逐一进行记录,以保证资料的完整性。资料整理完毕之后,本研究还会在课题组内部进行讨论,征求意见,以提升访谈资料的效度。

3. 有效样本特征

本研究前期预访谈的样本主要依据熟人关系所得,正式访谈的样本大多根据问卷调查中教师的自愿性留言获得。结合本研究的主题,正式访谈采用理论抽样与目的性抽样相结合的方式,共获得37名受访教师作为样本。经过效度检验,剔除无效样本5人,最后得到有效样本32人,具体代码及学科信息如表1-2所示。

在这些受访教师中,男教师19人,女教师13人;35岁及以下的教师6人,36—45岁教师11人,46—55岁教师9人,55岁以上教师6人;大部分教师来自文科(22人),并且不担任行政职务(22人);职称上,正高级、副高级和中级教师的人数分别是8人、12人和12人;在院校声誉方面,绝大多数教师来自国家"双一流"建设院校(12人)和省/市"双一流"建设院校(15人)。

(三)观察法

观察法也是本研究中的重要方法。观察法分为实验室观察和实地

表 1-2 受访者代码与相关信息

序号	代码	学科	序号	代码	学科
1	PHI-M1	哲学	17	HIS-M1	历史学
2	PHI-F1	哲学	18	SCI-F1	理学
3	LAW-M1	法学	19	SCI-F2	理学
4	LAW-F1	法学	20	SCI-M1	理学
5	LAW-M2	法学	21	SCI-M2	理学
6	ECO-F1	经济学	22	TEC-M1	工学
7	ECO-M1	经济学	23	TEC-M2	工学
8	ECO-F2	经济学	24	TEC-M3	工学
9	EDU-M1	教育学	25	TEC-M4	工学
10	EDU-F1	教育学	26	MAN-F1	管理学
11	EDU-M2	教育学	27	MAN-F2	管理学
12	EDU-M3	教育学	28	MAN-M1	管理学
13	LIT-M1	文学	29	ART-M1	艺术学
14	LIT-F1	文学	30	ART-F1	艺术学
15	LIT-M2	文学	31	AGR-M1	农学
16	HIS-F1	历史学	32	AGR-F1	农学

观察两种类型,而本研究采用后者。观察的对象除了教师之外,还有高等院校与所在城市。具体所采用的方式是参与式与非参与式观察相结合。由于课题组成员中有不少人本身就是教师,在研究过程中也会采用参与式观察方式,不仅在非常自然的工作环境下观察教师的一言一行与工作状态,还随时与被观察者进行沟通。与参与式观察不同,非参与式观察的观察者置身于被观察世界之外,不进入被观察者的日常活动中。本研究采用这种方式时主要是为了观察教师的日常生活状态,如通过观察不同城市的步速、节奏与生活休闲情况,以及不同高校的教

师办公室、实验室的夜晚亮灯情况等，了解不同城市、不同类型高校等对教师时间分配与工作状态的影响。

如表 1-3 所示，本研究所观察的教师为 13 人。其中，男性 8 人，女性 5 人，分布于不同学科和不同类型的院校。所观察的城市分布于我国东、中、西 3 个地区，共 8 个城市，分别是上海、厦门、济南、长沙、成都、赣州、重庆、西安。所观察的院校为 13 所。其中，国家"双一流"建设院校 3 所，省/市"双一流"建设院校 4 所，一般本科院校 6 所，并根据学科、地区有所区别。为保证资料的完整性和真实性，在参与式观察与非参与式观察过程中，本研究都会及时记录所观察到的内容。

表 1-3 被观察者代码与相关信息

编码	性别	学科	职 称	院校类别	地区
A1	女	人文学科	副教授	一般院校	西部
A2	女	人文学科	讲 师	省/市"双一流"	东部
A3	男	人文学科	教 授	国家"双一流"	中部
B1	男	社会科学	副教授	省/市"双一流"	东部
B2	男	社会科学	讲 师	国家"双一流"	东部
B3	女	社会科学	教 授	一般院校	中部
C1	男	自然科学	讲 师	一般院校	西部
C2	女	自然科学	副教授	国家"双一流"	东部
C3	男	自然科学	教 授	省/市"双一流"	中部
D1	女	工程技术	讲 师	省/市"双一流"	东部
D2	男	工程技术	讲 师	国家"双一流"	东部
D3	男	工程技术	副教授	一般院校	西部
D4	男	工程技术	教 授	省/市"双一流"	中部

三、研究思路与框架

(一) 研究思路

学术职业较为复杂,时间分配与工作状态涉及的内容又比较宽泛。为此,本研究首先从新闻媒体、日常观察和研究者自身体验出发,结合文献资料找出问题的聚焦点;接着在梳理相关文献的基础上进行了访谈,获取相应的质性资料;然后遵循扎根理论的原则,对材料进行反复整理推敲,形成初步研究框架。就像北大教授陈向明所言,"在对资料进行整理和分析的同时,我们实际上已经开始了初步的为研究结果做结论的工作"[1]。

质性资料处理的重要步骤在于归类、登录(coding)和求同性比较。其中,归类的基础是建立类属(category),类属的确定和建立必须通过登录,即将有意义的词、短语、句子段落用一定的码号(code)标示出来。[2]在对质性资料进行归类时,首先会将频繁出现的一些"本土概念"标示出来,然后再对这些概念进行主题归类。例如,在谈到教师当前的时间分配状况时,有些教师提到"做上课的课件""看教学材料""写教案",这些可归为备课时间;"每周组织学生开学生沙龙""评阅学生论文""与学生聊天""指导学生毕业论文",这些可归为学生指导时间;备课时间、学生指导时间同属于教学时间,而教学时间又可进一步归为"一级概念"工作时间的范畴。

然后,在预访谈的基础上,结合前人的研究,开始设计问卷,以便用比较直观的数据来验证相关的理论假设。之后再进一步完善访谈提

---

[1] 陈向明.质的研究方法与社会科学研究[M].北京:教育科学出版社,2000:98.
[2] 陈向明.质的研究方法与社会科学研究[M].北京:教育科学出版社,2000:97.

纲,进行正式访谈,以了解数据背后的意义。

本研究的路径可归纳为以下3条。一是利用实地调查的数据和资料,对当前高校教师的时间分配与工作状态的现状特征进行具体描述;二是运用量化数据和质性资料,并结合相关理论,对高校教师的时间分配的原因进行解释,并在此基础上阐述时间分配与工作状态的内在关联;三是根据我国高校教师时间分配与工作状态存在的问题提出相应的策略,以期为相关政策服务。

(二) 研究框架

根据这一研究思路,本文主要分为四大部分,具体如下。

第一部分为绪论,主要阐述高校教师学术工作的时间之维,包括研究背景、相关文献梳理和研究思路与方法。

第二部分是我国高校教师时间分配的特征及影响因素分析。主要运用问卷调查数据和观察、访谈的资料来描述当前我国高校教师整体以及不同类型教师的时间分配特征,并结合相关文献与理论,阐释高校教师时间分配的影响因素。

第三部分是对高校教师时间分配与工作状态的阐述,主要分析时间分配是如何对高校教师的工作状态产生影响的。根据相关文献的定义,这里的工作状态主要聚焦于高校教师的工作满意度、职业压力与工作绩效,以探究当前我国高校教师实际的工作状态,以及在不同的时间分配模式下,教师的工作满意度、职业压力、工作绩效有何变化。

最后一部分是对于高校教师时间分配和工作状态的反思与建议。力图在对我国高校教师时间分配与工作状态特征和成因加以解释的基础上,反思当前我国学术职业的处境以及相关政策制度(如高校教师评价制度、奖励制度、职称晋升制度等)的利弊,并提出相应的改善策略。

第二章
我国高校教师时间分配的特征描述

时间都去哪儿了？
还没好好感受年轻就老了。
……
柴米油盐半辈子，
转眼就只剩下满脸的皱纹了。
……①

——陈曦《时间都去哪儿了》

第一节 高校教师时间结构的内涵

人的活动具有复杂性，每日、每周、每月的活动都有所不同，因此从时间的物理意义上对时间结构进行划分并非易事。要想明确高校教师的时间去了哪里，就必须理清高校教师的时间结构内涵。

---

① 陈曦.时间都去哪儿了[EB/OL].[2023-04-02].https://www.kugeci.com/song/Rgp4ESwH.

我国高校教师的时间分配与工作状态研究

一、时间结构的相关研究综述

时间结构指的是时间的构成与分配。相关研究中最为我们所熟知的,当属马克思的必要劳动时间和自由时间的划分。其中,必要劳动时间指的是劳动者的劳动时间中用于生产维持劳动者自身及其家庭生活所必需的生活资料的那部分时间,而自由时间相对于必要劳动时间而存在,是必要劳动时间以外可以自由支配的时间。[1]与马克思的划分不同,泽鲁巴维尔(E. Zerubavel)在分析现代人的时间可获取性和专业承诺时划分了两种时间:私人时间和公共时间。私人时间带有较大的自由性,就如假期一样,"我们可以去任何我们想去的地方,也可以和任何喜欢的人在一起";公共时间则带有一定的刚性,是与职业角色紧紧联系在一起的。[2]与泽鲁巴维尔的划分相类似,大卫·刘易斯将人们的时间分为自我时间和互动时间。自我时间是自我体验的时间,它不是同质的,每个人的"自我体验感"是独特的;互动时间是一种主体际性的存在,它具有流动性,不能被人完全预见。互动时间的流动依赖于他人的行动,也取决于互动中"轮换"的规则。[3]

与上述时间的两分法不同,还有些学者对时间结构的划分更为复杂和细致。例如,阿吉亚尔(M. Aguiar)等人将时间划分为工作时间、家庭劳动时间(如家务劳动、照料子女等时间)、为了生存和繁育所需的休养生息时间和休闲时间。[4]青连斌根据 1982 年和 1986 年北京市的两

---

[1] 马克思,恩格斯.马克思恩格斯全集(第 2 卷)[M].中共中央马克思恩格斯列宁斯大林著作编译局,译.北京:人民出版社,1995:90.
[2] E. Zerubavel. Private Time and Public Time: The Temporal Structure of Social Accessibility[J]. Social Forces, 1979(58):38-58.
[3] 约翰·哈萨德.时间社会学[M].朱红文,李捷,译.北京:北京师范大学出版社,2009:64.
[4] M. Aguiar, E. Hurst. Measuring Trends in Leisure: The Allocation of Time over Five Decades[J]. The Quarterly Journal of Economics, 2007(3):969-1006.

次职工生活时间分配调查数据,将其分为工作和上下班路途时间(实际在班工作时间、实际工作前后的准备时间、加班工作时间和上下班路途时间)、个人生活必需时间(睡眠时间、用餐时间、个人卫生时间和其他生活必需时间)、家务劳动时间(购买商品时间、做饭时间、缝洗时间、照看孩子时间和其他家务劳动时间),以及闲暇活动时间(业余学习时间、文体活动时间、社交活动时间、教育子女时间和其他闲暇活动时间)。[1]与此相类似,王琪延认为时间结构根据参照标准的不同而不同,按照自然时间周期可分为日、周、月、季、年,以及一生的生活时间,按照生活活动主要有两分法、三分法、四分法和更为细致的分类法,每类分类法都有不同的时间结构划分,具体见表2-1。[2]

表2-1 时间结构的划分

分类标准	具体分类	时间结构
自然时间周期	日	工作日和休息日
	周、月、季、年	工作日、法定节假日、公休日和其他假日
	一生	接受教育时间、参加经济活动时间、老年健康时间和非健康时间
生活活动	两分法	工作时间和非工作时间;受约束时间和非受约束时间;市场时间和非市场时间
	三分法	一次活动时间、二次活动时间和三次活动时间;在家庭的时间、在工作单位的时间、在其他场所的时间
	四分法	生理活动时间、工作时间、休闲时间和家务劳动时间
	五分法	吃饭睡觉等时间、家务劳动时间、生产劳动时间、上下班途中和购物时间、学习娱乐等时间

---

[1] 青连斌.大城市职工生活时间分配和利用问题的初步研究[J].社会学研究,1990(2):92.
[2] 王琪延.从时间分配看北京人20年生活的变迁:基于2006年北京生活时间分配调查的统计分析[J].北京社会科学,2007(5):22-26.

续 表

分类标准	具体分类	时间结构
生活活动	精细分类	通勤通学路途时间、工作时间、学习时间、一般家务时间(做饭洗碗、缝洗衣服、家庭卫生)、购物时间、照料老人和孩子时间、移动时间、睡眠时间、用餐时间、个人卫生时间、业余学习研究时间、媒体接触时间(电视、广播、报纸、杂志、因特网等)、观看影剧体育表演时间、游园散步时间、教育子女时间、兴趣爱好时间、休息时间、体育时间、社会活动时间(如参加公益活动)、交往时间、就诊疗养时间以及其他时间

综上研究可以发现,时间有多种类型和结构划分,目前并没有形成统一的划分标准。不过这些对时间结构的探究为本课题提供了理论基石,有利于对高校教师时间做出更为合理的划分。

二、高校教师时间结构的内涵界定

虽然学术职业较为特殊,教师的工作时间与其他时间并没有完全明确的界限,但本研究仍然试图对其进行划分以便进一步明确其内涵。根据访谈内容并参照以上相关文献,这里将高校教师的时间分为工作时间、家务时间、休闲时间,以及除此之外的其他时间,共4部分。

(一) 工作时间

工作时间一般是指劳动者为了履行义务和获得劳动报酬而花费的时间。在广义上,按照国际劳工组织的界定,还应将通勤时间、午餐时间、制服更换时间、在家工作时间以及其他无偿性的加班时间考虑在内。[1]我国学者青连斌也倾向于采用广义上的工作时间概念,认为工作时间应包括实际在班工作时间、实际工作前后的准备时间、加班工作时

---

[1] ILO. Working Time Statistics[EB/OL]. [2020-06-14]. http://www.ilo.org/global/statistics-and-databases/statistics-overview-and-topics/working-time/lang_en/index.htm.

第二章　我国高校教师时间分配的特征描述

间和上下班路途时间。①然而,不同于其他职业的制度性工作时间,大学教师的工作时间似乎更难确定。库斯(L.V. Koos)认为,作为一名教师,并非所有的工作和活动所花费的时间都可归为工作时间,因为对于教师来说,教学是最重要的,所以严格意义上,教学所花费的时间才是教师的工作时间。②阿特巴赫也强调高校教师的工作时间应是上课时间、教学准备时间、学生指导或咨询时间,以及研究和学术写作时间,而其他的时间不算在工作时间范畴内。③

与此不同,更多学者倾向于将工作时间看作高校教师从事所有学术职业活动的时间总和。例如,理查德·舍普(Richard T. Serpe)直接按照大学职能将教师工作时间视为教学、研究和社会服务的时间④;艾伦(H.L. Allen)则将其分为教学时间、科研时间、管理时间和社会服务时间⑤;阿尔伯特·林克(Albert N. Link)把高校教师的工作时间划分为教学时间、研究时间、有报酬的学术论文写作时间和服务时间⑥;贝特利(P.J. Bentley)等人将其划分为教学时间、研究时间、服务时间、行政管理时间和其他学术活动时间⑦;哈罗德·尤克(H.E. Yuker)的划分

---

① 青连斌.大城市职工生活时间分配和利用问题的初步研究[J].社会学研究,1990(2):92.
② H.E. Yuker. Faculty Workload: Facts, Myths and Commentary[J]. ERIC Higher Education Report, 1974(6):4-8, 15-23.
③ P.G. Altbach, Martin J. Finkelstein. The Academic Profession: The Professoriate in Crisis[M]. New York & London: Garland Publishing, Inc., 1997:137.
④ R.T. Serpe. Faculty Workload Study Final Report[EB/OL]. [2020-01-09]. http://www.eric.ed.gov/PDFS/ED348917.
⑤ H.L. Allen. Faculty Workload and Productivity in the 1990s: Preliminary Findings[J]. Higher Education, 1996(10):21-34.
⑥ A.N. Link, C.A. Swann, B.A. Bozeman. Time Allocation Study of University Faculty[J]. Economics of Education Review, 2008(27):365-374.
⑦ P.J. Bentley, Svein Kyvik. Academic Work from a Comparative Perspective: A Survey of Faculty Working Time across 13 Countries[J]. Higher Education, 2012(63):529-547.

更为细化，认为大学教师的工作时间包括教学，与学生互动，研究、发表和创造性活动，职业发展，院校服务，公共服务，个人活动时间共 7 类时间[1]，等等。

参照以上研究的划分方式，本研究将我国高校教师的工作时间定义为教学时间、科研时间和社会服务时间之和。具体来说，教学时间包括备课时间、授课时间和课后反馈时间 3 个部分。备课时间就是教师分析授课课程、查阅资料、完成教案（课件）等花费的时间；授课时间主要是指教师在课堂上讲授课程的时间，一般以课时为单位；课后反馈时间主要包括教师为学生课后答疑、批改学生作业、阅卷以及教师进行教学反思等花费的时间。需要说明的是，学生课后答疑时间特指课堂授课之外，教师对本科生和研究生的答疑解惑，包括现场答疑、回复学生邮件、电话联系、视频聊天等形式。除了上述传统的教学工作所投入的时间之外，实验指导、实习指导、研究设计、涉外调查、工程测绘、社会调查等实践教学所消耗的时间也是教师教学时间的重要组成部分。访谈中有相当部分的教师认为，疏导学生心理和生活压力，指导学生申报（组织）的各类项目或者活动，带领学生参加社会实践、会议、参观、考察，甚至指导本科生毕业论文（毕业设计）时间也应归于教学时间之列，因为这些工作涉猎的知识和能力范围相当广泛，往往与自己的研究项目无关。但由于研究生身份的特殊性，教师指导自己的研究生，特别是与教师本人课题研究相关的指导时间，则不在教学时间之列。

由于现代科学探究的复杂性，科研时间的界定也比较复杂。除了

---

[1] H.E. Yuker. Faculty Workload: Facts, Myths and Commentary[J]. ERIC Higher Education Report, 1974(6):4−8, 15−23.

传统的搜索或查阅文献资料、思考研究问题、实验操作、与同事或者学生交流探讨、学术写作、研究成果的发表等所花费的时间之外，田野调查、实地调研、课题申报、课题中期检查、结题以及为科研而奔走于各部门之间等所花费的时间，也是科研时间的重要部分。

教师的社会服务有广义和狭义之分，在广义上可泛指高校教师为社会所做的所有工作，狭义上可指教师在保证教学和科研活动顺利进行的前提下，利用自身的学术优势为社会所提供的服务性活动。结合访谈资料，本研究中所定义的教师社会服务工作特指狭义的范畴，即包括为所在高校服务、为校外机构服务和为学科服务 3 种。相应的，这 3 类工作所投入和花费的时间就是社会服务时间。其中，为所在高校服务时间，不仅包括为学校、院系所等各种党政活动所花费的时间，还包括为各类学生工作、学术事务等所消耗的时间；在为校外机构服务时间中，主要有在其他高校、企业、政府及其他组织机构中提供授课、培训、讲座、报告、咨询建议、研究指导以及参与其他志愿活动、公共事务等所花费的时间，包括营利性时间和非营利性时间两种；在为学科服务的工作时间范围中，主要有为专业组织（学会）的各类事务、期刊（如审稿、约稿）以及同行评审（如其他人的课题项目评审、其他高校的教师职称评审，等等）等所花费的时间。

（二）家务时间

家务时间涉及的内容比较广泛，一般指为了家庭而进行的无报酬性的活动所花费的时间。[1]有学者将家务时间分为日常性家务劳动时

---

[1] B. A. Shelton, D. John. The Division of Household Labor [J]. Annual Review of Sociology, 1996(22): 299 - 322.

间与偶然性家务劳动时间,日常性家务劳动时间指做重复性活动(如做饭、洗刷等)所花费的时间,偶然性家务劳动时间指偶尔进行的家务活动所花费的时间。[1]还有学者将家务时间分为打扫卫生、洗衣做饭等一般性劳动时间和抚养子女、照顾家人等不同类型的情感劳动时间。[2]在我国,根据全国妇联和国家统计局关于中国妇女社会地位抽样调查资料中对家务的界定,家务时间指的是做饭、洗碗、家庭清扫、洗衣、照料家人、处理家庭其他事务等所有家务活动所花费的时间。[3]

基于上述相关研究,结合教师的访谈资料以及高校教师的生活情境,本研究将我国高校教师的家务时间界定为高校教师为家庭事务所花费的无偿时间,包括买菜、做饭、家庭清洁(如打扫卫生、洗碗、洗衣服等)等一般性劳动时间(简称"家务劳动时间")和抚育子女、赡养老人所花费的时间。其中,教师的抚育子女时间包括女性的生育时间、照料婴儿时间、子女教育时间以及围绕子女花费的其他时间。

访谈中,大部分教师认为家务涉及的内容相当复杂。有教师表示"家务活儿有太多太多琐碎的事儿了,像擦灰尘、倒垃圾、清水渍,等等……"(EDU-F1);"晚上半夜起来给孩子盖被子,给孩子买奶粉、买书、买衣服,送孩子上学……这些也都是家务吧"(SCI-M2);"除了买

---

[1] R.W. Larson, M.H. Richards, et al. Divergent Worlds: The Daily Emotional Experience of Mothers and Fathers in the Domestic and Public Spheres[J]. Journal of Personality and Social Psychology,1994,6(67):1034,1046.
[2] M.M. Ferree. Beyond Separate Spheres: Feminism and Family Research[J]. Journal of Marriage & Family,1990,52(4):866-884.
[3] 唐永霞.改革开放40年中国农村已婚女性家庭地位的变化:基于中国妇女社会地位抽样调查数据的分析[J].甘肃高师学报,2020(3):139.

菜、做饭、打扫卫生、洗衣服,其实带父母去医院看病,陪父母逛街,网上购物,也应该属于家务的范畴"(MAN-F1)。

(三) 休闲时间

根据世界休闲理事会 2000 年通过的《休闲宪章》对休闲的界定,休闲时间可理解为除工作时间和其他任务时间外的其他可以自由支配的时间。① 与此相似,韦佳佳、王琪延提出的生活时间四分法,将休闲时间界定为一天中扣除用于工作及学习(包括通勤、通学)、生活必需时间、家务劳动时间后所剩余的时间。② 李峥嵘、柴彦威认为,休闲时间是指人们扣除工作时间、睡眠时间、个人私事时间和家务时间之外的时间,是开展休闲生活、休闲活动、休闲行为的重要前提条件。③ 还有学者专门针对学生群体的情况进行了内涵界定,认为休闲时间主要是指用于娱乐、用餐、与父母聊天和课外自主阅读等时间。④

由于学术职业的特殊性,大学教师的休闲时间往往与工作时间带有一定的重合性。例如在访谈中,一位哲学教师认为"坐在一个地方,安静地读书,静静地思考,就是一种休闲"(PHI-F1);一位理学教师表示"不被任何事情打扰,没有电话,没有微信,在办公室里静静地思考,专心地推理,就是休闲"(SCI-F2)。还有教师认为休闲时间与一部分家务时间重合,"我很喜欢做饭,对我来说,做饭不是负担,而是休闲"(EDU-

---

① 新华社.图表:休闲宪章[EB/OL].[2006-05-02].http://www.gov.cn/jrzg/2006-05/02/content_273062.htm.
② 韦佳佳,王琪延.休闲与生活满意度研究[J].统计研究,2020(6):39.
③ 李峥嵘,柴彦威.大连城市居民周末休闲时间的利用特征[J].经济地理,1999,19(5):80-84.
④ 韩映雄.学生学业负担指数模型构建与应用[J].教育发展研究,2018(10):21-22.

M2）；"我经常带孩子出去玩，玩的过程既是教育也是休闲"（MAN-F2）。为防止与工作时间重合，结合相关文献的研究，本研究所界定的休闲时间包括睡眠时间（含午休、晚休）、娱乐时间（如看电视、看电影、看演唱会、游戏、聊天等）、运动时间（如跑步、游泳、健身等）以及其他休闲行为所花费的时间（如喝下午茶、咖啡等），而阅读与工作相关的书籍、与同事之间进行关于工作事务的沟通以及围绕家庭成员开展的活动时间等不属于休闲时间。

(四) 其他时间

教师的活动内容具有复杂性，我们并不能穷尽教师所有的活动以及相对应的时间。为研究之便，本研究把扣除工作时间、休闲时间和家务时间以外的其余时间统称为"其他时间"，包括个人卫生清理、护理、打扮、就餐、就医等方面花费的时间。

此外，需要说明的是，由于"在现代社会中，人们的时间已经碎片化，工作时间往往溢到我们的自由时间、个人时间以及其他时间中"[1]，教师工作的时空往往与日常生活一体化，所以要想严格划分并界定出不重合的时间结构是不可能的，特别是在当下社会环境中，教师的各类型时间就更没有明确的界限。但是时间作为一种稀缺的资源，我们应当对其有所划分，才能明晰"时间究竟去了哪里"。为研究之便，本研究将我国高校教师的时间划分为工作时间、家务时间、休闲时间和其他时间这4个维度。以下各章中所有数据的分析，也围绕这几个维度展开。

---

[1] 齐格蒙特·鲍曼.流动的现代性[M].欧阳景根,译.上海:上海三联书店,2002:34.

第二节　我国高校教师时间分配的总体特征

时间是一种不可再生的资源,是衡量教师生命的重要尺度。时间分配可以反映我国高校教师的工作与生活质量,每项活动中花费时间的多少,可以体现教师生命的价值与意义。

一、数据说明

在本研究中,时间分配意义上的时间是指客观的物理时间。为了明确教师的时间分配情况,调查问卷中设计了相应的时间花费题目,为填空题,以小时为单位请教师填写,属于连续变量。题目中涉及的活动时间有课时量(本科教学量、研究生教学量)、备课时间、学生指导时间、每周科研时间、社会服务时间、家务劳动时间、子女教育时间、娱乐休闲时间、睡眠时间,等等。其中,晚休睡眠时间＝晚上睡觉时刻－早上起床时刻。

按照初步访谈资料以及相关文献梳理情况,把上述这些时间合并为工作时间、家务时间、休闲时间和其他时间,并均统一转化为一周内时间分布。另外,由于教师涉及的活动特别多,问卷中涉及的时间相加并不能全部囊括。为此,在"其他时间"的统计中,将调查问卷中未能囊括的时间作为"其余时间",也算入"其他时间"一项中,这使得"其他时间"的实际计算方式变为:每周168小时－工作时间－家务时间－休闲时间。

经数据分析,我国高校教师的时间分配如图2-1所示。以下主要以教师平均每周时间分配情况作为研究对象,进行详细分析。

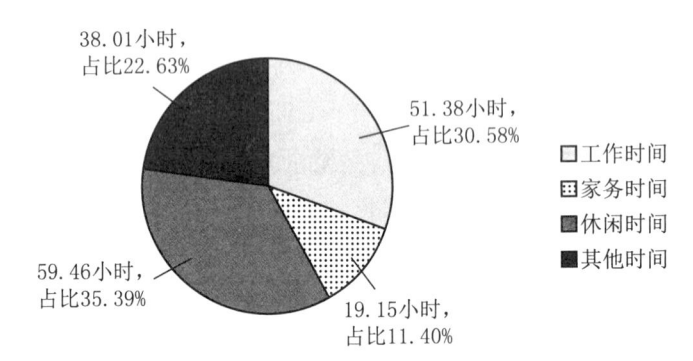

图 2-1 我国高校教师平均每周的时间分配

二、教师时间分配的现状描述

(一) 工作时间

如图 2-1 所示,我国高校教师有超过 30% 的时间都在工作,平均每周工作时长达 51.38 小时,与美国、韩国、日本等发达国家的教师工作时间大体相当。[1]如果再加上上下班路途时间(均值为 4.70 小时),教师平均每周工作时间约为 56.08 小时。

在不同工作时间(不含路途时间)的教师所占百分比方面,如图 2-2 所示,有超过 77% 的教师平均每周工作时间超过法定的 40 小时。其中,有超过 24% 的教师平均每周工作超过 60 小时,只有 22.9% 的教师平均每周工作时间在 40 小时及以下。由此可见,我国高校教师的工作负荷较重,工作并不轻松。

---

[1] Ulrich Teichler, Akira Arimoto, William K. Cummings. The Changing Academic Profession: Major Findings of a Comparative Survey[M]. Dordrecht: Springer, 2013:98－105.

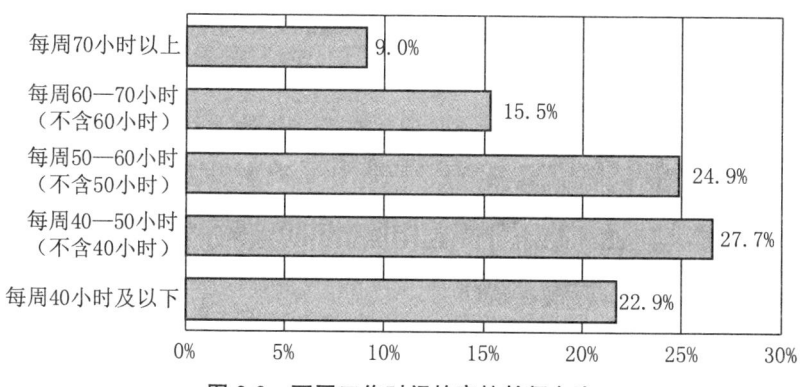

图 2-2 不同工作时间的高校教师占比

- 每周70小时以上：9.0%
- 每周60—70小时（不含60小时）：15.5%
- 每周50—60小时（不含50小时）：24.9%
- 每周40—50小时（不含40小时）：27.7%
- 每周40小时及以下：22.9%

在具体的工作时间分配上,高校教师平均每周的教学时间与科研时间相近,分别为 19.70 小时和 20.67 小时,社会服务时间约为 11 小时。具体而言(见图 2-3),在教学时间和科研时间方面,均以每周花费 10—20 小时(不含 10 小时)的教师占比最多,分别为 48.2% 和 58.9%;社会服务时间以每周 10 小时及以下居多(占比 67.5%)。同时,不可忽

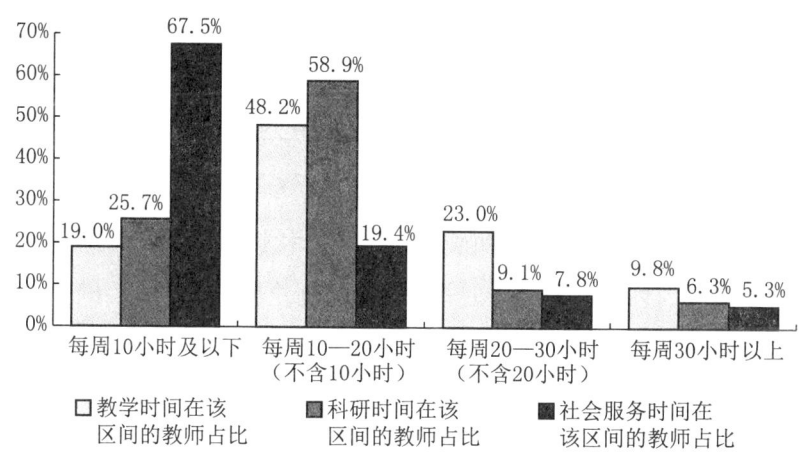

图 2-3 教学、科研和社会服务时间中时长不同的教师占比

时间区间	教学时间	科研时间	社会服务时间
每周10小时及以下	19.0%	25.7%	67.5%
每周10—20小时（不含10小时）	48.2%	58.9%	19.4%
每周20—30小时（不含20小时）	23.0%	9.1%	7.8%
每周30小时以上	9.8%	6.3%	5.3%

视的是,还有相当比例的教师在教学、科研和社会服务工作方面均平均每周花费 20 小时以上,其人数占比分别为 32.8%、15.4% 和 13.1%。

进一步统计分析发现(见表 2-2),在教学时间上,教师平均每学期的课堂教学量约为 136 课时,按照教学期为 18 周来计算,相当于平均每周约 7.6 课时。其中,平均每学期本科生课程教学量为 100.67 课时(每周约 5.6 课时),研究生教学量约为 35.31 课时(每周近 2 课时)。也就是说除去课堂教学时间,教师在备课、学生指导、教学评估(如阅卷、考试等)等方面花费的时间约为 12.1 小时。在本科生指导和招收研究生方面,教师平均每学年指导约 5 名本科生的毕业设计/论文,招收 2 名研究生。

表 2-2　高校教师的平均课时量和学生指导及招生数量情况

		最小值	最大值	均值
平均每学期教学课时量	本科生课程(小时)	0	720	100.67
	研究生课程(小时)	0	540	35.31
3 年来,平均每学年指导的本科生数量和招收的研究生数量	本科生(人)	0	300	4.99
	硕士生(人)	0	20	1.63
	博士生(人)	0	10	0.37

社会服务时间中,学校的各类行政事务性工作和各类评审工作是绝大多数教师认为花费时间最多的项目,两者在总的社会服务时间中占比超过 60%。其中,在各类行政事务性工作中以各类党政会议花费的时间最多(见表 2-3)。高校教师平均每月参加 2.5 次院系党政会议,每次会议时长约为 1.5 小时;平均每月参加学校党政会议近 1 次,每次时长约为 50 多分钟。由此可见,教师每个月在院系和学校方面的会议上就花费超过 4.5 小时。当然,教师类型不同,参加会议的次数也不相

同。本研究经过进一步分析发现,"双肩挑"的教师每月参加各类党政会议的时间比普通专任教师多了 1.8 个小时。

表 2-3 高校教师平均每月参加党政会议次数与花费时间

	最小值	最大值	均值	标准差
每月院系党政会议次数	0	30	2.50	2.676
每次院系党政会议时间(小时)	0	20	1.50	1.219
每月学校党政会议次数	0	20	0.85	1.930
每次学校党政会议时间(小时)	0	7	0.89	1.117

担任行政职务的 PHI-M1 教师以上周的工作安排为例表示"我的时间基本被会议占领了。周一去省里参加一个学习会,所有干部都得参加,没办法,必须去,周三下午才回来。还没休息,就被学校拉去了。最近学校搞学科评估,我们是文科,如果评不上,在学校就会有被裁掉的风险,所以周三晚上就跟领导讨论这事,周四上午领导召集我们学院部分老师开会,然后周五下午是学校的例行干部会,都得参加,而且这还是推掉了校外许多讲座的情况下"。

刚担任院长的 LIT-M1 也有类似经历。他表示"我这个月基本就是在会议中度过的。前面两周刚去党校参加完培训,但是学校里也有很多事情,有些会也需要我参加,所以前两周其实基本是省里、学校来回跑……这几天要与一个机构合作创建教育实习实践基地,开了好几轮会了……没办法,在这个职位上就得承担这些事务啊"。

评审工作花费的时间则带有不确定性,正如受访教师 LAW-M1 所言,"平常一般是评审期刊论文和教师评聘资格,花费的时间还不太多,但在学生毕业期间,会收到校内外好几摞毕业论文,基本上一个月的时间都耗费在这上面"。

(二) 家务时间

在家务方面,如表2-4所示,教师平均每周投入时间约为19小时9分钟,其中子女照料/教育时间接近9小时,其他的诸如买菜、做饭、洗衣等所有一般性家务劳动时间总计为10.28小时。但是从方差计算结果可以看出,教师在家务方面投入的时间比较分散,相差较大。

表2-4 高校教师平均每周的家务时间　　　单位:小时

	最大值	最小值	均值	方差
一般性家务劳动时间	42	1	10.28	59.380
子女照料/教育时间	63	0	8.87	100.250
总计家务时间	90	1	19.15	177.322

以TEC-M4和LIT-F1两位教师为例,虽然两者的家庭结构相似,但家务时间投入却相差甚远。受访教师TEC-M4基本很少做家务,他表示"现在家里有老人在,做饭、搞卫生、辅导孩子基本是由我爸妈来做。其实,他们也不想我在家务上花费太多时间,如果我做了,他们还觉得体现不了他们价值呢,总想着回老家。所以,我基本不会做什么,就是有时候家里马桶堵了,或者电器坏了,我会去修理一下,或者找人换一下。其他大部分家务劳动都是我爸妈承担,而且他们做得比我们更专业。我有时候刷碗,他们还嫌我刷不干净呢……"

受访教师LIT-F1则截然不同,她表示"有了孩子之后都是围着家庭转,特别是现在情况特殊(新冠疫情),也出不了门,进不了学校,只能待在家里。可是在家里根本静不下心写点东西啊,一会儿奶奶过来问中午吃什么,一会儿孩子过来问这道题怎么做。而且我有洁癖,在家里会看不惯很多事情,像桌子没擦干净啦,沙发垫没有摆整齐啦,筷子放错啦,等等,就忍不住要去整理、打扫。以前,爷爷奶奶还会帮忙做点事情,但他们知道我这个性格之后,基本也都不做了,所以只要我在家,都是我在做家务……而且我儿子比较黏我,辅导作业、搭乐高、做小实验等也都是我来做"。

如果进一步从家务时间不同的教师所占百分比来看(见图2-4),有27.6%的教师平均每周家务时间达7—14小时,即每天有1—2小时花在家务中,该类教师占比最大;其次是平均每周家务时间超过28小时和14.1—21小时者,分别占比达22.9%和22.1%。虽然随着科技的发展,有很多家务可以由智能家电代劳,但是仍然有超过30%的教师平均每周家务时间超过21小时,即每天家务时间超过3小时。

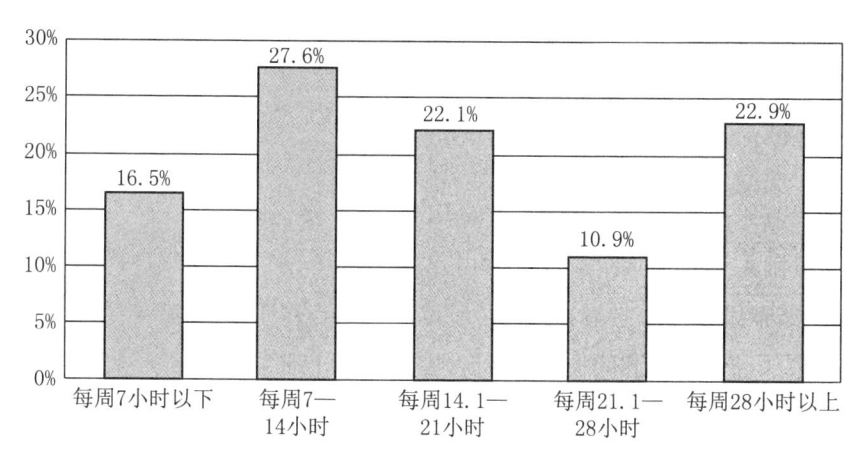

图2-4 家务时间中时长不同的教师占比

受访教师EDU-F1就表示"家务活是个无底洞,如果较真起来,怎么干都干不完。家务活儿有太多太多琐碎的事儿了,像擦灰尘、倒垃圾、清水渍,等等,看着不起眼,但加在一起,就会耗费我们大量的时间……虽然现在有洗衣机、洗碗机、扫地机等现代科技产品代替了,但这些产品有时候处理得并不彻底。像衣服上沾了油渍,洗衣机根本洗不掉的,需要我们手搓一搓才干净;家里的小角落、小缝隙里的灰尘,扫地机器人也是打扫不干净的,最后也是我亲自上手的"。

进一步细分来看(见表 2-5),在一般性家务劳动时间方面,32.7%的教师平均每周花费在 3.5 小时及以下,而花费同样时长照料/教育子女的教师占比为 31.1%。但每周一般性家务劳动时间 10.5 小时以上的教师占比也接近 30%。在子女照料/教育时间方面,有接近 40% 的教师每周投入 10.5 小时以上,所占比重最大。

表 2-5 细分家务时间中时长不同教师占比情况

每周一般性家务劳动时间	教师占比	每周子女照料/教育时间	教师占比
3.5 小时及以下	32.7%	3.5 小时及以下	31.1%
3.6—7 小时	15.9%	3.6—7 小时	15.0%
7.1—10.5 小时	22.3%	7.1—10.5 小时	15.4%
10.5 小时以上	29.1%	10.5 小时以上	38.5%

特别需要说明的是,在抚育子女的过程中,家长在教育方面往往会投入很多时间和心血。受访教师 EDU-M3 就表示"养育子女是一个终身课题,只要有了孩子,就有操不完的心……现在教育都特别卷,从怀孕就开始胎教呢,生下来更是别提,小的时候得教他走路、说话,再大点要每天给他讲故事、读英语、看科普书……读幼儿园后,除了这些之外,还有幼儿园的任务,开家长会,给孩子拍学习视频、打卡……小学更是了,而且中午不能在学校吃,还得去接孩子,辅导作业……然后到了初中、高中,虽然不用操心他们的吃喝拉撒了,但教育还是不能落下啊。孩子晚上经常作业做到 11 点,我当时就一直陪着,孩子不关灯我一般也不睡。而且那个时候,在关注孩子学习的同时,还要特别留意他们的心理

状况呢。到了孩子读大学,我也是时不时地问问学校的学习和生活"。

我国民众自古以来就非常重视教育。在"望子成龙""望女成凤"的心态下,几乎每位父母都会亲自参与到子女教育中。按照科尔曼(J.S. Coleman)的"社会封闭"理论,父母为了促进子女的学业发展往往会在教师、子女本人以及其他家长和相关教育者之间构建一种网络联系结构,这主要包括两种形式:一种是家庭内部的沟通和交流,如父母对子女的直接监督和学习指导;另一种是父母通过与教师或者其他家长等外部群体的联系沟通来获得有利于子女教育的资源。[1]李国强的研究发现,在我国,有些家长为了提高子女的学习成绩,除了参加每学期常规的一两次家长会之外,还会邀请教师家访,并利用电话、手机、网络(如QQ、E-mail)等现代化的通信方式和教师联系,一些家长甚至还会利用重大考试后、特长培训等机会宴请教师,加强与教师乃至学校领导的感情联络。[2]"接送孩子上下学"(AGR-F1),"陪着孩子做作业"(EDU-M2),"孩子学到多晚,就陪到多晚"(ECO-M1),"辅导孩子作业"(TEC-M3),"参加家长会"(SCI-M2),"看(孩子班级)群里消息并做老师安排的任务"(SCI-F1),"送孩子参加兴趣班"(LAW-F1),成为不少高校教师的日常。

(三) 休闲时间

在高校教师的时间分配中,休闲时间所占比例虽然最大,平均每周接近60小时,但其中包括睡眠时间49.03小时,即平均每日睡眠约7小

---

[1] S.L. Morgan, B. Sorensen. Parental Networks, Social Closure, and the Matics Learning: A Test of Coleman's Social Capital Explanation of School Effects[J]. American Sociological Review, 1999(5):661-681.

[2] 李国强.家庭社会资本:家校合作的重要影响因素[J].中国教育学刊,2009(11):22.

时。也就是说,除去睡眠时间,高校教师平均每周的运动、娱乐等纯粹休闲时间约为10个小时。2020年中国社会科学院财经战略研究院、中国社会科学院旅游研究中心和社会科学文献出版社联合发布的《休闲绿皮书:2019—2020年中国休闲发展报告》中显示,除去睡觉,我国每日人均休闲时长为3.6小时,即每周休闲时长约为25小时。[1]很显然,我国高校教师的休闲时间非常匮乏,不足全国人均休闲时间的一半。

如果进一步从休闲时间不同的教师所占百分比来看(见表2-6),有一半以上的教师平均每周休闲时间(含睡眠时间)低于49小时(每天睡眠时间在7小时及以下),只有4.5%的教师平均每天睡眠能保证在8小时以上。在其他休闲时间方面,有超过64%的教师平均每天花费在娱乐、运动等纯粹性休闲活动方面的时间在2小时及以下,其中有超过35%的教师在这方面花费的时间少于1小时。

表2-6 休闲时间中时长不同教师占比情况

每周睡眠时间	教师占比	每周其他休闲时间	教师占比
42小时以下	12.0%	7小时以下	36.2%
42—49小时	54.2%	8—14小时	28.5%
50—56小时	28.3%	15—21小时	27.6%
56小时以上	4.5%	21小时以上	7.7%

对于高校教师休闲时间较少的问题,哲学系教师LIT-M2分析说:"我听很多老师抱怨没有时间放松,每天都在忙忙忙……休闲时间变少,并不是学术职业独有的现象,而是一种普遍现象。现在生活节奏加

---

[1] 宋瑞,金准,等.休闲绿皮书:2019—2020年中国休闲发展报告[M].北京:社会科学文献出版社,2020.

快了,谁都不能放慢脚步。你会发现,很多职业都流行加班,即使在家里工作,也会忙到凌晨一两点,为什么呢?我认为一是因为这是个信息爆炸的时代,我们每天都要面对海量的信息,但这些信息是杂乱无章的,我们需要筛选。但是你在筛选的过程中,很多时间往往被很多无效信息占据了,不自觉地可能就被一些杂七杂八的信息吸引了,所以你会发现工作效率很低。还有一个是社会压力。现在我们的压力太大了,特别是当下这个情境,你没有工作就没有收入,没有收入怎么生存呢?特别是在大城市,你像在上海,一个月房租都好几千的呀,所以即使公司提出很多不合理的要求,你也不能辞职,得干呀。做一个还不够,还想找份兼职,每个人都想拼命挣钱,挣得越多越好。教师更是这样啊,我们的收入就那么点,有的老师忙校内的事情还不够,还会在外面做个讲座,或者和企业搞个合作,很多很多。当然,除了生活,还有责任的呀,我们大学老师的工作是个良心活。学生需要你指导,出了事,导师是要负责的,所以我们每天都得问一下学生,既要指导他们学业,又要辅导他们心理,还有生活上的关注。给你举个例子,我一个学生,男生啊,两个月头发都很长了要剪,可现在新冠疫情,他出不了学校啊,怎么办,我得想办法。还有上课,现在很多学生都是线上学习,那么你怎么保证学生的学习质量呢,所以我们老师每天都在琢磨怎么样才能把课上得出彩,怎么样才能让学生学到更多。当然,还有科研。科研可能是占用当下绝大部分老师时间和精力最多的吧。就学术发表来说,学术发表讲求创新性,讲求优先权,特别是理工科的,如果你慢了一步,别人就抢先了。有时候,自己好不容易想了个选题,网上一搜,已经有人发表了。所以,我们每天都在琢磨写什么、怎么写,根本没有时间安静地喝个下午茶,没有时间停下脚步去欣赏对面的风景。"

(四) 其他时间

我国高校教师平均每周在穿衣、打扮、就餐、洗漱、就医等其余活动方面花费的时间约为 38.01 小时,约占全部时间的 23%。其中,平均每周就餐时间为 8.1 小时,即每日每次就餐时间为 20 多分钟。

如果进一步从"其他时间"不同的教师所占百分比情况来看(见图 2-5),有 1/3 的教师每周花费 29—42 小时在其他事务上,占比最多;其次是每周花费 43—56 小时和 15—28 小时者,占比分别为 28.5% 和 22.0%。

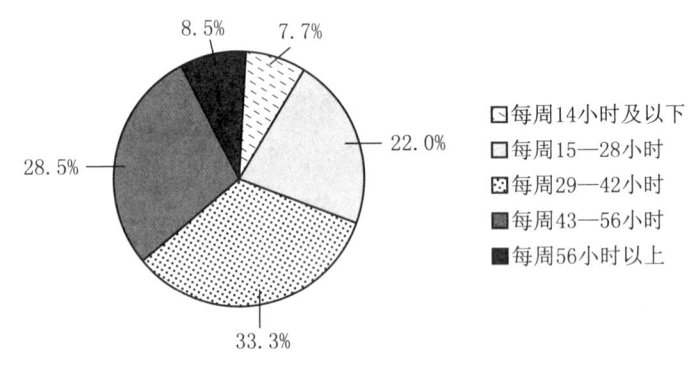

图 2-5 "其他时间"中时长不同教师占比情况

对于这方面的时间花费,受访教师 ART-F1 结合自己的生活起居表示"这些事情啊,还真是占据了我们相当一部分时间呢。像起床、穿衣、洗漱、就餐等活动,可能太日常、太必需了,我们很多时候都忽视了这些事情对我们时间的耗费。我一般早上 6 点起床,大概 8 点半才工作。这之间的两个半小时干什么了呢?早餐其实很简单,基本不需要花时间做,就吃几片面包配牛奶。那剩下的时间就是穿衣、如厕、洗漱、收拾餐桌、整理个人仪表吧。这些事情看着很小,但时间不自觉地就流逝了……特别是当天有课的时候,我会纠结穿什么衣服,怎么搭配,带什么包……然后，对比两三套衣服后，时间可能就过了半小时……然后再搓搓脸、化化妆，可能 20 分钟又没了"。

三、教师时间分配的特征概括

（一）高校教师工作时间较长，休闲时间不足

教师是典型的知识工作者，相比其他工作者，虽然工作安排上更为自由，但往往在规定工作时间之外还要进行非标准化劳动，工作时间比一般职业者要长，而且很难计量。[1]按照《国务院关于职工工作时间的规定》中"职工每日工作 8 小时，每周工作 40 小时"的标准，我国高校教师的工作时间已远超于此。除去通勤时间，我国高校教师每周的工作时间就达 51.38 小时。

此外，虽然教师享有寒暑假，但实际上，很多教师在周末和假期也在工作。访谈中有教师就表示"假期是我专注科研的最佳时期，我一般会在这个时期专心做我自己的事情。去年寒假，我在家看了 12 本书，写了两篇论文，感觉特别充实"（EDU-M2）；"平时周末得备课，有时候还要出差。寒暑假没有专博课程的话，我一般会看看书，写论文"（AGR-M1）；"我一般寒假回老家待一周，毕竟春节嘛，其他时间一般都会去实验室"（SCI-M2）；"我的家就在学校，放假和不放假没什么差别，只是放假的时候学生会少，但我还是像往常一样去工作室"（TEC-M2）。

休闲时间是教师工作的重要保障，可以调节身心，提升工作效率，但是本研究发现，教师的休闲时间明显不足。进一步的数据分析表明，我国高校教师平均每日晚上的睡眠时间约为 6.5 小时，午休时间约为

---

[1] D. Cooper. Knowledge Workers[J]. Canadian Business，2006，79(20)：59.

30分钟,其中,有超过30%(占比31.4%)的教师没有午休时间。睡眠时间到底以多少为最佳,这里暂不讨论,但是可以确定的是,我国高校教师的睡眠时间少于人们普遍认为应当允以满足的8小时,而且作为保持和促进身心健康的重要手段,我国高校教师在运动锻炼、文体活动等方面的时间更少,每天不足半小时,访谈中有接近一半的教师表示没有运动的习惯。

通过对13名教师的跟踪观察也证实了这一点。绝大部分即11名教师采取室内休闲方式,而且休闲时间相当短。例如,被观察对象A1是我国西部某地方本科院校的副教授,虽然是所有被观察者中休闲时间最长的,但除去睡眠时间外,其余休闲时间不足2个小时。该教师喜欢在家里工作,在观察的当日(教学期,周三)上午有4节课,上午7点40分到教室,中午12点10分返回家里。休闲方式主要是晚休(7个小时)、午休(50分钟)、刷手机(网上购物、看短剧等,52分钟)、"撸"猫(36分钟)、其他活动(伸懒腰、在阳台溜达等,18分钟)。在我国东部城市"双一流"高校工作的教师D2(男)休闲时间更短,自早上8点半就待在实验室,晚上10点才离开。在观察的当天(教学期,周二),休闲时间总计不到8小时。休闲方式主要是晚休(6小时,自述)、看手机(与学术无关的信息,看抖音、微信等,36分钟)、午休(28分钟)、办公室泡茶(3次,26分钟)、与其他教师闲聊(与学术无关,11分钟)、其他类(发呆、打哈欠、伸懒腰、看窗外等,9分钟)。只有2名教师有户外休闲活动,主要方式是打羽毛球(C1,60分钟)、跑步(A2,40分钟)、散步(C1,20分钟)和遛狗(A2,30分钟)。

(二)高校教师的时间具有流动性

流动性是齐格蒙特·鲍曼提出的一个概念,流动性通常是液体和气体的特征,他认为我们的社会生活"像一切液体,不能稳定和长时间保持它的形状"。①现代社会中,时间的流动性意味着时间边界的模糊,没有明确的划分界限。帕克(S.R. Parker)曾根据休闲与工作间的关系将其划分为3种类型:扩展型、对立型和中立型,其中的扩展型是指工作与休闲之间没有明显的分割,休闲时可以工作,工作本身又可当作一种休闲,而采用这一类型者尤以接受过高水平教育和长时间专业训练的大学教师为代表。②

虽然本研究简单地将高校教师的时间划分为4种类型,但是高校教师的工作实际上十分复杂,每种类型的时间之间并没有严格而明确的界限。文学教师LIT-F1认为"大学教师职业很特殊,特别是对于我们文学,只要有网络和电脑,我们就能工作。带着孩子去户外,他在跑,我在看文献,对我来说,这是什么时间呢?是工作时间?是休闲时间?是家庭责任时间?都是,好像又不是"。艺术学教师ART-F1也表示"我经常去户外写生,看到那美好的事物,我就停不下来,那一刻,(感觉)世界很安静,一切都很享受。有人说这是在工作,是的,这是在工作。也有人说,这是一种放松,这也对。所以,对我们来说,休闲和工作已经很难做出分辨,在办公室看文献是工作,我们出来写生也是工作。现在已经没有确切的标准来区分到底属于哪种类型的时间了,各种时间全部杂糅在一起,没有界限"。

通过进一步的跟踪观察也证实,高校教师的部分时间彼此交织,相互重叠。例如,观察对象B3教授是我国西部地区某高校的副院长,由

---

① 齐格蒙特·鲍曼.流动的现代性[M].欧阳景根,译.上海:上海三联书店,2002:18.
② S.R. Parker. The Future of Work and Leisure[M]. London: MacGibbon & Kee, 1971: 69.

于事务性工作较多,经常"共时性"进行多重活动,"与学生吃饭时,讨论问题""一边泡茶,一边与另一名教师谈工作""接听电话时烧水""浏览邮件时喝茶",等等;B2作为我国某"双一流"院校引进的青年人才,更是如此,"吃饭时看网络节目""听着音乐看文献、写论文""跑步时听音乐"等已成为习惯。

(三) 高校教师的时间已碎片化

"碎片化"(Fragmentation)一词,原指完整的东西被打碎,成为很多零散小块,它最早见于"后现代主义"的研究当中,后来逐渐被应用到社会学、管理学、教育学研究领域。在科技高度发展的现代社会,人们的生活学习已经不同于传统的"日出而作,日落而息",碎片化已成为重要特征。时间碎片化意味着时间是短暂的、不完整的,对高校教师来说,无论是工作、家庭事务还是休闲活动,所有的时间都已变得支离破碎。

以一位普通高校教师A3某工作日上午的半天时间分配为例(见表2-7),可以看到其工作时间已被分解,各种琐碎的事务充斥着教师的日常办公生活,想要持续且完全地沉浸于工作之中不被各种事务打扰,已很难实现。这正如埃里克森所言,"尽管我的研究时间没有被外在的谋生需求、看电影、去音乐会或镇上的晚会切割成无用的小块,但是会被信息系统的普及分割成碎片。这些任务包括回复电子邮件、接电话、文件归档、订机票、阅读不完整的报告和其他官方文件。在最终坐下来忙一些不同事情的时候,总有一些其他的事情需要先去完成"[①]。也正因如此,不少教师喜欢熬夜工作。数据分析显示,有79.8%的教师在晚上

---

① 托马斯·H.埃里克森.时间,快与慢[M].周云水,何小蓉,译.北京:北京联合出版公司,2013:117.

10 点 30 分之后入睡,其中熬夜工作到 24 点之后的占比 36.1%。

表 2-7　高校教师 A3 某工作日上午的时间分配

时间	事　务
8:10	到达学院办公室,开电脑、烧水、收拾办公桌、倒水
8:25	学院另一教师路过办公室,走进来与 A3 打招呼
8:29	学院办公室主任告知关于会议的事情
8:33	坐在办公室前,开始浏览资料、写论文
9:05	财务处打电话,告知报销单有问题
9:10	到达财务处,开始处理报销单事务
9:15	到达办公室,补充报销材料
9:28	到达院长办公室,请院领导签字,同时告之其即将举办的学术会议事务
9:40	到达财务处,确认材料
9:45	返回学院继续写论文
9:55	看微信
9:58	继续查文献、写论文
10:10	学院一位教师进来打招呼,并咨询本科生论文指导的事情
10:35	打印会议日程,放到办公桌上
10:39	接听微信电话,约 5 分钟
10:44	继续写论文
11:15	学院另一教师进来,咨询某研究课题,约 6 分钟
11:21	继续写论文
11:45	两位教师进来,邀其去食堂吃午饭
11:47	关电脑,收拾桌子,去洗手间
12:05	到达餐厅,排队就餐

关于碎片化时间,某校返聘教授 HIS-M1 也深有感触地说:"在我刚入职的时候,工作比较纯粹,没有那么多通知,也没有那么多材料要

写,教师教学就认真备课、上课。那个年代,学校还有教研室,每个专业每门课,大家都会商量着怎么上好这门课。我们有时候在教研室里看文献,一看就一整天的,看到有用的就抄下来……可是现在呢,你看看哪个老师能安安静静地不被打扰地看一本书呀?一会儿是本科生的通知,一会儿是研究生的事务,一会儿又是学校的什么会议……反正只要你打开手机,到处是通知,你哪里还有时间好好地看书呢?你可能刚翻开书,就有老师来你办公室了,或者有电话打进来了。所以,你看,现在大家看文献都是相当快速,越快越好,一目十行,根本没有一个完整的读书时间和深度思考的时间。这还只是学校的呢,还有其他的社交群里来通知呢……我曾经退下来一段时间,那时候是想着自己能坐在阳台上,没有其他糟心的事情,只是单纯地安心地读读书、写写字。后来我发现这只是我的一厢情愿……在这个时代,陶渊明笔下的那种世外桃源生活也只是一种美好理想……经常是亲戚啦,朋友啦,打电话约你,居委会的老年团也找你,有时候我的学生、以前的同事也找你,甚至连夜里睡觉的时候都有信息骚扰你……还是没有自己的自由时间呀,所以我又回到了工作岗位上。现在,不仅是教师,我们所有的人都很难有完整的属于自己的时间了,也不可能集中精力只做一件事情,或者集中心思只想着一件事情。"

第三节　我国高校教师时间分配的差异性特征

高校教师的时间分配虽然具有一定共性,但是在某种意义上,时间是个体独立的自我体验,因此,每位教师的时间分配都是各不相同的。

根据数据分析结果,本节主要从个体、家庭和院校特征3个方面来探究高校教师时间分配的差异性。

一、教师个体特征与时间分配

表2-8显示了教师时间分配在个体特征方面的T检验分析的结果,除了其他时间一项并不因教师是否担任行政职务而具有显著性差异外($p>0.05$),工作时间、家务时间、休闲时间均会因教师性别以及是否担任行政职务和学术组织职务而存在非常显著性的差异($p<0.005$)。

表2-8 高校教师每周时间分配在个体特征方面的T检验

		性别		行政职务		学术组织职务	
		男	女	是	否	是	否
工作时间	均值(小时)	53.43	48.15	53.84	50.44	54.58	50.12
	St.D	14.067	13.916	13.373	14.453	13.606	14.551
	T	8.586***		5.036***		6.556***	
家务时间	均值(小时)	15.4	24.81	16.88	19.93	15.12	20.46
	St.D	10.946	14.524	8.083	9.064	11.028	13.824
	T	−15.497***		−4.221***		−7.323***	
休闲时间	均值(小时)	59.01	60.2	58.47	59.84	57.97	60.19
	St.D	8.631	8.927	7.755	9.095	8.083	9.064
	T	−3.089**		−3.288**		−5.287***	
其他时间	均值(小时)	39.05	34.19	37.31	37.05	39.19	36.39
	St.D	14.618	15.628	16.057	14.916	14.647	15.465
	T	6.604***		0.316		3.314**	

注:*** 表示 $p<0.001$,** 表示 $p<0.005$,* 表示 $p<0.05$。

在性别上,与诸多研究结论相似,男性比女性在工作上投入更多的时间,但在家务和休闲方面投入的时间相对较少,特别是家务时间,男性比女性每周的投入要少 9 个多小时。这正如汤普森(L. Thompson)等人的研究所示,时间不是中性的,而是被打上了性别的标签。[①]受访的多位女教师对此也都有深刻感受。

受访教师 LIT-F1 说:"我和先生都是大学老师,但他就是工作狂,早上除了送孩子上学,家里的事情基本不管。我也想少干些家务,少待在家里的,可是家里的活儿总得有人去干,孩子的事情总得有人去管呀。我先生不去做这些事情,所以我就做啊……我家孩子前年上幼儿园,读幼儿园需要登记联系人,你看看填的表格,90%的联系人都是妈妈。有时我们开玩笑说,爸爸是'第一作者',我们妈妈是'通讯作者'。"(LIT-F1)

受访教师 EDU-F1 说:"不知道女性是不是就得去干家务,我只要不收拾,家里就乱得不行。给你举个例子,我家孩子很不自觉,经常把玩具扔得满地……他爸爸走路时看到地上的玩具就跨过去,根本想不起来去捡起来放到玩具箱里。如果我不去收拾,玩具可能就会一直在那儿。"

受访教师 PHI-F1 说:"我对象在一家外企工作,平时加班的情况比较少,但是他下班之后总喜欢跟他那些朋友待在一起,每次都是饭做好了才回来。感觉他在家跟大少爷一样,特别是我公婆在的时候,偶尔刷个碗,婆婆都心疼呢。这也可能跟从小受到的家庭教育相关吧,我觉得他根本不会干家务,也不会想着去帮衬着做点家务事。"

---

① L. Thompson, A.J. Walker. The Place of Feminismin Family Studies[J]. Journal of Marriage and Family, 1995(4):847-865.

在行政职务担任方面,"双肩挑"的教师比其他普通教师平均每周多工作 3.4 小时,在家务和休闲活动方面分别少约 3.1 和 1.4 小时。担任副院长的法学教授 LAW-M2 就说:"自从担任副院长以来,我明显感觉到科研时间变少了,哎,各种行政类的事务太多了。我是分管教学的,就教学这一项工作就无比耗费精力。现在国家都在抓本科生教学,学校也一再要求教师要重视本科教学,提高本科教学质量。那怎么提高呢?学校召集我们开了好多会,然后我们每个学院得提出具体举措啊。于是,我就召集几个老师想办法,最后借鉴其他大学实行本科生导师制。可是不能只有简单的 idea,还得出具体实施细则……别看这件事很小,里面牵扯的东西可是相当多。有些老师是不愿意做本科生导师的,所以这个是算作基础教学量,还是后面加上绩效补贴呢?如果是补贴,补贴多少合适?就这个事情,我们讨论了接近半年,写了好几稿意见,直到去年秋季学期才刚实施。你看看呀,就这么一件事情耗费了多少精力呀!还有其他事务呢……我也不是神仙,精力总是有耗尽的时候,不能既要这又要那,所以只能牺牲我的家庭时间、闲暇时间、睡眠时间。我老婆经常抱怨我不管家里、不陪孩子。我也想多陪陪他们呀,可是我真的是没有时间。以前我还和同事在工会运动教室打个乒乓球,现在已经很长时间不打了,真的是没有时间。"

在学术组织职务担任方面,担任学术组织职务比没有学术组织职务的教师在工作时间和其他时间方面分别多花费约 4.5 小时和 2.8 小时,在家务时间和休闲时间方面分别少约 5.3 小时和 2.2 小时。管理学教师 MAN-F1 就此分析说:"在学术圈,担任学术组织职务的一般都是享有一定学术地位的,有的还是学科带头人。这些人一般也同时担任学校某行政职务或者学校的学术委员会委员,等等。当然,他们在校外很可能也是某期刊的编委,或者什么评审专家……这些职务、身份,重合在一个人身上后,承载的事务是非常多的。所以你看看啊,网上有人说有专家是'天上飞'的,这是毫不夸张的。这里有个邀请,那里有个评估,事事都得参加。所以呀,他们哪里还有时间、精力投入家庭中,投入娱乐休闲中呀。"

在年龄上(见图2-6),教师的工作时间与家务时间均以30岁至42岁左右的教师为最长,之后略有下降。休闲时间与其他时间则随年龄的增长大致呈U形变化态势,以30岁之前和53岁之后的教师为最长。这种变化主要与人生轨迹相关,30岁之前,很多教师尚未步入婚姻,有较多的时间和精力可供娱乐、休闲;到了30岁至42岁这个阶段,大多数教师都已结婚生子,并且面临职称晋升的压力,既需要努力工作,又需要照顾家庭,而时间总量是一定的,因此只能选择牺牲部分休闲时间来兼顾工作和家庭;53岁之后,教师大多已评上职称,子女也已长大,教

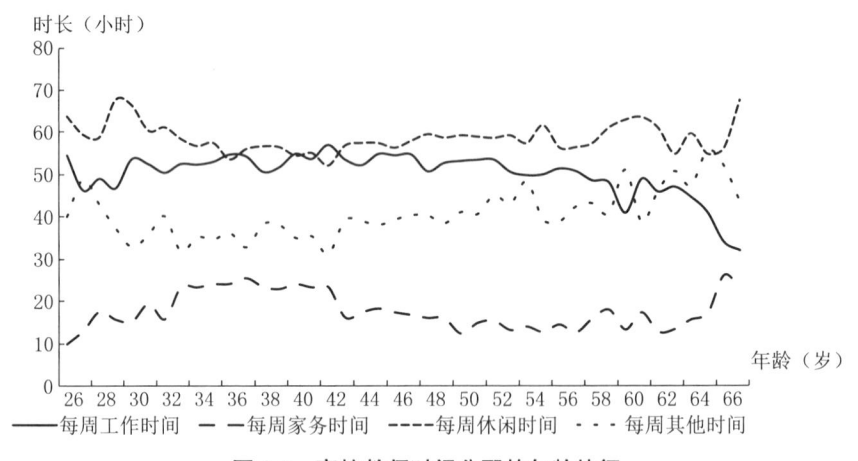

图2-6 高校教师时间分配的年龄特征

师自身也积累了部分经济财富,家庭负担减少,其中有些教师也即将退休,工作与家务时间减少,休闲时间自然增加。

当然,也有个别教师不符合这一轨迹。返聘教授 HIS-M1 就表示"现在我孩子已经结婚了,有自己的家庭了,我很少过问他们的生活。有很多人也在劝我,说我学术地位也有了,应该好好享受了,但是我做不到……人活着就应该要做更有意义的事情。我研究这个专业已经 40 多年了,学术就是我的生命,我放不下。到了我这个年纪,才更应该好好发挥余热。我现在仍然指导博士生,每个月都会找个时间与其他老师一起举办学术沙龙。我很喜欢跟年轻人打交道……有的年轻老师申请课题、写文章遇到问题也会来找我,我很开心。学院的几位院长有时候也来找我,跟我一起商量学院的事情,我也会说几句。我有时候还去课堂上听课,不只是我们专业,其他专业的我也去。我要看看现在的年轻人是怎么上课的,学生的上课状态是怎样的。我虽然年龄大了,但我的心智不会老,学校安排的事情,我都不会落下,写论文也并不比他们年轻老师差呀"。

在职称上,如表 2-9 所示,除了副高级职称教师与"中级及以下"职称的教师在家务时间和其他时间方面没有显著性差异外,其余各类教师在各方面的时间分配上均具有显著性差异。在工作时间和其他时间方面,均是教师职称越高,投入的时间越长,正高级职称教师平均每周工作时间和其他时间分别长达 55.72 小时和 40.61 小时,分别比副高级职称教师多约 5 小时和 4 小时,比其他中低职称的教师分别多 6.27 小时和 4.65 小时。在家务时间上,以副高级职称教师所花费的时间最多,平均每周为 21.02 小时,比正高级职称教师多了约 8 小时。这可能是因为处于这一职称阶段的教师大多处于养育子女阶段,因此花费在这方面的时间也比其他职称教师要多。在休闲时间方面,职称越低,投入的时间越多,正高级教师比副高和中低职称教师分别少大约1.5小时和4小时。可以发现,高校教师并不像外界所认为的那样"评上职称就轻松了",而是评上职称后所承担的任务和工作更多了,休闲时间变少了。

表2-9 高校教师每周时间分配在职称方面的方差分析

	(I)职称	(J)职称	均值差(I−J)	标准误
工作时间	正高级 (55.72)	副高级	5.12***	0.783
		中级及以下	6.27***	0.785
	副高级 (50.60)	正高级	−5.12**	0.783
		中级及以下	1.16*	0.687
家务时间	正高级 (13.29)	副高级	−7.73***	0.862
		中级及以下	−6.94***	0.840
	副高级 (21.02)	正高级	7.73***	0.862
		中级及以下	0.79	0.693
休闲时间	正高级 (57.38)	副高级	−1.49*	0.482
		中级及以下	−3.99**	0.482
	副高级 (58.87)	正高级	1.49*	0.482
		中级及以下	−2.50**	0.423
其他时间	正高级 (40.61)	副高级	4.03***	1.005
		中级及以下	4.65***	0.980
	副高级 (36.58)	正高级	−4.03***	1.005
		中级及以下	0.62	0.811

注:*** 表示 $p<0.001$,** 表示 $p<0.005$,* 表示 $p<0.05$;"职称"一列中,括号内为教师平均每周所花费小时数。

受访教师LAW-M1刚评上教授不久,提到时间分配方面的变化,他说:"我刚来学校时是助理研究员,那时候还没结婚,日子过得比较单一,每天就是'三点一线',办公室—家—食堂,但在办公室并不是完全工作的状态,经常会刷剧、看球之类的。那时候花费时间最多的可能是备课、上课和写论文吧。特别是教学,毕竟博士阶段没有接触过,所以花了大量时间在教学上。另外,当时还兼任研究生辅导员,但平时没什么事情,并没有花多少时间。第二年经过同事介绍,认识了我现在的太太,那一年的日子相对潇洒、惬意,除了上课之外,还会陪她逛街、看电影之类的。谈了两年,我们结婚了,我入职的第五年有了小孩,那段时间是我最'手忙脚乱'的时刻,既要照顾家里,又要工作,甚至连睡觉都睡不好。第七年我评上了副教授,虽然教学已经得心应手了,也不担任院里的辅导员了,但我并没有感到很轻松,而且有了家庭后,感觉身上的担子更重了,工作上真不敢懈怠。其实,评上副教授后,机会也变多了,除了之前的教学、科研之外,还担任研究生导师,每年差不多招3个学生。另外,我们学校或者其他机构有时还会邀我去做讲座、报告,参加座谈会之类的,工作上的事情慢慢多了起来……评上教授之后,事务就更多更多了……现在我担任院长助理,会协助院长处理大量的行政事务,另外还有些委托课题也会找到我,根本没有其他闲工夫。"

二、教师家庭特征与时间分配

经 T 检验发现(见表 2-10),在教师的各项时间分配中,除了工作时间一项之外,其余各类时间分配均会因教师是否已婚和有无需要照料的子女而存在显著性差异($p<0.001$)。

如表 2-10 所示,很显然,已婚的和有需要照顾子女的教师,在家务方面投入的时间更多,分别比未婚者和无需要照顾子女的教师多约 8 小时和 9.4 小时,而在娱乐、休闲以及个人洗漱、就餐、打扮等其他方面

表 2-10　高校教师每周时间分配在家庭特征方面的 T 检验

		婚姻		需要照料的子女		需要赡养的老人	
		已婚	未婚	有	无	有	无
工作时间	均值（小时）	51.49	50.37	52.16	51.93	52.46	46.95
	St.D	14.31	13.667	16.135	16.284	15.667	15.651
	T	1.127		−0.162		−4.904***	
家务时间	均值（小时）	20.08	12.02	23.1	13.7	19.19	17.04
	St.D	13.493	9.167	15.634	10.488	14.022	13.566
	T	8.308***		−9.322***		−2.103*	
休闲时间	均值（小时）	58.99	63.5	58.19	61.34	60.04	64.51
	St.D	8.475	10.078	7.941	9.847	9.084	9.958
	T	−7.478***		3.920***		6.745***	
其他时间	均值（小时）	36.54	41.53	34.55	40.19	36.07	38.33
	St.D	15.15	15.002	15.098	15.035	16.001	15.753
	T	−4.407***		4.395***		1.925*	

注：*** 表示 $p<0.001$，** 表示 $p<0.005$，* 表示 $p<0.05$。

花费的时间较少。受访教师 ECO-F1 就表示"我家现在有两个孩子，感觉整天就围绕着孩子转了。大宝上小学了，小宝 2 岁。家里虽然有我妈在，但两个孩子不喜欢吃她做的早餐，所以我早上差不多 6 点就要起床给他们做。因为小宝跟我睡，我只要一起床，他基本就会醒。所以还要给他把屎把尿、穿衣服之类的……做好后要叫醒大宝，然后吃饭，但我经常是随便扒拉几口，因为还要喂小宝。我妈不会开车，所以吃完后，我还要送大宝去上学……中午一般送托班，有时候也会接他回来吃午饭。到了晚上，只要我在家，基本就被孩子缠住了，一会小的要找妈妈抱，一会大的要我陪他做作业。当然，这还是两个孩子身体正常情况下的事儿，相对还比较轻松。有时候孩子生病了，大的传染给小的，小的传染给大的……差不多一周都耗费在孩子身上,别说什么娱乐、健身、休闲了,半夜睡觉都睡不好呢"。

有无赡养的老人也会影响教师的各项时间分配($p<0.05$)。有赡养义务的教师在工作和家务上投入的时间较长,而休闲时间和其他时间较少。访谈中,也有多位教师提到了照料父母、赡养老人带来的时间分配变化。以下摘录部分访谈内容:

> 年轻的时候没觉得照料父母会分散我们的工作注意力,但是现在感受到了。以前父母一方生病,另一方还会照顾着,现在母亲不在了,父亲不太会照顾自己,又不太喜欢跟我们一起住。所以,我们就只能隔三岔五地回去看看他。以前我还会跟闺蜜周末去逛逛,现在根本没时间了。有次他住院,我们回去待了半个多月。(AGR-F1)

> 我们已经到中年了,父母年龄大了,身体越来越不好。我是独生子,现在这个形势(新冠疫情),我其实最担心的就是父母。3年前,我爸爸腰间盘突出,我就带着他去医院做手术……去医院看病可麻烦了,哪怕是急诊都得排号,等好长时间……做CT、做手术也是得等……看病的这个过程就会耗费我们很多时间……后面手术完还需要陪护一段时间。但是工作又不能落下,即使在院里陪护也得想着课题的事情。(TEC-M1)

> (孩子的)奶奶有三高……她总是忘记吃药,有时候饮食也不太注意。所以,我经常提醒她要注意什么,时不时地给她测测,然后隔一段时间就得定期去做检查……虽然她现在帮忙带孩子,但是我们还是有点担心的,对待她也比较谨慎……她喜欢待在家里,我们一般也会依着她,有时会在小区逛逛……现在,我们基本没有时间去做其他的,除了工作就是照顾家里。(SCI-F1)

对子女情况进一步分析的话,可以发现(见图2-7),随着子女年龄的增长,教师平均每周工作时间基本呈增加状态,家务时间呈降低趋势。在子女处于婴幼儿阶段时,虽然有不少教师是由父母或者保姆帮忙带孩子,但是依然离不开教师本人的参与,教师平均每周在家务方面投入的时间近27小时,工作时间近50小时;子女进入大学或者参加工作之后,教师平均每周工作时间达到53小时,家务时间减少到11小时。与此同时,教师在休闲、运动以及个人保养、就餐、保健等方面投入的时间长度也开始反弹。当然,与有子女的教师相比,无子女的教师在休闲方面花费的时间更多,每周接近64小时。

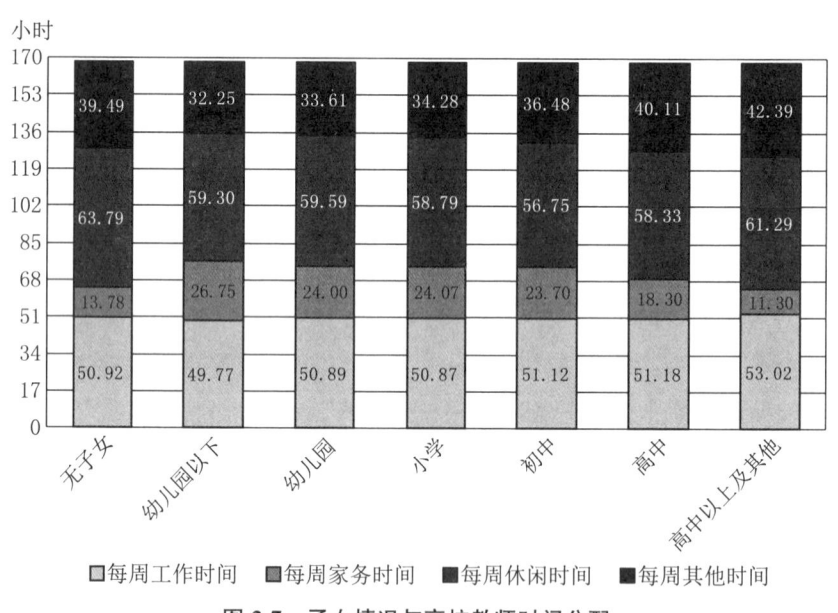

图 2-7 子女情况与高校教师时间分配

另外,需要说明的是,虽然在工作时间方面,已婚者与未婚者并不存在显著性差异($p>0.05$),但已婚者的工作时长大于未婚教师。进一步结合照料子女和老人方面的情况可以发现,已婚、养育子女、照顾老人确实会增加教师的家务时间,但这种家庭责任的加重又会反过来成为教师工作的动力,使得教师牺牲休闲时间和其他时间来进行工作。

这正如一位受访教师 TEC-M4 所说,"现在各行各业都很'卷',连娃儿的教育都非常'卷',以前考 90 分算高分,现在都是末尾了。但是娃儿'卷'的前提是需要有家庭资本支持的,所以娃儿'卷'首先得家长'卷'起来。为了孩子的教育,我们每个家长都很拼,都在拼命工作,努力赚钱……现在学区房都很贵,你不努力,就买不起,你家孩子就读不了这学校。别人孩子都学钢琴、学美术、下围棋、打乒乓球,到时候学校有个什么活动都可以去展示,那我家孩子什么都不会,久而久之,他对自己就不自信了,认为自己的能力就这样了……所以,为了孩子,为了家庭,我们得努力工作赚钱啊!网上有很多人批评大学老师功利化,我们也想淡泊名利啊,可是,你不去拿项目、申课题、争资源的话,哪儿来的收入啊,怎么能养得起家呢"。

三、教师院校特征与时间分配

从院校特征看,如表 2-11 所示,我国高校教师的工作时间、家务时间以及休闲时间均会因院校声誉和学科方面的情况而存在显著性差异($p<0.05$)。学校声誉越高,教师的工作时间越长,国家"双一流"建设高校的教师比省/市"双一流"建设高校和其他一般院校的教师每周分别多工作近 5 小时和约 8.4 小时,而家务时间、休闲时间和其他时间也以国家"双一流"建设高校的教师为最少。这说明越是就职于高水平的大学,教师的工作越艰辛,需要投入的工作时间更多。

我国高校教师的时间分配与工作状态研究

表 2-11　高校教师每周时间分配在院校特征方面的差异性分析

类别		院校声誉			学科			
		国家"双一流"	省/市"双一流"	一般院校	人文学科	社会科学	自然科学	工程技术
工作时间	均值(小时)	55.02	50.12	46.61	48.85	49.24	53.81	53.9
	St.D	13.436	13.035	14.999	15.033	13.989	13.835	13.528
	F值	73.897***			20.788***			
家务时间	均值(小时)	16.98	20.51	21.08	21.53	21.63	17.18	15.69
	St.D	12.13	12.991	14.596	13.393	14.962	10.635	12.027
	F值	18.918***			23.928***			
休闲时间	均值(小时)	58.04	59.31	61.85	60.17	60.72	58.98	57.84
	St.D	7.93	8.152	9.977	8.658	9.315	8.38	8.099
	F值	37.533***			13.218***			
其他时间	均值(小时)	37.14	36.79	37.32	37.08	35.99	37.05	38.54
	St.D	14.791	15.235	15.761	16.253	15.718	14.154	14.437
	F值	0.147			2.381			

注：*** 表示 $p<0.001$，** 表示 $p<0.005$，* 表示 $p<0.05$。

受访教师 MAN-M1 曾在某地方本科院校工作，工作一年后辞职，现在就职于一所国家"双一流"大学。谈到在两所学校工作时的时间分配情况，他表示"在地方本科院校还是相对比较轻松的……那段时间我过得的确很悠闲，基本就算'躺平'了，每天花两三个小时备课，一周差不多上 10 节课。科研呢，想做就做，不想做也可以，也没有强制性要求……但来到这所学校就不能'躺'了。比如备课，我感觉就花了好多时间。虽然教的课程跟之前的差不多，但是这边的学生要求高啊，而且这里的师资质量也高，如果讲得浅了，是要被学生'鄙视'的……除了教学内容要深思细究之外，还要考虑教学组织形式、教学方法。有时候讲课看到下面的学生反应不好,我心里就会有负担……除此之外,还有研究工作,这就不用讲了,肯定是不能放松的"。

受访教师 EDU-F1 原是某"211"高校的辅导员,博士毕业后到我国西部一所地方本科院校任教,对于时间分配与精力的变化,她也深有感触地说:"在高水平大学工作太'卷'了,内耗严重,每天都有干不完的事儿。那时候,我虽然是辅导员,但仍然承担部分本科生课程教学,要给本科生讲'大学生职业发展与就业指导'。这门课挺难讲的,会花大量的时间来准备。除此之外,还得做研究,我们辅导员也需要有课题项目、发论文……再加上学生的事务,反正每天都有一大堆事儿,忙得焦头烂额。那些专任教师们更是如此。有的老师到处做讲座,搞项目;有的教师天天坐在电脑前,写写写。现在这里就相对轻松些,周末还可以去逛逛街。"

学科方面,以重在实验的理工科教师的工作时间最长,平均每周比人文社科的教师多工作近 5 小时,在家务和休闲上则花费时间较少。某校工学教授 TEC-M1 就表示"虽然都是大学教师,但是学科差异很大,而且就算在同一个学科,专业不同,工作投入度也会不同。像我们这个专业,就得天天耗在实验室啊,有些东西,你不在那里看着,学生也做不了的,我们也不放心,而且这个实验还有一定时效要求的,所以你看我们实验室里,无论教师还是学生,手里都有活。但文科就不同了,像我老婆是研究文学史的,她们学院老师连个办公室都没有呢,所以她就只能在家里办公,可是家里的工作氛围肯定不如学校啊。就像我老婆说的,在家会忍不住擦擦桌子、浇浇花,还没开始工作就到中午了,又该去接孩子回来了"。

本章小结

本章在界定高校教师时间结构内涵(工作时间、家务时间、休闲时间、其他时间)的基础上,利用问卷调查数据,并结合访谈与观察材料,深入分析了我国高校教师时间分配的特征及差异性。

按照高校教师的工作内容,本研究借鉴国内外诸多学者的界定方式,将高校教师的工作时间定义为教学时间、科研时间和社会服务时间之和。当然,这3部分时间并非完全分离的,而是相互融合,部分重叠的。家务时间是指教师为家庭事务所花费的无偿劳动时间,包括买菜、做饭、家庭清洁等一般性家务劳动时间和抚育子女、赡养老人等所花费的时间。休闲时间通常是指可自由支配的时间,是人们用来娱乐休息、调节身心的时间,本研究按照教师的休闲方式将其划分为睡眠时间、娱乐时间、运动时间以及其他休闲行为所花费的时间。"其他时间"则泛指教师除去工作时间、休闲时间和家务时间之外的所有时间。

在高校教师时间分配特征方面,通过对教师的跟踪观察、访谈以及问卷调查发现,我国高校教师工作时间远高于法定标准,休闲时间不足。除去通勤时间,教师平均每周工作时间长达51.38小时。虽然高校教师享有寒暑假,但实际上,有相当部分教师仍然在周末和假期工作,熬夜、加班加点已成为教师的日常。休闲时间方面,有超过66%的教师每周睡眠时间不到50小时,即每日睡眠时间少于我们普遍认识意义上的8小时。此外,我国高校教师的休闲方式也比较单一,除偶尔陪家人出去游玩之外,绝大部分以"室内活动"为主,每周在运动、娱乐等纯粹休闲活动上的时间花费约为 10 小时,不足全国人均休闲时间的一半。

其二,教师的时间具有流动性。为研究之便,本研究划分了 4 类时间,但其实这 4 种类型时间之间并没有严格而明确的界限。例如,教师阅读与思考的时间,既可以看作工作时间,也可当作休闲时间。同样,有些家务时间(如带孩子游玩),也可算作休闲时间。而且随着科技的发展,教师经常"同时性"从事多种活动,"一边听音乐,一边打扫房间""一边吃饭,一边看电视"等,已成为普遍现象。

最后,我国高校教师的时间已碎片化。在当今网络发达的信息时代,无论是工作、家务、休闲,还是其他活动,所有的工作都会被各种信息分割成零碎的诸多片段。如今,教师的所有时间都变得支离破碎,各种工作和生活上的事情经常被临时性、突发性的事件所打断。回复信息、接电话、开会、填表等,充斥并占据了教师时间的每个角落。于是,拥有属于自己完整的时间、连续的时间,已成为教师的一种奢望。

当然,高校教师的时间分配虽然具有一定共性,但对时间的具体分配来说,其又可以看作是一种自我体验,会因性别、年龄、婚姻状况、子女情况、职称、所在学科等背景的不同而有所区别。在个体身份特征方面,与大多数研究相似,本研究也发现男性比女性的工作时间长,家务和休闲时间则相对较少,相比其他普通教师,"双肩挑"教师和担任学术组织职务的教师在工作中投入的时间更长,但在休闲和家务方面花费的时间较少;在年龄方面,教师的工作时间与家务时间均以 30 岁至 42 岁左右的教师为最长,之后略有下降,休闲时间与其他时间则随年龄的增长大致呈 U 形变化态势;在职称方面,工作时间和其他时间均以正高级职称教师为最长,家务时间以副高级职称教师花费最多,休闲时间方面则是职称越低,投入的时间越多。

在家庭特征中,与绝大多数研究结论一致,已婚的、需要照顾子女和赡养老人的教师,在家务方面投入的时间更多,而在睡眠以及个人洗漱、就餐、打扮等其他方面花费的时间较少。但是,教师的工作时间在婚姻和子女方面并不存在显著性差异。也就是说,因婚姻、照料子女以及赡养老人等家庭责任所增加的家务时间并未挤压工作时间,而是压缩了教师自身的休闲和其他活动时间。

在院校特征中,教师所在的院校学术声誉越高,工作时间越长。本研究发现,就职于国家"双一流"建设高校的教师每周工作超过 55 小时,但在家务、休闲和其他事务方面花费的时间相对较少。学科方面,以理工科教师的工作时间为最长,每周工作时间比人文社科类教师多近 5 小时。由此可见,国家"双一流"建设高校的理工科教师工作时间最长,具体原因有待进一步研究。

第三章
我国高校教师时间分配的影响因素

自我是被"嵌入"或"置于"现存的社会常规之中的——我们不可能总是能够选择退出这些常规,我们必须至少把某些社会角色和社会关系当作个人慎思的目的而非给定的内容。在确定生活方式的时候,我们都把自己的处境当作是在承载某种特定的社会身份。①

——[加]威尔·金里卡

第一节 影响教师时间分配的个体因素

与其他职业相比,学术职业具有较强的自主性,高校教师可以自主安排时间。但是这种自主性的时间安排往往不是随意的、无序的,它受制于教师兴趣偏好、作息习惯和理想抱负的影响。

---

① 威尔·金里卡.当代政治哲学[M].刘莘,译.上海:上海译文出版社,2015:283.

我国高校教师的时间分配与工作状态研究

一、教师兴趣偏好

常言道:"兴趣是最好的老师。"当教师对某项事务抱有极大的兴趣时,往往能够积极主动地投入与之相关的活动中。教师对所偏好的活动往往在时间投入上有所侧重。芬克尔斯坦在研究学术职业时指出,教师享有的自治化程度较高,在不考虑外在环境因素的影响时,他们工作中实际所做的应是他们所想做的。[1]日本学者佐藤庆幸也提到"工作并不是在责任感和压力的驱使下进行的。人们并不是因为必须要工作才工作,而是由于想工作而工作"[2]。约翰斯路德(L.K. Johnsrud)的一项研究也表明,教师工作投入程度与学术兴趣高度相关,学术兴趣可以推动学者持续关注某项活动,并创造出惊人的成果。[3]

根据高校教师的时间结构内容,这里从学术兴趣(工作喜好程度)、家务爱好、休闲爱好3个维度,在不考虑其他变量的影响下来具体探究兴趣偏好对教师时间分配的影响。表3-1显示了兴趣偏好对高校教师时间分配的影响程度。通过简单的线性回归方法分析发现,兴趣偏好对相应活动的时间分配会产生显著性影响,越是爱好某种活动,越是喜欢在这种活动上投入更多的精力。

如表3-1所示,具体来说,工作偏好(工作喜好程度)对工作时间的投入具有显著的促进作用($p<0.001$),而对家务时间、休闲时间具有显

---

[1] M.J. Finkelstein. The American Academic Profession: A Synthesis of Social Scientific Inquiry since World War II[M]. Columbus, OH: Ohio State University Press, 1984:69.
[2] 佐藤庆幸.官僚制社会学[M].朴玉,苏东,等,译.北京:生活·读书·新知三联书店,2009:239.
[3] L.K. Johnsrud. Maintaining Morale: A Guide to Assessing the Morale of Midlevel Administrators and Faculty[M]. Washington, DC: College and University Personnel Association, 1996:116.

表 3-1 高校教师兴趣偏好对时间分配的影响结果

	工作时间	家务时间	休闲时间	其他时间
工作喜好程度	0.219***	−0.163***	−0.137*	−0.005
家务爱好程度	−0.169***	0.217***	−0.141*	−0.115***
休闲爱好程度	−0.100***	−0.116*	0.146*	0.100*

注：*** 表示 $p<0.001$，** 表示 $p<0.005$，* 表示 $p<0.05$。

著的抑制作用（$p<0.05$）。学术兴趣是从事学术职业的重要条件，"只有完全献身于理念的世界，具有极强的愿望去保存、传播和发展知识的人，才有资格进入学术生活。学术职业要求它的从业者痴迷于学问，并且深刻信任理性的力量"[①]。真正对学术感兴趣的教师会很情愿地让渡其他时间来工作。这正如某校数学专业教师 SCI-M2 所言，"兴趣是专注的前提。我从小就对数学感兴趣，从小到大也参加了各种数学竞赛，不是家长逼着的，而是我真正喜欢。我当大学老师很重要的原因也是兴趣，可以跟同事和学生一同探究数学的奥秘。数学很有意思，有时候遇到一个问题，我不吃不喝也要把它解出来。解出来的那一刻非常有成就感，这个过程让人回味无穷"。

同样，家务爱好程度对家务时间的投入具有显著的正向影响（$p<0.001$），而对其他 3 种类型时间的投入产生显著的负向影响（$p<0.05$）。就像受访教师 LIT-F1 所说，"我一直很喜欢做饭，最近买了几本烹饪书，正研究创新菜品呢……但做饭是个排斥性很强的劳动。比如，炒菜的时候只能炒菜，就不能分心再去看个文献、备个课之类的。还有辅导孩子作业，最开始我不太喜欢做。孩子写作业时，我一般做自己的事

---

① J.D. Millett. The Academic Community: An Essay on Organization[M]. New York: McGraw-Hill Book Company, Inc., 1962:124.

情,但是他做作业太磨蹭了,写着写着就做小动作,后来我就在他旁边看着他。哈哈,现在已经慢慢喜欢上这种'监督'的感觉了……但是在家庭中投入的时间多了,其他方面的时间自然就变少了呀"。

但是休闲爱好不仅对休闲时间产生促进作用,还会对"其他时间"的投入产生积极影响($p<0.05$)。也就是说,爱好休闲的教师不但会花更多时间放在休闲活动上,还会花大量时间在穿衣打扮、饮食、保健等其他方面。

二、教师作息习惯

习惯是日积月累养成的行为方式,心理学中将其定义为无意识的机械化行为反应。"少成若天性,习惯如自然。"在日常生活和工作中,人们往往会无意识地被习惯所左右,比如每天都在固定的时间起床,在固定的时间休息,在固定的时间运动,等等。习惯渗透人们生活的方方面面,对人们的时间分配也会产生重要影响。

教师的习惯具有相对稳定性,一旦形成便使个体对此产生依赖,不容易改变。所有人的生活都有其明确的形态,但其实都是由各种各样的习惯构成的。[①]教师每日的作息和时间安排也是如此,看似是精心决策的行为结果,其实在很大程度上是受习惯的影响。

其实,习惯与时间之间的影响是相互的。一方面,时间具有规训作用,当一种时间观被内化之后,它就成为理所当然的,或多或少地成为我们日常生活中无意识结构里的一股潜流。[②]其中,学生时期的学校教

[①] 查尔斯·杜希格.习惯的力量:为什么我们这样生活,那样工作?[M].吴奕俊,曹烨,译.北京:中信出版社,2013:69.
[②] 奥威·洛夫格伦,乔纳森·弗雷克曼.美好生活:中产阶级的生活史[M].赵丙祥,罗杨,等,译.北京:北京大学出版社,2011:31.

育是使教师养成时间分配习惯的重要手段。学生时代培养的时间观念、态度,所确立的规矩,以及学术专门化训练时所形成的时间安排都会久而久之使得教师形成习惯,"既久而遂安之"。另一方面,习惯具有惯性,一旦形成,便会按照既有的力量继续向前。按照福柯的解释,长期固定的社会生活制度和各种原则,以及长期固定的社会生活节奏,也会使人们将特定历史时期内的社会生活模式变为不容置疑的现实,即当成一种社会"惯性"来看待,将他们习惯地生活于其中的社会生活的时间和空间绝对化。[1]所以,受习惯的影响,人们的作息往往是无意识形成的,有的人习惯早睡早起,有的人喜欢熬夜。

一般来说,越是年长的教师,其作息和工作时间越是不容易发生变化。返聘教师 HIS-M1 就表示"习惯成自然,我很喜欢早睡早起,我已经工作 40 多年了,基本上没变。年轻的时候早上一般 6 点起床,现在睡不着了,不到 5 点半就会醒。然后去跑个步,溜达一圈……中午 12 点吃饭,之后休息差不多半小时。年轻的时候,下午 4 点半一般还跟院里同事打打球,现在打不动了,我就在办公室稍微活动下或者去附近操场散散步。然后,晚上 6 点左右吃饭,10 点左右睡觉。这个很难改,生物钟已经形成了,到了那个点就会醒,到了那个时间肚子就饿"。

如表 3-2 所示,经相关性分析发现,规律性的作息习惯与工作时间和休闲时间具有显著的正向相关关系($p<0.05$)。特别是对于工作时间来说,作息习惯对其具有强化作用。访谈结果也显示,尽管教师每天的时间安排各异,但依旧是有规律可循的,习惯熬夜的教师工作时间更长。

---

[1] 高宣扬.鲁曼社会系统理论与现代性[M].北京:中国人民大学出版社,2005:242.

表 3-2 作息习惯与高校教师时间分配的关系

	工作时间	家务时间	休闲时间	其他时间
相关性系数	0.342	0.050	0.140	0.045
p 值	0.003	0.162	0.028	0.124

当然,习惯对时间的影响是建立在地理环境、社会制度和文化基础之上的。有学者研究法国社会时发现,法国人习惯在下午下班后散步、会客,因为法国实行每周35小时工作制,每天只工作约7个小时,"下班的时候,太阳还老高",而且这"很是符合法国人的文化性格、生活理念和节奏"。[①]调研发现,我国高校教师的时间作息也在地区上存在明显的不同。由于时区和地域文化的差异,东部高校教师晚休时间和早起时间都较西部要早,而西部尤其是西南高校的教师则有晚上吃宵夜的习惯。

三、教师理想抱负

理想抱负是教师对未来生活的合理想象,是教师积极奋斗的重要动力。理想既是一种获得,理想又是一种牺牲。[②]一般来说,理想抱负水平较高的个体在实现目标的过程中往往会伴随更多积极性的行为,会自愿性地投入更多的时间、精力和情感。[③]

根据教师工作与生活的重要场域,本研究从事业和家庭两个方面,

[①] 张金岭.公民与社会:法国地方社会的田野民族志[M].北京:北京大学出版社,2012.
[②] 余勋坦.理想[EB/OL].[2016-07-22]. http://www.360doc.com/content/14/0706/08/16731108_392324908.shtml.
[③] J.P. Robinson, G. Godbey. Time for Life: The Surprising Way American Use Their Time [M]. University Park, PA: The Pennsylvania State University Press, 1997:112.

按照各类理想水平的高低,将高校教师的理想抱负划分为 4 种类型(见图 3-1),即事业家庭兼顾型、事业型、家庭型、无所追求型。

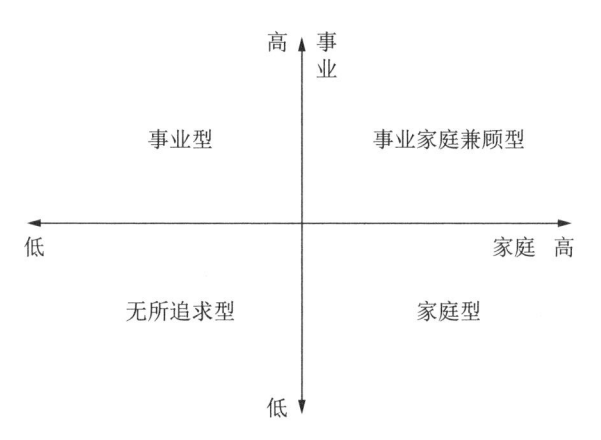

图 3-1 我国高校教师的理想抱负类型

进一步分析发现(见表 3-3),在所调查的 14 个省/市的高校教师中,有接近 18% 的教师想要取得家庭事业双丰收;有超过一半的教师想要在学术事业方面有所成就,其中男性比女性占比多了近 10%;有 1/4 的教师对家庭方面更有期待,期望自己的子女或者另一半将来有所作为,其中女性比例高于男性;还有 3.4% 的教师对家庭和事业均无所追求。

表 3-3 我国高校教师各类理想抱负中不同性别教师占比

	事业家庭兼顾型	事业型	家庭型	无所追求型
男	9.1%	31.8%	10.0%	1.8%
女	8.8%	21.9%	15.0%	1.6%
合计	17.9%	53.7%	25.0%	3.4%

如表 3-4 所示,进一步回归分析发现,教师的理想抱负对时间分配

有显著性影响($p<0.05$)。具体来说,事业理想对工作时间的投入起显著的促进作用($p<0.001$),而对其他的3种类型时间投入会产生显著的抑制效应。教师的时间和精力是有限的,学术抱负越强的教师,工作时间越长,在家务、休闲和其他方面花费的时间就会越少。受访教师SCI-M1就表示"我不敢奢望将来能评上院士,但目前来说,我的目标还是很明确的,就是先升上'优青',再评上'杰青'。但每年'优青'的竞争都是相当激烈的,而且还有年龄限制。所以这几年我必须赶着自己啊,在学术上一点都不能松懈的"。家庭方面的理想会对休闲时间的投入产生负向影响($p<0.005$),而对工作时间和家庭时间的投入产生显著的正向影响($p<0.005$)。也就是说,对子女、对家人的美好期待不仅会增加教师对家庭事务的投入,还是教师工作的动力,促进教师工作时间的投入。对此,某校经济学教师ECO-M1分析说:"家庭和事业很难兼顾,这是从我们的时间和精力上讲的,但是对美好事物的向往可以同时兼得呀。我希望家人过得好,并不影响我想在学术上有成就。但不管什么期待,都是需要靠付出才能实现的,是需要有经济和资本支持的,否则就是'做白日梦'了。"

表3-4 高校教师理想抱负对时间分配的影响

	工作时间	家庭时间	休闲时间	其他时间
事业理想	0.429***	−0.212*	−0.256***	−0.437*
家庭理想	0.358**	0.138**	−0.214**	0.368**

注:*** 表示 $p<0.001$,** 表示 $p<0.005$,* 表示 $p<0.05$。

综上分析可知,我国高校教师的时间分配受到个体心理因素的影响。兴趣爱好是教师从事某种活动的内在驱动力,会使教师不自觉地关注某项活动;习惯是人们积久形成的生活方式,对教师的时间结构具有一定的强化作用;理想抱负为教师工作与生活树立了奋斗目标,会引导教师的时间与注意力分配方式。

第二节　影响教师时间分配的高校内部环境因素

教师是高校的一员,时间分配离不开大学组织内部制度环境的制约。美国学者米尔斯就曾提到"教授毕竟是一介雇员,他受制于这一事实中涉及的各种因素,而各种制度化的因素挑选着人,并具体影响到他们怎样工作、何时工作以及干点什么"[①]。

一、教师聘任制度

(一)高校教师聘任制度的类型

我国《高等教育法》第48条明确规定:"高等学校实行教师聘任制。教师经评定具备任职条件的,由高等学校按照教师职务的职责、条件和任期聘任。高等学校的教师的聘任,应当遵循双方平等自愿的原则,由高等学校校长与受聘教师签订聘任合同。"[②]教师聘任制是指高等学校与教师在符合国家法律法规的前提下,遵循平等自愿的原则,由学校聘请有资质的人担任相应教师职务的任用制度。

随着教师聘任制度的不断改革,目前,我国高校普遍实行教师岗位

---

① C.莱特·米尔斯.白领:美国的中产阶级[M].周晓虹,译.南京:南京大学出版社,2016:142.
② 全国人大.中华人民共和国高等教育法[EB/OL].[2023-04-17].http://www.npc.gov.cn/npc/c30834/201901/9df07167324c4a34bf6c44700fafa753.shtml.

聘用制度。按照人事部、教育部联合发布的《关于高等学校岗位设置管理的指导意见》，高等学校岗位分为管理岗位、专业技术岗位、工勤技能岗位 3 种类别。其中，专业技术岗位就是针对专任教师设置的岗位，一般有教学为主型岗位、教学科研型岗位和科研为主型岗位。①按照聘任时间来划分的话，当前我国高校教师的聘任大致可分为定期合同制、终身制、定期合同制与终身制并行 3 类制度。目前，随着高校教师规模的逐步扩大和学术市场的日益饱和，定期合同制已成为多数高校采用的聘任制度。

（二）"非升即走"制度与青年教师的时间分配

"非升即走"制度是个舶来品，发源于 19 世纪中后期的美国，在中国也称"预聘制"。该制度一般要求高校教师在 3—6 年的预聘期内须达到学校的考核标准，否则将被解聘。"非升即走"制度尽管存在不少争议，但是在当前学术市场逐渐饱和的环境下，该制度已成为许多高校的选择。即使是"双非"院校，也开始实行"非升即走"制度。以华侨大学为例，新进教师聘期满 3 年要进行中期考核，原则上应完成聘期任务的 50%。中期考核结果为合格的，可续聘；考核结果为不合格的，终止聘用关系。聘期满 6 年进行期满考核。期满考核结果为合格的，可续聘；考核结果为不合格的，终止聘用关系。②

由于当前"非升即走"制度多针对新进教师，为此，这里主要分析此制度对青年教师时间分配的影响。根据当前绝大多数高校实行的聘用

---

① 人事部，教育部.关于高等学校岗位设置管理的指导意见[EB/OL].[2020-05-21]. http://www.jyb.cn/cm/jycm/beijing/jybgb/zh/t20070620_92597_1.htm.
② 华侨大学.关于印发《华侨大学新进教师聘用管理暂行办法》的通知[EB/OL].(2022-05-08)[2023-01-08]. https://rsc.hqu.edu.cn/rszc/rsk.htm.

年限和青年教师的特征,这里将样本聚焦为"工作年限在 6 年及以下且年龄为 35 岁及以下"的教师。经过筛选,达到此标准的样本占比为 23.8%,其中在"非升即走"制度下的教师占比为 41.6%。

随着我国博士生规模的扩大,学术职业的准入标准也越来越高。在"要么发表,要么出局"的严苛环境中,教师为了有充足的时间进行科研,不得不牺牲生活与休闲时间。[1]诸多研究也表明,受"非升即走"政策的刺激与诱导,大学教师特别是青年教师的工作时长近年来有明显增加的趋势。[2][3]本研究的数据分析结果发现(见表 3-5),教师时间分配会因高校是否实行"非升即走"制度而存在显著性差异。与不属于"非升即走"制度环境下的教师相比,在"非升即走"制度环境下的教师平均每周在工作上花费的时间明显更长,多出近 7 小时,特别是在科研方面投入的时间大约多 7 个小时。在家务、休闲和其他方面花费的时间则相对较少。一般来说,在"非升即走"制度环境中,"获得的资助越多,项目就越多,晋升就越快,获得的发展空间和学术声誉就更大,否则你就出局"[4],而时间的总量是固定的,各类型的时间之间存在挤占效应。因此,教师为了不被这种游戏规则淘汰,不得不投入更多的时间进行科研。

---

[1] Dheeraj Sharma. Faculty Evaluation of Marketing of Research Streams and Self-Serving [C]//Harlan Spotts. Creating and Delivering Value in Marketing: Proceedings of the 2003 Academy of Marketing Science(AMS) Annual Conference,2015:218.
[2] A.N. Link,C.A. Swann,B.A. Bozeman. Time Allocation Study of University Faculty[J]. Economics of Education Review,2008(27):365-373.
[3] L.D. Singell,J.H. Lillydahl. Will Changing Times Change the Allocation of Faculty Time [J]. The Journal of Human Resources,1996(Sprin):429-440.
[4] 阎光才.学术系统的分化结构与学术精英的生成机制[J].高等教育研究,2010(3):9.

表 3-5　是否实行"非升即走"制度下高校教师时间分配的均值比较

是否实行"非升即走"	是			否			F 值
	最小值(小时/周)	最大值(小时/周)	均值(小时/周)	最小值(小时/周)	最大值(小时/周)	均值(小时/周)	
工作时间	10.00	79.50	53.59	16.00	73.00	46.68	10.810**
教学时间	0	50.50	20.37	0	40.00	17.96	11.487*
科研时间	5.00	65.80	23.69	3.00	48.00	16.66	9.485***
社会服务时间	0	40.20	9.53	0	45.00	12.07	13.671**
家务时间	2.00	55.50	12.78	1.00	50.00	15.64	11.048**
子女教育时间	0	20.30	7.01	0	20.00	8.31	12.131**
家务劳动时间	0	15.40	1.93	0	18.00	2.93	5.228**
其他家务时间	0.00	17.50	3.84	0	21.00	4.40	8.744
休闲时间	42.00	86.60	66.37	47.50	96.00	68.51	17.051*
睡眠时间	41.00	69.00	50.96	34.00	63.00	52.22	9.145
其他休闲时间	2.00	40.00	15.41	2.00	36.00	16.29	11.301
其他时间	10.00	67.00	35.26	15.00	68.00	37.17	10.226*

注：*** 表示 $p<0.001$，** 表示 $p<0.005$，* 表示 $p<0.05$。

教师 SCI-M1 是一名海归博士，现就职于东部某"211"院校。他刚通过了首聘期考核，对于首聘期的工作与生活状态，目前依然记忆犹新。他表示"2019 年我被这所高校以高层次人才身份引进。作为高层次人才，享受副教授职称和相关待遇。但是按照合同规定，在首聘的三年内，必须满足学校的要求，否则就会降为低聘。那三年真的是我人生中最难忘的时期，他们称我为'工作狂'。我觉得这个不够准确，应该称为'工作魔'，比狂还狂，一天 24 小时，我可能工作至少 15 个小时，有差不多 90% 的时间在搞科研……当然，写论文还好，发 SCI 都没问题，我们博士和博士后期间不就一直搞这个的嘛！但是申请项目很难，在美国读书的时候也没接触到,也没见过本子长什么样,不知道怎么写,需要什么程序,所以第一年申请了'国自科'但没中。第二年我就从网上搜各种材料,查范本,也听那些专家的分享,但还是没中,只中了一个'省一般'(项目),但聘期内省课题是不算的。不过这个也给了我信心,起码也能中的嘛。然后第三年我就打磨本子,换新的角度,写论文的过程中只要发现个新的点子,我就马上记下来,边写边改,也请我们实验室的教授来看,提意见。当时我在想,如果再申请不到就算了,反正我也努力了,也做好离职的准备了,但很幸运的是,第三年我中了,拿到了一个'国自科'的青年项目……这三年,真是过得'战战兢兢'啊!那段时间基本天天待在实验室里,有一年我妈妈腰做手术,我都没回去"。

也正因为如此,很多青年教师在尚未达标之前不敢结婚,也不敢生子。从表3-6的数据统计中我们可以发现,在35岁及以下教师群体中,处于"非升即走"制度下的教师已婚率较低,并且其中只有不到15%的教师育有子女。

表 3-6　是否实行"非升即走"制度下的高校教师婚姻状况与子女数量占比

是否实行"非升即走"		是	否
婚　　姻	已婚	51.1%	62.9%
	未婚	48.9%	37.1%
子女数量	0	85.5%	80.2%
	1	12.5%	17.1%
	2个及以上	2.0%	2.7%

不同于以往,目前养育子女所需的成本越来越高,除了需要家长大量的时间与精力投入外,养育子女过程中的生活、教育、医疗等费用支出也成为家庭的一大笔开销。特别是在当下优质教育资源稀缺的环境

下,不少教师为了子女可以接受更好的教育,会进一步加大对子女教育的支出,如购买昂贵的"学区房",为孩子报名各种"补习班""兴趣班"等。当教师工作尚未稳定时,大多数人都不敢冒风险。访谈中有不少教师表示"等评上职称后再要小孩",虽然现在国家已经放开了二胎和三胎政策,但是多数教师家庭仍然只育有一个子女,"养不起""没人照顾""没时间""没精力"是其重要原因。

某校女青年教师 PHI-F1 的遭遇就可见一斑。她表示"这是我的第二份工作,我第一份工作是在 A 校,一所'985'院校,那个学校实行的就是'非升即走',最多 6 年,评不上副教授就 say goodbye……在我入职的下半年,我怀上了宝宝,因为我体质问题,住院了一段时间,也不能教学,所以我就申请转了研究岗,但是研究岗对科研的要求更高呀。当时我连住院都在写本子呢,可是课题哪有想中就能中的呀,特别是国家级的,太难了……第二年我有了宝宝,就开始休产假,我身子本来就虚,而且是高龄产妇,生完后感觉整个人都 down 了,记忆力、专注力直线下降,还有身体免疫力也不行了,所以生完宝宝后一年多,我基本在调理身体。到了第四年,我开始补之前的教学工作量,因为那个学校研究岗也是有教学任务的,备课、上课,特别累。到了第五年,我科研上仍然没有什么收获,中了一个省青年课题,但那个学校不认,对评职称也没什么用。到了第六年我就慌了,虽然我已经发了 2 篇 C 刊,出了一本书,但还是达不到学校要求啊。特别是课题项目,我每年都申请,但一直不中啊。后来领导就找我谈话,领导倒是很好,跟学校也一直沟通看看能不能再延一延,可是学校合同是这样的呀,达不到就是达不到啊。而且这期间我真的是筋疲力尽,也厌倦了这种生活,所以在学校没赶人之前我就提出了离职。正好现在这个学校招人,所以我就来了。现在这个学校虽然层级差一点,就是个地方性院校,但是有编制啊"。

(三) 聘期考核与教师工作时间分配

如今,学术职业已不再实行传统的"终身制",无论何种职称的教师,只有达到聘期考核要求方可续聘。在我国,大多数高校的聘期为4年,有的高校为3年或5年,教师在聘期内如果达不到要求,要么降级低聘要么会被解聘。以北京大学为例,现职教师在规定申请晋升次数内达不到晋升要求的,延聘一年后,须离开教师岗位。当教师晋升(或受聘)为教授后,可获得长期职位,但学校还是会定期对教授和已取得长期职位的副教授进行考核,连续3年未完成岗位合同所规定的教学科研任务者,须离开原岗位。[①]

虽然很多学者都在倡导"终身制",但是目前其实施前景仍然不太明朗。在当下学术竞争激烈的环境中,除了少数学术权威可以享受终身聘用外,大多数普通教师都是按照合同规定聘用的。教师要想不被解聘,就得努力工作达到学校要求。就像教师 EDU-M3 所言,"现在这个形势,什么时候都不能放松,工作是第一要务,即使评上了教授,不努力还是要被解聘掉"。

考核标准是教师工作的"风向标",会引导教师的工作偏好。以汕头大学教学科研岗中四级教授的聘期考核标准为例(见表 3-7),该考核标准虽然兼顾了教学、科研和社会服务,但是对于教授的实际工作来说,相比教学和社会服务的较小压力,要完成科研考核的挑战性相对较大。因此,教授们为了达到要求,在科研上会付出更多精力。

---

① 北京大学.北京大学教师聘任和职务晋升制度改革方案[EB/OL].[2015-06-19]. http://www.china.com.cn/chinese/zhuanti/bdgg/379463.htm.

表 3-7　汕头大学教学科研岗四级教授聘期考核标准（聘期 3 年）

项目	标　　准
教学工作	教学工作量≥280 学时，并且满足：本科教学学时≥160 学时；主讲至少 2 门本科生课程；承担至少一项学生服务工作；承担教学服务工作
科研工作	满足以下条件之一 1. 主持省级重点及以上项目，或主持省部级及以上研究课题，其中理工类累计到位经费 30 万元。 2. 获得国家级成果奖（前 4 名）、省部级成果奖（一、二等奖前 3 名，三等奖前 2 名）、市厅级成果奖（一等奖第 1 名）之一，或入选"全国美术作品展览"等，或被国家社科基金《成果要报》、教育部《专家建议》采用。 3. 在 SCI 收录期刊发表论文或出版著作累计 3 篇/部（或 JCR 二区期刊 1 篇），或在 EI 或 CPCI-S 发表论文或出版著作累计 5 篇/部，或申请发明专利 2 件且授权/转化 1 件。在 CSSCI 期刊每发表 1 篇教学研究论文，可替代 1 篇 EI 期刊论文或 0.5 篇 SCI 论文。 4. 人文社会学学科教师在国外匿名评审学术期刊或 CSSCI 发表论文或出版专著累计 3 篇/部，或在相关学科首选期刊、SSCI、A&HCI 收录期刊发表论文 1 篇。 5. 获得专利转让、实施许可到账经费 30 万元以上。 6. 成为一级学科博士学位授权点研究方向学术带头人（仅限方向负责人），省重点实验室、省高校人文社科重点基地主任，省高校重点实验室负责人
社会服务工作	完成学校基本服务要求，积极承担其他服务工作。 基本服务包括如下项目 1. A 类服务：按学校要求参加各类教学工作会议；参加教研组活动，包括听课、教学交流活动、学术交流活动；担任一门课程的负责人；参加一个学校和院系各类委员会或工作组；参加国家要求的继续教育活动；参加学校安排的教师发展活动；参加校外学术团体。 2. 承担学校安排的招生、就业工作。 3. 参加学校各类工作会议。 其他服务包括如下项目 1. B 类服务：承担教学改革项目、本科教学工程项目、本科生服务工作及其他需要承担的教学服务工作。 2. 参与学位点日常服务工作，参与各类校内项目的评审以及人才引进相关工作等。 3. 参与人大、政协、政府要求的管理工作，在学术组织中担任领导职务，参加学校安排的其他校外服务工作

资料来源：汕头大学.汕头大学教师聘任与考核办法（试行）[EB/OL].[2021-12-01]. https://info.stu.edu.cn/＿＿local/0/E0/C2/45611C7A85EF35C0A6E3626C22E_CF7AA3F8_151AE8.pdf.

表 3-8 显示了我国不同职称级别的高校教师在教学、科研和社会服务时间上的差异。可以发现,在当前的偏重科研的聘期考核制度下,教师职称越高,花在科研上的时间越多。相对于中级及以下职称的讲师,正高级教师即教授平均每周花在科研上的时间多了 7 个多小时,为 24.87 小时。受访教师 LAW-F1 也表示"评上教授后,就会有很多力量推着你做研究的,自己想'躺平'也躺不下的。比方说,某些期刊会找你约稿,有些委托课题也会找到你"。由于教授级别的教师大多积累了不少教学经验,具有较高的教学胜任能力,因此花在教学上的时间较少。但是由于正高级职称的教师多为"双肩挑"或者有学术组织兼职,承担的行政职务、学术组织事务较多,所以他们的社会服务工作时间也最长。可以发现,无论哪一种职称级别的教师,在当前的聘期考核制度下,对教学、科研、社会服务工作都是不能放松的。

表 3-8 高校教师工作时间分配的职称差异

	教学时间		科研时间		社会服务时间	
	均值（小时/周）	F 值	均值（小时/周）	F 值	均值（小时/周）	F 值
正高级	17.99	16.857***	24.87	60.007***	13.07	14.092***
副高级	19.33		21.12		10.16	
中级及以下	21.11		17.61		10.72	
所有样本平均值	19.69		20.68		11.06	

注：*** 表示 $p<0.001$，** 表示 $p<0.005$，* 表示 $p<0.05$。

当然,由于聘期考核中,"双一流"院校教师的聘期考核标准,特别是科研标准更高,因此,无论是何种职称的教师,就职于"双一流"院校的教师的科研时间均超过其他一般院校教师(见图 3-2)。尤其是对于就职于"双一流"院校的副高级教授和中级及以下教师来说,由于面临职称晋升和聘期考核的双重压力,平均每周科研投入的时间比其他一般院校的教师分别多了近 9 个小时和近 8 个小时。

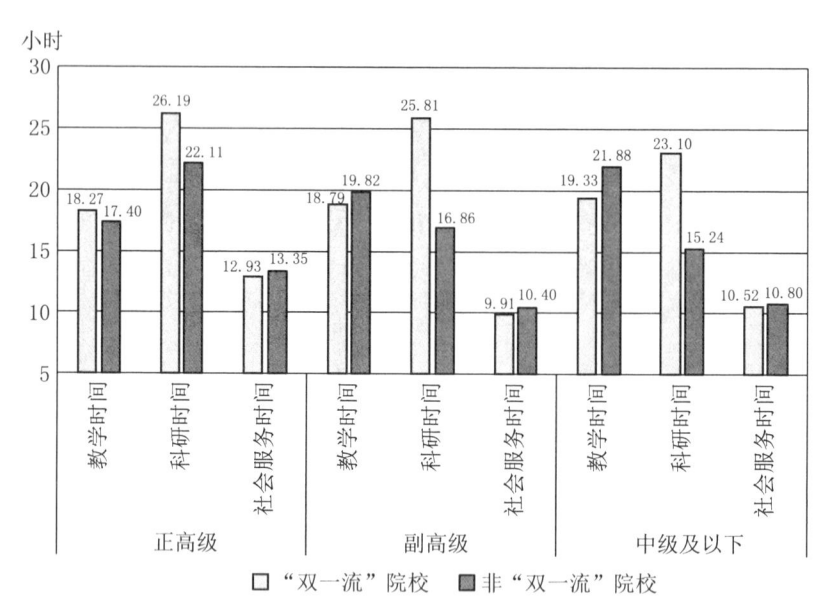

图 3-2 我国不同职称高校教师每周工作时间分配的院校层次差异

目前就职于某国家"双一流"院校的教师 MAN-M1 就深有体会。他表示"我博士后出站去了我们市的一个地方本科院校,那个学校有编制,而且还给副教授待遇……但待了不到一年,我发现整个人快荒废了。那所学校主要以教学为主,老师们的课时量比较多。学校虽然也鼓励科研,但全校一年也中不了几个课题,而且老师们好像也不太关注这方面。那段时间我过得的确很悠闲,基本就算'躺平'了,每天花两三个小时备课,一周差不多上 10 节。科研呢,想做就做,不想做也可以,也没有强制性要求,而且那里的科研绩效奖励也不算很高,对期刊的分类标准也不太合理,所以上半年我没有在科研上花多少时间。到了第二年5月份,我发现我过去的很多同学都中课题了,而且还是'国家社科'啊。我一想,不能这样'躺平'。思考了两个月吧,就重新找了个工作,来到了这个学校。我签的是'非升即走'系列的,说实话压力很大,但我就想拼一下。这时候我又重新拾起博士和博士后期间的研究,寻找思路,申请课题,写论文。院里的学术氛围很好,写完本子后,我们院长还有几个'大牛'会帮我看一下,提提意见。很幸运的是,入职第一年我中了'国家青年'(项目)。我们学院课时量相对较少,我大部分时间都在做科研,院里的其他老师也是这样。不管是青年教师还是教授,到了晚上10点了,很多老师的办公室灯还是亮着的。去年我刚评上了副教授,比学校合同的时间早了一年,但这是我超长的时间投入换来的,有努力才有收获嘛。即使现在评上了副教授,还是不能放松的,因为还没评上教授呢,还有聘期考核,如果聘期内达不到要求,得低聘"。

二、教师绩效考核制度

在当下竞争激烈的社会环境中,个体已被嵌入整个市场运作的规则体系之中,而这种市场化的逻辑也侵入大学教师的学术工作之中。这正如布迪厄所言,"教育系统赋予所有持相同学衔者以相同价值,使他们因此可以互相取代,从而最大限度地减少了文化资本的个人身体化为该资本的流通造成的障碍;它能把所有的学衔持有者(反过来也把所有的无学衔者)与一个标准联系起来,从而建立起一个容纳一切文化能力的统一市场,并确保用一定的时间和劳动换来的文化资本转换成货币"[1]。货币形

---

[1] 皮埃尔·布迪厄.实践感[M].蒋梓骅,译.南京:译林出版社,2012:189.

式的一大表现就是按照绩效来分配资源。如今,高校教师的收入分配不再是"大锅饭"式,"多劳多得,按优分配"的绩效分配已成为我国高校教师收入分配的重要形式。

与聘期考核标准相似,绩效分配虽然把教学和科研工作都考虑在内,但是依然比较偏重科研。尽管近年来相关教育部门已出台了相应政策以削弱科研的分量,但是在外界评价、资源分配等都与高校科研挂钩的环境下,即使学界对高校偏重科研的评价制度有再多不满,高校都不可能轻视科研。一个明显的例子就是在现实中,"对教学的关注无论是从奖励的范围、奖励的力度以及对于职称评定的意义上都小得多"[1]。即使是"双非"院校,对科研的奖励也远远多于教学。

表3-9呈现的是2020年某大学文科学院的绩效考核标准,可以看到无论是学校层面还是学院层面,科研的奖励分量远超于教学。不论其中的计算方法和期刊衡量标准如何,论文发表尤其是在国际顶级刊物上发文的奖金远远多于对国家级教学名师的奖励。而且就实现的可能性来看,尽管是给予同等金额的奖励,在学术声誉较高的研究型大学中,对于大多数受过系统专业化训练的教师来讲,在A类期刊上发表论文,远比获评省级教学名师要简单得多。加之科研本身所能获得的资助及其相关联的学术声誉和所能带来的其他奖励,"研究(科研)所带来的回报都远大于本科教学,所以教师往往把更多时间投入研究中,而且往往越是有声誉的学者,他所获得的各种研究资助越多,越可能把更多的时间投入研究中而不是本科教学当中"[2]。

---

[1] 覃红霞,张瑞菁.SSCI与高校人文社会科学学术评价之反思[J].高等教育研究,2008(3):9.
[2] 阎光才.研究型大学中本科教学与科学研究间关系失衡的迷局[J].高等教育研究,2012(7):42.

第三章 我国高校教师时间分配的影响因素

访谈中,有多位教师把学校的绩效考核制度比喻成"风向标""指挥棒""导航标""指示器",指出其对教师的行为与精力分配起着一定的引导作用。

例如,某校工学教师 TEC-M2 表示"考核标准就是工作的风向标。天天讲责任,讲奉献,可是教师也得生活啊,你的绩效标准是这样的,那老师肯定得计算下呀,哪个效益高就会倾向做哪项。教师也是普通人,学校说要重视本科生教学,可是我们的绩效奖励没有体现出来啊,而且现在教学方面出成果特别难,你看看全国的教学成果奖有几个呢?并不是说你想努力就能拿到的。所以呢,还不如好好做点科研呢,拿个项目,发表些论文。现在我们大学老师的基本工资低,就指望着靠绩效过活呢"。

某校经济学教师 ECO-F2 也表示"在我们经济学中,最看重的是效益,是投入和产出比。我们每个人的精力都是有限的,肯定不能兼顾多项事情,那么我就得看效率啊。相同的时间,肯定是哪个收益最大就做哪个。教学是个良心活,同时也是最难评价和考量的。你花费了很多时间去备课,但教学效果不一定好,甚至有的学生还给你差评呢。我们院有个副教授就遭遇过这种事情,他花了很多心思,还给学生布置作业,批改作业,但是学生不领情啊,嫌这课程太累,学生评教分数并不高,真是'吃力不讨好'啊。我们学校虽然不是国家'双一流',但是在省里的声誉还是蛮高的。学校一直在推'双一流'学科,非常重视科研,国家级项目都有配套,而且还有绩效奖励,发论文也是有奖励的。所以呢,你说老师会怎么分配时间呀。指标都定好了,教师肯定把大部分精力放在科研上啊"。

表 3-9　某大学文科学院的绩效考核标准 (2020 年)

教学奖励标准			科研奖励标准		
项目		学校奖励	学院奖励	项目		学校奖励	学院奖励
教学成果奖	国家级教学成果奖	按所获奖金数1:2给予奖励	按学校奖励的50%发放	国家级	国家自然科学基金面上项目、社会科学基金面上项目、艺术规划项目、教育规划项目	4万元,配套40%	按学校奖励的50%发放
	省级教学成果奖	按所获奖金数1:1给予奖励	按学校奖励的30%发放		自然科学基金小额资助项目	1万元	按学校奖励的50%发放
优秀教材奖	全国优秀教材	按所获奖金数1:2给予奖励	按学校奖励的50%发放	省部级	国家"863""973"计划、杰出青年基金、重点、重大项目	1:1配套	按学校奖励的50%发放
	省部级优秀教材	按所获奖金数1:1给予奖励	按学校奖励的30%发放		基金面上项目	1万元	按学校奖励的30%发放
精品课程奖	国家级精品课程	按所获奖金数1:2给予奖励	按学校奖励的50%发放		重点项目	1.5万元	按学校奖励的30%发放
	省级精品课程	按所获奖金数1:1给予奖励	按学校奖励的30%发放		重大项目	2万元	按学校奖励的30%发放
教学名师奖	国家级高校教师教学名师奖	按所获奖金数1:2给予奖励	按学校奖励的50%发放	国家级	自然科学奖、发明奖、科技进步奖一等奖	100万元	按学校奖励的50%发放
	省部级高校教师教学名师奖	按所获奖金数1:1给予奖励	按学校奖励的30%发放		科技进步奖二等奖	50万元	按学校奖励的50%发放
学生课外科技活动优秀指导教师奖	全国特等奖	团队4 000元,个人2 500元	按学校奖励的50%发放	省部级科学技术奖	一等奖	10万元	按学校奖励的30%发放
	全国一等奖	团队3 500元,个人2 000元	按学校奖励的50%发放		二等奖	5万元	按学校奖励的30%发放
	全国二等奖	团队3 000元,个人1 500元	按学校奖励的30%发放		三等奖	2万元	按学校奖励的30%发放
	全国三等奖	团队2 000元,个人1 000元	按学校奖励的30%发放	省部级社会科学优秀成果奖	一等奖	3万元	按学校奖励的30%发放
	省级特等奖	团队1 800元,个人900元	按学校奖励的30%发放		二等奖	2万元	按学校奖励的30%发放
	省级一等奖	团队1 500元,个人750元	按学校奖励的30%发放		三等奖	1万元	按学校奖励的30%发放

续 表

教学奖励标准			科研奖励标准		
项目		学校奖励	学院奖励	项目	学校奖励	学院奖励
学生课外科技活动优秀指导教师奖	省级二等奖	团队1 200元,个人600元	按学校奖励的30%发放	专利	发明专利	0.4万元	按学校奖励的30%发放
	省级三等奖	团队800元,个人400元	按学校奖励的30%发放		实用新型专利	0.2万元	按学校奖励的30%发放
指导学生	博士后	每位学生每年3万元	无	论文	特级期刊	50万元	按学校奖励的50%发放
	博士生	每位学生每年1.5万元	无		顶级期刊	5万元	按学校奖励的50%发放
	硕士生	每位学生每年6 000元	无		一类A	2万元	按学校奖励的50%发放
	本科毕业生	无	每位学生500元		一类B	1.2万元	按学校奖励的30%发放
	带队实习	无	1 000元		二类	无	8 000元
					学术著作	无	8 000元

注:项目须为独立完成或为第一完成单位,论文、著作须为第一作者或者独立作者。

三、高校权力结构

(一) 我国大学权力结构的特征

在日常生活和工作中,人们通常以两种不同的方式和文化习惯来安排时间和任务,即一次安排一件事(monochronicity)和同时安排多件事情(polychronicity)。[1]虽然在现代社会中,同时从事多种活动已成为可能,但由于各种条件的限制以及组织对时间同步化的要求,行动者往往只能一次做一件事情,而究竟哪类事情会优先得到关注,其背后的权

---

[1] H. Lee, J. Liebenau. A New Time Discipline: Managing Virtual Work Environments [C]//Richard Whipp, et al. Making Time, 2002:126-139.

力关系往往起决定性作用。德国学者罗萨就曾提到"关于谁来确定事件和行为的节奏、持续时间、速度、顺序和同步化的问题,构成了利益冲突和权力之争的核心领域"①。

权力是制约或支配他人的能力,按照马克斯·韦伯的解释,"权力意味着在一种社会关系里哪怕遇到反对也能贯彻自己意志的任何机会,不管这种机会是建立在什么基础之上"②。在我国高校中,权力一般分为学术权力和行政权力。学术权力源于"高深知识"的学术逻辑,强调自由与自主;行政权力源于科层组织中的法理型权力,强调效率与等级。两者紧密联系,相互交融,统一于大学管理之中。由于两者的权力来源和价值理念不同,在大学管理运行过程中往往出现矛盾与冲突,其表现之一就是行政权力的泛化。受大学发展的历史因素和文化环境的影响,我国的大学更习惯于按照政府行政机构的组织原则和逻辑进行管理。加之学术资源和决策权大多掌握在行政部门手中,因此在高校内部管理的过程中,行政的力量往往占据上风。

此外,权力具有等级性。行政系统是典型的科层结构,以分工、专门化、等级秩序和非个人化倾向等为主要特征。这种科层制的权力来源不是出自血统或世袭的因素,而是源于建立在实践理性基础之上的制度。按照科层系统的管理逻辑,行政系统存在明显的等级化。同时由于相关制度和文化因素,原本强调平等、自由的学术权力也会带有等级化色彩。例如,德国的讲座制就带有典型的权力分级,其管理者拥有至高无上的学术霸权。伯顿·R.克拉克就曾这样描述道:"从 19 世纪

---

① 哈尔特穆特·罗萨.加速:现代社会中时间结构的改变[M].董璐,译.北京:北京大学出版社,2015:16.
② 马克斯·韦伯.经济与社会(上)[M].林荣远,译.北京:商务印书馆,1997:53.

20年代发展起来的操作层次,特别是它的'讲座'形式的局部控制,到19世纪末,有许多已经变得僵化,已经变成凝固的权力,负责管理的教授已经发展了他们的既得利益,使在他们领域内兴起的新专业作为亚专业保留在他们自己的研究所以内,而不允许它们成为新的研究所或独立的讲座。"①

(二) 我国大学权力结构与教师的时间安排顺序

大学教师各项工作的顺序究竟如何?有学者认为大学教师的工作根本没有顺序可言,整个学院系统都处于一种无序(disorderly)的状态。②不过,大量研究表明,高校教师的工作安排其实存在一定的顺序。例如,有学者发现,在我国大学中,教学时间具有最强的优先权,其次为管理活动时间。③有学者则认为高校教师的工作安排是以科研为先。④为了理清高校教师的时间安排顺序,本课题在访谈的基础上,确定了10项较为典型的代表性事务如下:教学方面有本科生课堂教学、研究生课堂教学、本科生学业指导和研究生学业指导;科研方面有学术论文写作、科研经费报销;社会服务工作方面有国际/国内专业性学术会议、院系党政会议、校级党政会议、政府部门举办的咨询与党政会议。

经过描述性分析发现(见表3-10),无论是教师所希望的,还是现实中所发生的工作场景,课堂教学尤其是本科生教学处于相对优先的位

---

① 伯顿·R.克拉克.探究的场所:现代大学的科研和研究生教育[M].王承绪,译.杭州:浙江教育出版社,2001:38.
② M.L. Welter. The Art of Scholarship and the Essence of Sustained Education for Faculty in Schools of Nursing[J]. Journal of Nursing Education, 1964, 3(2):5-6.
③ 李琳琳.时不我待:中国大学教师学术工作的时间观研究[J].北京大学教育评论,2017(1):113.
④ 方维慰.研究型大学的区域创新功能与实现途径[J].江苏高教,2013(5):56.

置,均值和众数都位居前3。学生学业指导、科研经费报销、学术会议的期望顺序和实际顺序相对比较一致,大约处在4到6的位置。但是,学术论文写作和各类党政会议的理想和现实工作顺序却恰恰相反:在期望顺序中,无论是均值还是众数,学术论文写作都排在相对优先的位置,然而在实际工作情境中,平均顺序却在6位之后,甚至很多教师将其排至最末(众数为10),而各类党政会议的顺序则与此相反。

表3-10 高校教师各类事务工作顺序的均值与众数

	均值		众数		标准差	
	期望顺序	实际顺序	期望顺序	实际顺序	期望顺序	实际顺序
本科生课堂教学	2.05	1.71	1	1	1.752	1.603
研究生课堂教学	3.36	3.18	2	2	1.798	1.952
本科生学业指导	4.62	4.68	5	5	1.921	2.115
研究生学业指导	4.45	5.15	4	5	2.156	2.238
学术论文写作	1.99	6.56	1	10	2.19	3.130
科研经费报销	5.95	6.42	7	6	2.173	2.445
国际/国内学术会议	5.43	6.10	6	7	2.211	2.460
院系党政会议	7.52	3.99	8	3	2.298	2.515
校级党政会议	7.91	4.53	9	4	2.113	2.774
政府部门会议	8.11	5.18	10	6	2.16	2.688

如果进一步将顺序中的前3位归为一类,后3位归为一类,通过频率统计可以发现(见图3-3),大部分教师希望将课堂教学放在前列,并在实际工作中得以贯彻。其中,在教师期望顺序和实际工作中,将本科生课堂教学排在首位的教师占比分别达42.4%和74.4%。这说明随着新一轮本科教学评估的开展,教学工作特别是本科生教学越来越受到各高校的重视。在许多高校,本科生课程原则上不能调课。这说明教

师的工作顺序与时间的组织化程度存在密切关联。教学时间是预先规定的制度性时间,它以课程表的形式固定下来,成为每个大学成员必须遵守的组织规则。

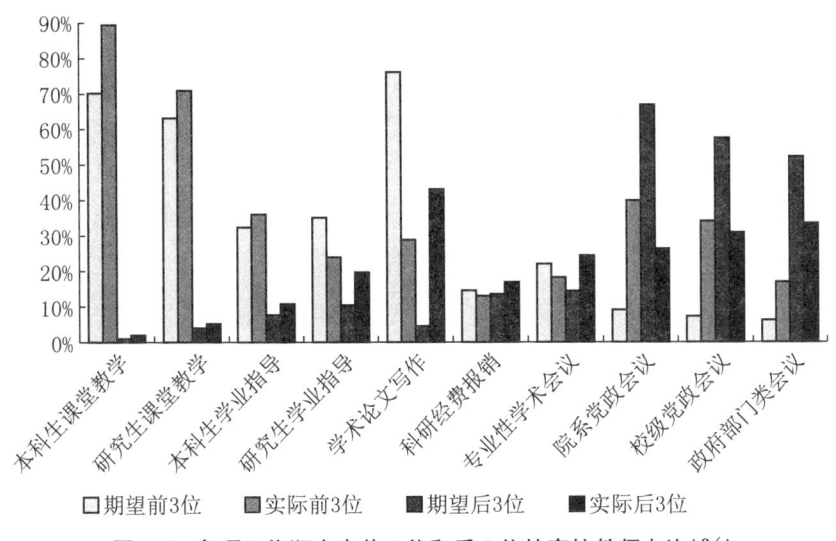

图 3-3　各项工作顺序中前 3 位和后 3 位的高校教师占比(%)

某校历史学教师 HIS-F1 给全校本科生开设了一门公选课,对于教学时间优先级问题,她表示"本科生课程一般是很难调课的,我们学校规定是一个老师一学期只有两次调专业课的机会,但公选课或公共课原则上不能调课。因为本科学生的课程比较多,每个人选的课程又不相同,老师如果调课了,很可能就有学生的时间跟另一门课程冲突。特别是大课,教室也很难调。所以,如果老师有事情的话,我们有时候会找另外一个老师去代课。当然,研究生课还好一些,毕竟人数少,特别是专业课,大部分课是在各自学院上,调课相对容易,任课老师的自主权也会大一些"。

在学生指导方面,有相当比例的教师希望将本科生学业指导(占比32.4%)和研究生学业指导(占比35.4%)放在各项工作的前列,并在实际工作中放在前3的位置(占比分别为36.2%和24%),不过其中将其放在整个工作中首位的教师却不到3%,甚至还有接近30%的教师将学生学业指导排在后3位,特别是研究生指导情况尤其严重(占比19.8%),这说明学生学业指导的地位有待进一步提升。

对此,教师MAN-F2结合自身的经历和感受说:"我其实很喜欢跟学生打交道的。刚入职那会儿,我一年指导8个本科毕业生呢!我们学院要求最低指导3个,最多8个。同时,我还指导大二、大三的学生参加各类大学生比赛,经常召集他们开会。可是,后面我发现这样太耗费精力了,而且再加上院里安排的其他事务,根本顾不过来。没办法,学生的事情只能往后挪了。"

研究生导师EDU-M1也表示"前几年,我每周都会定个固定的时间开学术沙龙,一是安排研一的学生进行读书汇报,二是安排研二、研三和博士生做课题进展汇报,我那时候基本上会参加,很少缺席。但这几年担任行政职务后,事情太多了,有时候还要出差。不得已,我就不参加了。但这个沙龙我是一直支持的,现在是博三、博四学生轮流主持"。

同样,有超过70%的教师希望优先进行学术论文写作,但实际上,当各项工作发生冲突时,真正会将学术写作放在前3位的教师不足30%,有相当比例的教师会优先选择参加院系、学校和政府部门举办的各类党政会议,占比分别为40.0%、34.0%、16.8%。正如不少受访教师所提到的那样:"即使心底无比抗拒,即使心里特别想去做科研,但是学校一说开会,身体上还是老老实实去参加"(ECO-F2);"项目的经费很多是来自政府机构的,政府要你去参加个会,那肯定是先去的"(TEC-M1);"我也想做自己的东西,但是我们普通教师做不了主,有些会议还必须签到呢"(AGR-F1)。

如表 3-11 所示,如果将教师在学术论文写作(模型 1)、各类党政会议活动(模型 2)上实际顺序与期望顺序的差距作为因变量,将院校学术声望、行政化干预程度、学术自由氛围作为自变量进一步分析可发现,对于两项事务中实际与理想顺序的差距,院校学术声望、行政化干预程度和学术氛围是其重要的显著性影响因素($p<0.05$)。学术声誉越好的院校,教师越是希望时间冲突时优先进行学术论文写作,最后才安排行政性的事务工作;学校对教学和科研工作的行政干预越强,教师越是优先处理行政性的事务,而后进行学术论文写作;高校学术自由的氛围越为浓烈,教师越是希望优先进行学术论文写作。

表 3-11 教师学术论文写作、党政会议活动实际顺序与期望顺序差距的有序回归分析

自变量	模型 1 参数估计值	模型 2 参数估计值
院校学术声望(1—3 逐步降低)	−0.172*	0.185*
行政化干预程度(1—5 程度逐渐增强)	0.144**	−0.206**
学术自由氛围(1—5 程度逐渐增强)	−0.252*	0.268*

注:*** 表示 $p<0.001$,** 表示 $p<0.005$,* 表示 $p<0.05$。

访谈中,部分教师也反映了这些问题。例如,AGR-M1 是毕业于我国某"985"院校的博士,2019 年进入一所地方性普通本科院校工作,对于各项事务的时间安排,他说:"以前我读博时,看到那些教授们时间挺自由的。有一次学校让我们导师参加一个会,我们导师都拒绝了……可工作之后,我发现我们院领导的权力太大了,我也不知道怎么拒绝无

关的事。说让做什么事情就要做什么事情,什么接待任务啦,写申报材料啦,甚至他的课题我都需要参与进来。我们虽然专业相同,但研究领域不同啊。"

青年教师 MAN-F2 也有类似体会,她表示"我们学校的行政人员权力太大了,制定各种人事政策、财务政策、教学政策时根本不听我们一线教师的建议。这两年,教务处和人事处刚出台了个规定,让工作不足 5 年的专任教师必须参加教学培训。每年听两次,还要签到,如果达不到要求就不能评职称。可是学校给教师提供的培训,每年就那么几场啊,本身选择的机会就不多。搞得我们一有专家来讲座,就必须放下手头的事情去听"。

总之,教师作为高校的受雇人员,其时间分配离不开高校组织内部制度环境的影响。高校教师聘任制度和绩效考核制度都是带有指标性特征的技术规范,各项指标与权重都会对教师的精力和注意力分配产生引导作用。我国高校教师的时间配置具有先后顺序,而顺序的排列与大学中的权力关系密切关联。

第三节 影响教师时间分配的高校外部环境因素

教师不仅仅是高校的成员,也是家庭中的一分子。家庭结构、分工模式等都会引起教师在时间和精力上的变化。此外,教师也是社会中的普通成员,经济的发展、科技的进步也会影响教师的微观行为和时间分配。

一、家庭环境

家庭是教师生活的重要场域,家庭内部环境也是影响教师时间分配的重要因素。按照贝克尔(G.S. Becker)的时间分配理论,家庭既是生活单位,也是生产单位。为了保证日常运转,家庭既需要一定的经济基础维持,又需要生产一定的服务,如清洁卫生、做饭、照料家人等。前者涉及市场劳动,后者涉及家庭劳动。[①]教师成家之后,时间分配会随家庭环境的变化而发生改变。

表 3-12 显示了家庭环境因素对高校教师时间分配的影响,家庭中需要照料的子女数、赡养的老人数,他人参与家务程度,家人的经济帮助、工作期望,以及个人所承担的家庭生活压力对教师的工作时间、家务时间和休闲时间均产生显著性影响($p<0.05$)。

表 3-12 高校教师时间分配的多元线性回归分析

变	量	工作时间	家务时间	休闲时间	其他时间
家庭结构	婚姻(未婚=0,已婚=1)	0.018	0.048	−0.128*	−0.030
	需要照料的子女数(人)	0.153*	0.340***	−0.135***	−0.103***
	需要赡养的老人数(人)	0.209***	0.120*	−0.196***	−0.057
家庭分工与支持(1—5程度逐步增加)	他人参与家务程度	0.203***	−0.243***	0.213*	−0.154*
	家人的经济帮助	0.139*	−0.143*	0.158*	0.025
	家人的工作期望	0.113*	−0.137*	−0.194*	−0.020
	家庭生活压力	0.207**	0.218*	−0.212***	−0.041
	调整 R^2	0.631	0.595	0.527	0.310

注:*** 表示 $p<0.001$,** 表示 $p<0.005$,* 表示 $p<0.05$。

---

① G.S. Becker. A Theory of the Allocation of Time[J]. Economic Journal,1965(75):493-517.

具体来说,高校教师家庭中需要照料的子女数、需要赡养的老人数与工作时间和家务时间呈显著正相关($p<0.05$),与休闲时间呈显著负相关($p<0.05$)。需要照料的子女和父母每增加1位,教师的工作时间分别增加0.153倍和0.209倍,休闲时间减少0.135倍和0.196倍。

对此,受访教师SCI-M2就表示"单身的时候,一人吃饱,全家不饿,成家之后就不同了,需要考虑整个家庭的生活……特别是有了孩子之后,我们还要为他负责。现在物价都那么贵,奶粉一罐都好几百块钱。为了孩子,为了家人,必须更加努力工作,赚钱养家"。

受访教师TEC-M1则以自身陪父亲就医的经历为例回忆说:"3年前,我爸爸腰椎间盘突出,我就带着他去医院做手术……去医院看病可麻烦了,哪怕是急诊都得排号,等好长时间……后面手术完还需要陪护一段时间。但是工作又不能落下,即使在院里陪护也得想着课题的事情……而且现在看病费用特别高,像我父亲是异地就医,报销比例并不高。所以,我要更努力啊,男人嘛,是家里的顶梁柱啊,如果再不拼一把,医疗费都出不起了。"

家庭分工与支持中,他人参与家务的程度、家人的经济资助力度越大,家务时间越少,相应的工作时间和休闲时间就会越长;家人的工作期望会对家务时间和休闲时间产生显著的抑制作用($p<0.05$),对工作时间产生显著的积极作用($p<0.05$);家庭生活压力则对工作时间、家务时间产生显著的正向作用($p<0.05$),对休闲时间产生显著的负向作用($p<0.001$)。

需要说明的是,受传统性别角色文化的影响,女性比男性承担了更多的家庭事务。大量女性只不过是从过去主要承担家庭事务的角色,转变为兼顾家庭和事业的"内外双肩挑"角色。即使现在有更多的男性参与到家务劳动中来,也尚未改变女性依然是家庭内部事务主力的事实。[1]"女人渴望更多的时间,而男人渴望更多的钱……她们要求的不仅仅是'工作时间',还有'日常生活的时间',即那些她们在自我假定的私人时间中以多种方式履行的任务所需要的时间。"[2]无论是身处农村的农民,还是接受高等教育的大学教授,与妻子相比,丈夫的家务时间都是极少的,其主要精力都放在外部的"事业或者工作"上。[3]因此,在已婚家庭中,高校女性教师为了照顾家庭,只能在诸多的时间分配方案中选择减少"经济效益和家庭福利收益低下"的休闲时间和其他事务时间,以平衡家庭与工作。

当然,也有教师不太认可这个观点,表示自己的时间分配并不符合此种结构。以下摘录部分访谈内容:

> 现代社会不是传统的"男主外,女主内"的分工模式了,甚至很多男性对家庭的投入要多得多呢。我们家就是我主内,哈哈……我老婆是公司总监,天天忙得要死。早上我还没起床呢,她就去上班了。大学老师嘛,时间比较自由,所以很多家务,包括做饭、照看孩子这些事儿,就是由我来做了。我家小宝今年2岁,不到3个月就断奶了……爸妈年纪大了,看孩子也吃力,而且他们有时候带孩

---

[1] H. Stier, L.E. Noah. Time to Work: A Comparative Analysis of Preferences for Working Hours[J]. Work and Occupations,2003(8):302-326.
[2] 赫尔嘉·诺沃特尼.时间:现代与后现代经验[M].金梦兰,张网成,译.北京:北京师范大学出版社,2011:93.
[3] C.X. Zhang, J.E. Farley. Gender and the Distribution of Household Work: A Comparison of Self-reports by Female College Faculty in the United States and China[J]. Journal of Comparative Family Studies,1995,26(2):195-205.

子,连饭都做不了,也吃不上饭。这个时候怎么办呀,只能是我。去年12月我丈母娘"阳"了,还得了新冠并发症,需要住院,也是我带着去的,陪护也是我。(SCI-F1)

我们家是谁挣的钱少谁看家。我老婆在腾讯工作,收入肯定比我这个文科老师多,所以我就在家看孩子、做饭了。家庭和事业其实挺难兼顾的,肯定得需要有一个人牺牲些。她上班还得打卡、坐班,所以我就多做点。在这个时代,我觉得像我这样的应该不是少数。在小区里,经常有人问:"怎么是你带孩子呀,妈妈呢?"刚开始还挺尴尬,现在都习以为常了。(LIT-F1)

我的专业是经济学,所以我也习惯从经济学角度来思考家庭分工。我们的家庭要想运转好,必须要有足够的资金支持,而资金从哪里来?绝大多数是靠夫妻二人,所以谁挣钱多,谁就可以在家庭中少投入些时间。(ECO-M1)

二、地区经济水平

时间是从社会和文化的层面转交给个人的[①],教师所在的地区经济发展水平也会影响教师的时间分配。在现代社会中,大学与市场经济的联系已经越来越密切。"时间就是效率","时间就是金钱"。时间越来越被视为一种稀缺资源,教师也越来越关心如何在最短的时间内完成最多的事务,获得更多的经济回报。于是,时间分配越来越注重外在的经济收益,闲暇时间工作化已成为大多数教师的时间分配模式。随着市场经济的发展,高校教师对于原本作为"个人自由时间"的休闲时间,也渐渐不再满足于由其"休闲"属性带来的使用价值,而是更多地强

---

① 约翰·哈萨德.时间社会学[M].朱红文,李捷,译.北京:北京师范大学出版社,2009:83.

调其所带来的交换价值。"时间表面上一分为二变成劳动时间和休闲时间——后者打开自由的先验领域——是一个神话,因为我们将会看到由于这种客观的逻辑的相通,制约着劳动时间的标准和约束也被传到了自由时间及其内容之中。"①

在我国,除去绩效、补贴和其他福利外,大学教师的工资一般相差不大,特别是同类型的院校,工资大致相同。但是,由于各城市间的经济发展水平、消费水平存在差异,高校教师所承受的实际经济压力也是不同的。本研究发现,虽然当下高校教师的经济压力均超出一般水平,即超过3(5分制),但在经济发达的一线城市②中,高校教师的经济压力是最大的,均值达到3.73。其次是二线城市的高校教师,经济压力值为3.42。其他普通城市高校教师的压力则相对较小。

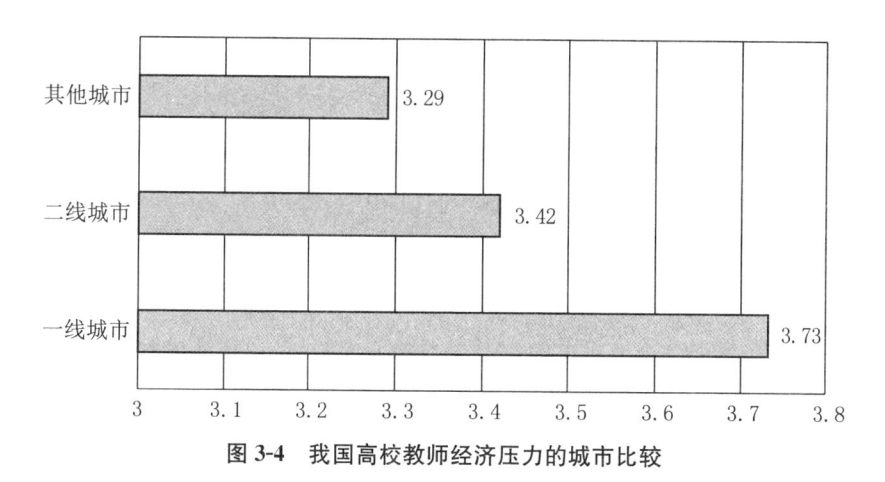

城市	数值
其他城市	3.29
二线城市	3.42
一线城市	3.73

图 3-4　我国高校教师经济压力的城市比较

---

① 让·波德里亚.消费社会[M].刘成富,全志钢,译.南京:南京大学出版社,2001:70.
② 注:按照第一财经的新一线城市研究所发布的《城市商业魅力排行榜》(2019)并结合其他相关资料,本研究中的一线城市指北京、上海、广州和深圳,二线城市指发展较为活跃的省会城市和计划单列市(如大连、青岛、宁波、厦门)。

经济压力会影响人们的时间行为和时间观念。在房价、物价等消费水平高的城市,教师为了满足基本的生活需求,必然会加班加点,正如加尔布雷斯(J.K. Galbraith)所指出的那样,"与希望拥有更多的商品相比,人们对拥有闲暇的期望位居第二,人们想拥有更多的金钱"[①]。作为一种有限的资源,教师的时间成为商品的等价物,通过"投入"与"产出"的交换模式,时间被逐渐物品化、私有化。即使教师意识到闲暇时间的重要性,即使他们明白应该拿出时间来放松休息,在强调时间效率的社会环境中,他们也必须考虑如何利用好时间来创造更多的财富,如何用最少的时间来获得更多的经济价值。[②]就像廉思在描述我国大学青年教师生存状态时所指出的那样,"在20世纪80年代,你要是公开说:'别的我都不要,我就拼命挣钱。'大家会觉得你很'猥琐'。可现在这么说的人很多,而且很得意,大言不惭"[③]。

如表3-13所示,高校教师的时间分配在城市类型间存在显著性差异($p<0.05$)。相比其他普通城市,北京、上海、广州、深圳这些一线城市的高校教师每周在工作上多投入近4小时,达55.66小时,而休闲时间(含睡眠时间)每周少2个多小时,为54.67小时。

受访教师EDU-F1原是上海某所高校的辅导员,后来离职,去上海某"985"院校读了博,现在四川某院校当教师。提到择业的城市选择,她说:"上海这个城市生活节奏太快了,生活成本也很高。当辅导员的时候毕竟年轻,跟学生住一起(住辅导员宿舍),也体会不到买房的压

[①] 唐任伍,周觉.论时间的稀缺性与休闲的异化[J].中州学刊,2004(4):28.
[②] D.C. Bok. Universities in the Marketplace: The Commercialization of Higher Education [M]. Princeton, NJ: Princeton University Press,2003:28-52.
[③] 廉思.工蜂:大学青年教师生存实录[M].北京:中信出版社,2012:181.

力……博士毕业后,年龄也大了,要想在上海站稳脚跟实在是太难了。我和我对象都不是上海本地的,家里也没有'矿',工作一辈子也住不上大 house 的,根本买不起。也许穷极一生能买个六七十平方米的小房子吧,到时候有了孩子,父母来也没地方住。我不喜欢这种生活,太压抑了。后来我们合计了下,还是回老家。老家的发展机会虽然没有上海多,但是更安逸些。我们现在住的房子是 120 多平方米,三室两厅,还算舒服。而且在这里,我们俩还可以悠闲地散散步,逛逛街,吃个串串。在上海,哪有时间啊,你看看那些赶地铁的人,走路'嗖嗖'的……早上那些上班族连饭都来不及好好吃,只能边走边吃。"

表3-13 高校教师时间分配的城市比较

	工作时间		家务时间		休闲时间		其他时间	
	均值(小时/周)	F 值	均值(小时/周)	F 值	均值(小时/周)	F 值	均值(小时/周)	F 值
一线城市	55.66		19.01		54.67		38.65	
二线城市	53.51	5.354**	16.36	3.638*	55.97	5.892**	42.16	2.031
其他城市	51.90		19.40		56.71		39.99	

注:*** 表示 $p<0.001$,** 表示 $p<0.005$,* 表示 $p<0.05$。

三、科技发展

现代科学技术的发展促进了人们时间利用效率的提升,但同时又打乱了人们的工作节奏和时间安排顺序。[①]法国哲学家斯蒂格勒(B. Stiegler)在他的长篇论著《技术与时间》中就很精辟地指出"与其说技术

---

① J.M. Jex, T.C. Elacqua. Time Management as a Moderator of Relations between Stressors and Employee Strain[J]. Work & Stress, 1999(13):182-191.

在时间中,不如说它构造时间"①。智能家电把人们从繁重的家务劳动中解放出来,家庭影院、多媒体为人们带来了新的休闲方式,手机与各类App改变了人们的生活与交流方式。

随着现代科技的发展、网络的普及以及服务业的崛起,人们的家务劳动方式发生了重要转变,网上购物、外卖订餐、家政服务、智能劳动成为如今许多家庭的选择。访谈中许多教师就表示"我现在很少出去买菜,太浪费时间了,一般都是网上下单,配送也挺快"(ART-M1);"买了个扫地机器人,节省了不少时间"(ECO-M1);"就我一个人,很少做饭,一般叫外卖,不用做饭,也不用刷碗,省时"(MAN-F2);"打扫卫生太麻烦了,家里找了个小时工,还不错"(TEC-M1)。

随着信息通信技术的飞速发展以及工作效率的大大提高,基本单位时间内的竞争变得愈发激烈。与此同时,各类通信手段也使工作时间与个人时间的界限逐渐模糊,不管人在哪里,工作总是如影随形。②同时,新的沟通媒介如电子邮件、QQ、微信等在方便教师沟通、节省时间的同时,其所带来的大量信息也消耗着教师的大量精力。现代通信技术所带来的便利无疑可以释放人们的时间,但如果其收发的信息数量超过一定的临界值,其影响就会突然走向反面。③

受访教师HIS-M1就认为"现在一天到晚都被手机绑住了,看看我的微信群,有好几个,每天都有各种通知,院里的、学校里的,还有孩子

---

① 贝尔纳·斯蒂格勒.技术与时间:爱比米修斯的过失[M].裴程,译.南京:译林出版社,2012:31.
② 森冈孝二.过劳时代[M].米彦军,译.北京:新星出版社,2019:14.
③ 托马斯·H.埃里克森.时间,快与慢[M].周云水,何小蓉,译.北京:北京联合出版公司,2013:139.

老师的,很多信息。刚坐下来写点东西,一会儿就弹出个窗口,一会儿就冒出个电话。现在的时间已经被切割成许多碎片了,想要专注,想要深度思考,很难了。现在每个人都离不开手机,离不开网络了,你看街上到处都是低头族,聚会时刷手机,过马路时看手机,地铁上、公交车上到处都是看手机的人。现在每个人都被手机束缚住了,如果哪天忘记带手机就觉得特别不自在,很担心错过重要的事情"。

受访教师 AGR-F1 也以购物为例回忆说:"以前没有线上购物,跟朋友去商场逛逛就买下了。那时候也不经常购物,一次性可能就把东西买齐了……但是现在网购发达之后,很多人变成了'网购族',特别是有些年轻人,每天花大量的时间在网购上。现在网购平台比较多,商家也五花八门。有时候,为了买一件符合自己期望的产品,需要对比各种信息,材质啊,价钱啊,商家服务啊……也是耗费不少时间的。甚至有时候,我们浏览了好久,最后并没有下单,或者是购买的商品并没什么使用价值,盲目购物……而且有时候本来是计划打算买这个商品的,结果看到各种天花乱坠的广告信息后,又转到浏览其他商品了……这种行为并不是偶然性的,很多人每天都会不自觉地打开购物网站,进行漫无目的的海选……然后,时间也就这样浪费了。"

手机一方面便利了人们的沟通,另一方面又增加了人们不必要的时间损耗。有调查显示,2021 年中国成年人每天看手机的时间达到 196 分钟(不包含打电话的时间),相比 2020 年的 2 小时 51 分钟,增长了 14.6%。①在美国,大学教师每周有超过 10% 的时间和精力用在了处

---

① IT 之家.2021 年中国成年人每天看手机时间将超过美国,达 196 分钟[FB/OL].[2021-11-13]. https://baijiahao.baidu.com/s?id=1705238530661015818&wfr=spider&for=pc.

理电子邮件上。电子邮件以及类似的其他用于节省劳动力的装置和技术,实际上会分散教师的工作时间和精力,因为他们会随时收到邮件并处理它们。[1]在信息大爆炸时代,手机已经让教师陷入了"多任务,全天候"的工作状态。即使是在假期,如影相随的手机也使教师工作和生活高度"在线化"。

综上,高校外部环境制约着教师的行为与时间分配方式。作为家庭的一员,教师的婚姻状态、家庭分工以及家人支持状况都会对高校教师的时间分配产生较大影响。同时,作为社会的一员,我国高校教师的精力分配与时间结构也离不开外在社会经济与科技发展等宏观环境的影响和制约。

本章小结

时间是一种客观存在,而人们的时间分配则是社会生活的产物,受到社会结构的影响。参照帕森斯、列维-斯特劳斯、默顿等社会学家对时间和社会结构的研究及相关理论体系的启发,本章从教师个体、高校内部和高校外部3个维度出发,详细阐述了我国高校教师时间分配的影响因素。

首先,时间分配是个体选择的结果,受到教师个体因素的影响。"兴趣是最好的老师。"当教师对某项活动产生极大兴趣时,往往能够让渡其他活动时间并自愿性地全身心投入该活动中。本章将高校教师的

---

[1] J.A. Jacobs. The Faculty Time Divide[J]. Sociological Forum,2004,19(1):3-26.

兴趣爱好分为学术兴趣、家务爱好、休闲爱好3种。研究发现，在不考虑其他变量的影响下，个人兴趣对相应活动的时间投入均产生显著的积极影响。越是爱好某种活动，越是会在这种活动上花费更多的时间和精力。

习惯是人们积久养成的行为方式，会对个体的行为产生潜移默化的影响，也影响着教师的时间与注意力分配。长期形成的生活节奏一旦固化，便会使个体的工作与生活模式呈现相应的"自然化"状态。本研究表明，规律性的作息习惯对高校教师的工作时间和休闲时间均具有显著的正向影响。

作为一种对未来生活的愿景，理想抱负也是影响高校教师时间分配的重要因素。作为高校教师对学术理想的追求，学术抱负可以增加高校教师的努力程度。学术是一种"志业"，志在成就一番学术事业的教师会更积极主动地把大部分时间投入学术工作中。同时，对子女和家人的美好期待不但会增加教师的家庭活动投入，也会成为教师工作的动力，促进教师的工作投入。

其次，高校是教师工作的重要场域，高校内部所制定的一系列规章制度以及所形成的权力结构会对教师的时间分配产生重大影响。作为教师工作稳定性和职业安全感的重要保障，教师聘任制度会对高校教师的时间和精力分配产生一定引导作用。目前，随着我国学术市场的日渐饱和，学术职业已不再采取传统的"终身聘用制"，相当一部分院校开始施行"非升即走"的预聘制。本研究发现，与长聘制下的教师相比，在"非升即走"制度环境下的教师工作时间更长，特别是在科研投入方面，平均每周多出近7小时。教师拥有的时间是一定的，工作时间的增加便会导致家务、休闲和其他方面时间的减少。此外，作为高校教师工作的"风向标",聘期考核制度也会对教师的时间分配产生影响。当前,在我国相当一部分院校中,无论何种职称的教师,只有达到聘期考核要求,方可得到续聘。在这种制度环境下,很多教师为了不被淘汰,不得不牺牲或者压缩家务和休闲方面的时间来工作。

高校绩效分配制度是教师工作的重要物质激励,会对教师的工作时间及分配产生影响。在偏好科研的工具理性主导下,教师的时间分配也带有明显的工具理性色彩。本研究发现,在很多院校中,由于科研所带来的回报远大于教学,或者是在同等数额奖励下,研究成果实现的可能性要比教学成果容易得多,教师往往倾向将更多的时间投入研究当中。尤其是在学术声誉较高的国家"双一流"院校中,因其研究项目获得的难度较低,加上研究资助多,奖励也多,使教师更有积极性从事科研,这些高水平大学的教师在科研中投入的时间也是最多的。

大学是一种科层组织,权力的等级化以及行政化会对教师的时间安排优先顺序产生影响。本研究发现,本科教学处于绝对的优先地位。无论是在教师的期望中,还是在工作中的实际情况下,本科教学都占据绝对的优先顺序。进一步分析发现,当教师的各项时间发生冲突时,管理活动比科研工作更享有时间安排的优先权。一般来说,当不同时间主体的要求发生冲突时,背后的权力关系往往起决定性作用。大学中的权力主要有学术权力和行政权力。学术权力源于"高深知识"的学术逻辑,强调自由与自主;行政权力则是建立在理性行为基础上的权力结构,来源于科层组织中的法理逻辑,强调效率与等级。由于两者的权力来源和价值理念不同,在大学管理运行过程中往往出现矛盾与冲突。受大学发展的历史因素和文化环境的影响,我国的大学更习惯于按照政府行政机构的组织原则和逻辑来进行管理,加之学术资源和决策权大多掌握在高校行政部门手中,因此在高校内部管理的过程中,行政的力量往往占据上风。即使教师非常热爱科研,也不能决定实际工作中将科研时间排在前列。再加上科研时间的主体更多的是教师个人,在缺乏外在的时间保障的制度下,教师自身的科研时间不断被切割,不断被让位。

最后,在高校外部因素中,家庭环境中的家庭结构、分工模式以及社会宏观环境中的经济发展、科技进步等也影响着教师的精力分配。研究发现,当教师家庭中需要照料的子女和老人数量越多,教师的工作时间和家务时间越长,休闲时间越短。由此可见,家庭责任所带来的工作时间和家务时间的延长是通过挤占教师的休闲时间而得来的。在家庭支持方面,很显然,他人对家庭的支持力度越大,教师在家务上投入的时间就越少,在工作和休闲方面的时间就越多。

在宏观环境方面,教师所在地区的经济发展水平会影响教师的时间分配。如今,大学与市场经济之间的关系越来越密切。教师也不再处于传统的"象牙塔"之中,而是与外界社会紧密联系在一起。时间越来越被视为一种稀缺的资源,如何在最短的时间内完成最多的事情,如何高效地利用时间来获得更多的回报,成为高校教师更为关心的话题。尤其是在我国东部的一线城市中,大多数高校教师都处于高度紧绷的状态,有限的时间加上经济方面的困扰往往使得他们没有停歇的机会。本章研究分析发现,相对其他普通城市,北京、上海、广州、深圳这些一线城市的高校教师平均每周多工作近 4 个小时,休闲少 2 个多小时。此外,科技的发展在便利高校教师工作和生活的同时,也改变了教师的时间结构。时钟的发明、交通方式的改进、信息技术的变革,以及电子通信设备的不断更新,不仅使高校教师对时间的精细度和精确度有了更高的要求,还使得教师的工作和生活高度"在线化",时间更为碎片化。

当然,影响高校教师时间分配的这三大因素并不是独立地发生作用,而是相互融合,彼此交织。高校教师个体时间安排的例行化构成了整个学术群体或者说学术职业的时间状态,而高校教师群体的时间结构或配置方式又会对大学时间制度的形成产生影响。而且在一定程度上,高校教师群体的时间结构和学校的时间制度,又会促进整个社会的时间秩序的形成。虽然社会的构成来源于每个个体,但实际上,它往往又会以一种整体性的存在影响每一个个体。在时间分配上,时间安排既是教师个人的自由选择,但同时作为社会关系网络的一员,教师个体的时间配置往往又受制于学校组织环境以及其他社会制度与文化的影响。

第四章
我国高校教师的时间分配与工作满意度

人类经历的时间是真正敏感的情感质量时间。情感和外部环境会对我们的领悟力产生实质影响。这种体验具有能够辨别物理时间的可测量性的特点。特殊事件或状态的价值对每个人而言不尽相同。在我们和世界之间同时存在许多可能的阐释,于是也就存在许多可能的反应。①

——[匈牙利]伊芙特·皮洛

第一节 教师工作满意度的内涵与测量

工作满意度是教师对工作情况的感受,是评价教师工作状态和职业生活质量的一项重要指标。工作满意度的相关研究起步较早,内涵比较丰富,相应的测量也包含多个维度。

---

① 伊芙特·皮洛.多变的时间[J].李静,译.世界电影,2014(3):169.

一、工作满意度的内涵

"工作满意度"这一概念最早是由学者霍伯克(R. Hoppock)在1925年提出的,指的是员工对自己工作的直接感受,是生理、心理对外界环境的感受。[①]之后又有许多学者对其进行了研究。综合国内外相关研究,关于工作满意度的概念大致可分为以下3类。

一是视为整体性概念,认为工作满意度应被当作一个整体概念,而不划分为多个维度。例如,弗洛姆(V.H. Vroom)认为工作满意度是个人对工作角色所持有的一种态度或情感反应。[②]理查德和雷蒙德(Richard L.D. & Raymond A.N.)认为工作满意度是个体对工作的一种积极态度。[③]兰迪(F.J. Landy)认为教师工作的满意度是指教师对其工作条件和工作状况的一种整体的、带有情绪色彩的感受与看法。[④]

二是视为要素性概念,认为工作满意度是由工作的各个构成方面的满意度共同决定的。例如,洛克(E.A. Locke)认为工作满意度是个人从其工作或工作经验的评价中产生的积极的情感状态,分为工作本身满意度、报酬满意度、晋升满意度、工作条件满意度、对领导的满意度、对同事的满意度、对客户的满意度等多个维度。[⑤]冯伯麟将工作满意度划分为自我实现、工作强度、工资收入、领导关系和同事关系5个要素。[⑥]还有

---

① R. Hoppock. Job Satisfaction[M]. New York: Harper & Brother, 1935:15.
② V.H. Vroom. Work and Motivation[M]. New York: John Wiley & Sons, 1964:98.
③ 理查德・L.达夫特,雷蒙德・A.诺伊.组织行为学[M].杨宇,闫鲜宁,等,译.北京:机械工业出版社,2004:80.
④ F.J. Landy. Psychology of Work Behavior[M]. New York: Wadsworth Inc., 1989:86.
⑤ E.A. Locke. The Nature and Cause of Job Satisfaction[C]//M.D.Dunnette. Handbook of Industrial and Organizational Psychology. Chicago, IL: Rand McNally, 1976: 1297 - 1343.
⑥ 冯伯麟.教师工作满意及其影响因素的研究[J].教育研究,1996(2):42-49.

学者专门研究了教师的工作满意度,认为教师工作满意度就是教师对其所从事职业以及工作条件与状况的总体的带有情绪色彩的感受与看法,可分为工作性质、物理条件、薪水、进修提升、人际关系、领导管理6个维度。[1]

三是视为期望差距概念,认为工作满意度取决于员工在工作中的实际所得与期望所得的差距值。例如,波特和劳勒(L.W. Porter & E.E. Lawler)认为工作满意度取决于个人实际所得的工作报酬与内心期望的工作报酬间的差距,当实际报酬高于期望报酬时工作满意度则高,反之则低。[2]斯卡佩利和范登伯格(V. Scarpello & R. Vandenberg)认为工作满意度是个人对工作所持有的一种态度,就是工作中所应得的报酬和实际间的差距。[3]

根据工作满意度的定义,有些学者在研究教师群体时,也对教师的工作满意度进行了界定。有的学者将其看作教师对工作的一种自我评估,是对工作质量的看法[4];有的学者认为教师工作满意就是教师对其工作情况的综合评价[5]。综上所述,本研究认为,高校教师的工作满意度就是高校教师对工作情况的评价和感受,包括学校物理条件、薪酬

---

[1] 陈云英,孙绍邦. 教师工作满意度的测量研究[J]. 心理科学,1994(3):146-149.
[2] L.W. Porter, E.E. Lawler. What Job Attitudes Tell about Motivation[J]. Harvard Business Review, 46(1):118-126.
[3] V. Scarpello, R. Vandenberg. Generalizing the Importance of Occupational and Career Views to Job Satisfaction Attributes[J]. Journal of Organizational Behavior, 1992, 13(2):125-140.
[4] S.Y. Armour. An Assessment of Human Resource Professionals' Job Satisfaction[D]. Minneapolis: Capella University, 2014:92-104.
[5] M.L. Johnson. Significant Factors Influence Overall-faculty Satisfaction at Public 2-year Colleges[D]. Phoenix, Arizona: University of Phoenix, 2010:49-65.

福利待遇、进修晋升、人际关系、领导管理、学术氛围等方面。

二、工作满意度的测量

目前,关于工作满意度测量方法的研究已相对比较成熟,比较常见的量表主要有明尼苏达满意度问卷(MSQ)、工作描述指数量表(JDI)、波特需求满意调查表(PNSQ)、工作诊断量表(JDS)、工作满意度问卷(JSS)等。

其中,明尼苏达满意度问卷(MSQ)由美国明尼苏达大学学者于1967年编制。该问卷由长式量表和短式量表组成,长式量表分为21个分量表,共100道题,可对员工的20个工作方面的满意度和一般满意度进行调查。短式量表分为3个分量表,分别测试员工的内在满意度、外在满意度、一般满意度。其主要维度包括20个,即能力发挥、成就、主动性、自我发展、权力、政策及实施、报酬、同事、创造力、独立性、道德准则、承认、责任、安全、社会服务、社会地位、人际关系、管理技术、多样性、工作条件。[1]

工作描述指数量表(JDI)由史密斯(P.C. Smith)、肯达尔(L.M. Kendall)、胡林(C.L. Hulin)3位学者于1969年共同编制。该量表的题项共有72个,主要包括工作本身满意度、报酬满意度、管理满意度、提升机会满意度和同事满意度5个方面。[2]

波特需求满意调查表(PNSQ)是1961年由波特(L.W. Porter)编

---

[1] 休·J.阿诺德,丹尼尔·C.菲尔德曼.组织行为学[M].邓荣霖,王占鹏,译.北京:中国人民大学出版社,1990:88-90.
[2] P.C. Smith, L.M. Kendall, C.L. Hulin. The Measurement of Satisfaction in Work and Retirement[M]. Chicago: Rand McNally, 1969:23.

制的。该量表运用马斯洛的需要层次理论,将工作划分为要满足5种需求,即安全需求、社会需求、声望需求、自主需求和自我实现需求,而工作满意度便取决于通过工作所满足的不同需求的程度。该调查表共设置了13个题项,每个题项下都包含"应该有多少"和"目前有多少"两个部分,从两者的差距便可以计算工作满意度。[1]

工作诊断量表(JDS)由海克曼(J.R. Hackman)和奥尔德姆(G.R. Oldham)于1974年编制而成。该量表共有15个题项,涉及工作者的一般满意度、内在工作动机、特殊满意度和成长满意度。[2]工作满意度问卷(JSS)则是由学者斯派克特(P.E. Spector)于1985年编制的。该问卷将工作满意度分为固定报酬、临时报酬、提升、边缘福利、管理者、同事、操作程序、工作性质、沟通9个方面。在每个维度下各设置4个题项,全问卷共计36个题项。对于每个题项,采用李克特(Likert)5级评分法,从"强烈不同意"到"强烈同意"共6个选择,得分越高表示工作满意度水平也越高。[3]

国内学者自行编制的量表中,陈云英、孙绍邦在参考其他学者研究的基础上,设计了自编问卷,将工作满意度的具体项目分为工作性质、物理条件、薪水、进修提升、人际关系、领导管理6个维度。[4]此外,冯伯麟于1996年编制的"教师工作满意量表"影响力相对较大,为多数学者所参照,该量表中共有26个项目,包括自我实现、工作强度、工资收入、

---

[1] L.W. Porter. A Study of Perceived Need Satisfactions in Bottom and Middle Management Jobs[J]. Journal of Applied Psychology,1961(1):1-10.
[2] J.R. Hackman, G.R. Oldham. The Job Diagnostic Survey: An Instrument for the Diagnosis of Jobs and the Evaluation of Job Redesign Projects[D]. New Haven, CT: Yale University, Department of Administrative Sciences, 1974.
[3] P.E. Spector. Measurement of Human Service Staff Satisfaction: Development of the Job Satisfaction Survey[J]. American Journal of Community Psychology,1985(6):693-713.
[4] 陈云英,孙绍邦.教师工作满意度的测量研究[J].心理科学,1994(3):146-149.

领导关系和同事关系 5 个要素。[①]

当然,工作满意度的量表虽然较多,但每一种职业都存在一定的特殊性,特别是对于学术职业来说,如果盲目借用,测量的结果易产生偏差,无法准确地反映高校教师的实际情况。

三、我国高校教师工作满意度的内容

结合上述量表与受访教师的自我体验,本研究从工作的物理环境、工作氛围、薪酬福利、同事关系、进修晋升、自我实现等几个方面设计了工作满意度量表。该量表采用李克特 5 级计分法,教师给出的分数越高,表明工作满意度越高。

经过对数据的 KMO 及 Bartlett 球形检验后发现,KMO 测试值为 0.853>0.5,Bartlett 球形检验值小于 0.001,说明其适合进行因子分析。然后运用主成分分析法,经过方差最大正交旋转后剔除 1 个不合适题项(因子负荷量 0.50 为删除标准),共得到 4 个因子,解释总方差达到 70.02%(见表 4-1)。根据因子的共同特征,在此将 4 个因子分别命名为学术氛围满意度、制度与环境支持满意度、薪酬福利待遇满意度、领导行为满意度。

表 4-1　高校教师工作满意度的因子分析

	名称	特征值	解释变异量(%)	累计解释变异量(%)
因子 1	学术氛围满意度	4.743	26.13	26.13
因子 2	制度与环境支持满意度	3.011	21.01	47.14
因子 3	薪酬福利待遇满意度	1.761	13.91	61.05
因子 4	领导行为满意度	1.267	8.97	70.02

---

① 冯伯麟.教师工作满意及其影响因素的研究[J].教育研究,1996(2):42-49.

其中,学术氛围满意度包括教学氛围、科研氛围、人际关系等方面的满意度;制度与环境支持满意度包括制度的公平性、专业发展机会、校园环境、办公条件、学科发展平台等方面的满意情况;薪酬福利待遇满意度包括薪酬水平、住房安置或补贴、子女入学等福利待遇方面的满意度;领导行为满意度是指教师对学校和院系领导在领导风格、管理能力、管理水平方面的满意度情况。

第二节 我国高校教师工作满意度的现状特征

高校教师群体的工作满意度既存在共性,也具有内在的差异性。根据问卷数据的因子分析结果,本节针对高校教师总体工作满意度,从学术氛围满意度、制度与环境支持满意度、薪酬福利待遇满意度、领导行为满意度4个子维度展开分析。

一、教师的总体工作满意度特征

经由描述性分析,我们发现我国高校教师总体工作满意度均值为3.48分,高于"一般满意(3分)"的水平。

从占比情况来看(见图4-1),表示"一般满意"的教师占比最大,超过40%。其次是选择"比较满意"的教师,占比为30.9%。表示"不满意"的教师人数相对较少,占比约为12%。表示"非常不满意"的教师占比最少,仅为3.5%。表示"比较不满意"的教师占比为8.4%。由此可见,绝大多数高校教师对于自己现在所从事工作的总体满意度水平在"一般满意"及以上。

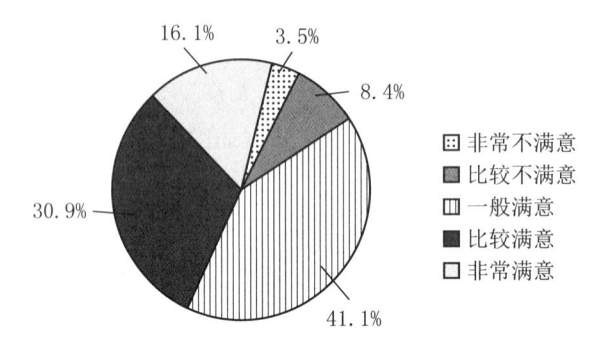

图 4-1 高校教师总体工作满意度的分布情况

教师访谈也印证了这一结果,大多数受访教师对现在的工作条件和状况表示满意。他们中的许多人表示"大学教师还是相对自由的,与其他职业相比,我们已经相当不错了"(LAW-M2);"在当前形势下,能在大学里找到工作,本身就比较满意"(PHI-F1);"这几年学校对实验室的发展比较重视,实验条件改善了不少,总体来说还算满意"(TEC-M2);"当大学教师虽然很辛苦,但这是我喜欢的工作,学校的平台也算可以"(ART-F1)。

二、教师工作满意度各维度分析

如图 4-2 所示,从 4 个子维度得分的均值来看,由高到低依次为:领导行为满意度、制度与环境支持满意度、学术氛围满意度、薪酬福利待遇满意度。其中,教师对院校领导行为的满意度平均得分最高,为 3.21,略高于"一般满意"的水平,说明大多数高校教师对于与领导的相处情况是较为满意的,他们在工作过程中与领导之间有着相对融洽的工作关系。但在其他 3 个子维度上,满意度的均值皆低于 3,特别是薪酬福利待遇满意度均值仅为 2.43,为各维度中最低。

第四章 我国高校教师的时间分配与工作满意度

维度	均值
学术氛围满意度	2.54
制度与环境支持满意度	2.73
薪酬福利待遇满意度	2.43
领导行为满意度	3.21

图 4-2 高校教师工作满意度各维度均值

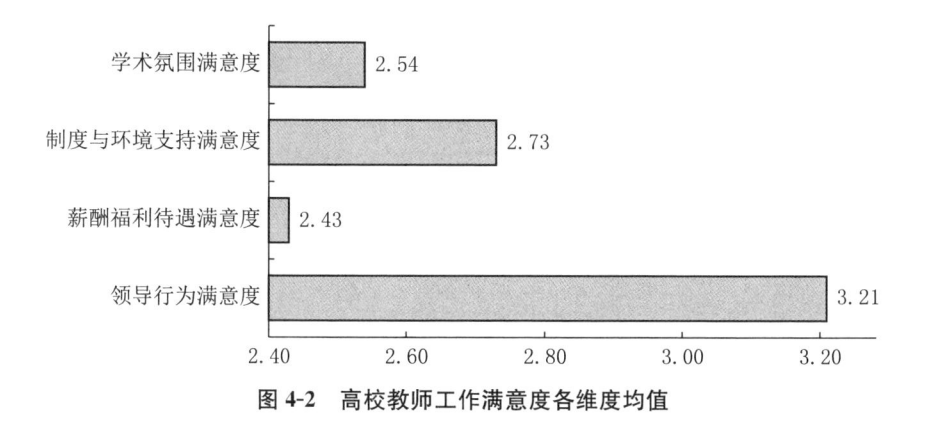

薪酬福利待遇既是教师生活的基本保障,也是教师安心学术的最重要的前提条件。随着经济水平的发展和物价、房价的攀升,很多教师对当前的收入感到不满意,"增加教师收入""提高教师工资水平"的呼声不绝于耳。本调查发现(见图 4-3),我国高校教师的平均年收入(税后)约为 15 万元。其中,年收入在 10 万—20 万元的教师占比最多,超过 40%;其次是在 10 万元以下的教师,占比为 37.8%;年收入超过 20 万元的教师则不到 1/5。

当然,所在学科不同,高校教师的收入也存在差异。本研究发现,在我国大部分高校,理工科教师特别是工程技术类教师收入最高,而人文学科相对较低。对此,数学系教师 SCI-F1 认为"大学老师的工资都差不多,收入差距主要是靠课题项目的。项目经费虽然有部分是购买设备、图书资料以及劳务费、咨询费、会议差旅之类的支出,但其中也有间接经费的呀。像我们学校的国家级项目还有配套,结题达到优秀的话还有奖励,所以项目拿得越多,收入肯定就越高。但是申请项目并不是那么容易中的,主要要看专业,如果偏向应用的话,拿项目会比较容易,而且资助经费也比较多。比如,有些围绕国家重大战略需求和前沿科技领域的重量级项目,平均每项经费可能都超百万,甚至有些项目获批一个就可申请千万元经费。但是我们数学专业就是一种'智力游戏',想要有所突破或是发现个新东西相当难。我们项目也不多,也很难拿到,所以我们基本就靠工资生活,收入其实是很低的。当然,有的老师会根据自己的研究方向跟企业合作,拿到横向课题。横向课题的间接经费比例是比较高的,而且很好报销,卡得也没有那么死。但是,大部分老师是拿不到这些课题的,特别是大部分地方性本科院校的老师,别说国家级的了,就是申一个省的、市的课题都很难。没有课题,职称、收入就可想而知了"。

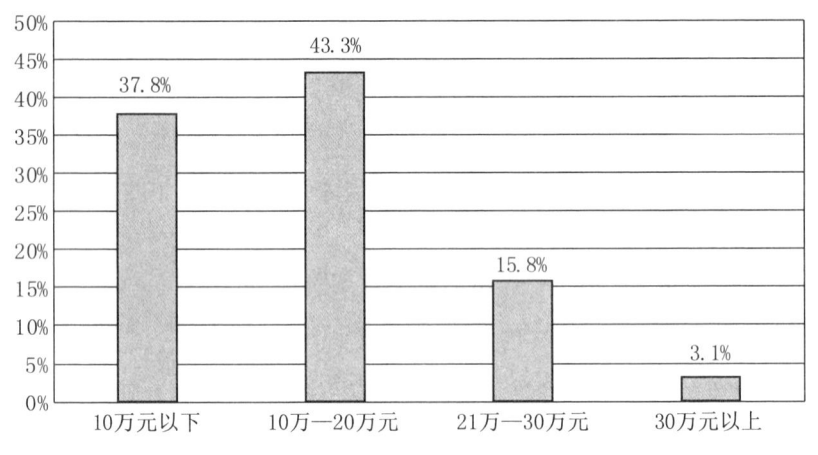

图 4-3 我国高校教师的年收入分布

从教师工作满意度各维度中不同态度教师占比情况来看,如表 4-2 所示,在学术氛围方面,持"一般满意"态度的教师人数最多,为 29.5%;持"非常满意"态度的教师人数最少,为 8.1%;表示不满意的教师占比近48%，接近总人数的一半；表示"非常不满意"的教师人数较多，占比为28.5%。由此可见，有相当数量的高校教师对于自己所处的学术氛围感到不满。

表4-2 高校教师工作满意度各维度中不同态度教师占比情况

	学术氛围满意度	制度与环境支持满意度	薪酬福利待遇满意度	领导行为满意度
非常不满意	28.5%	13.9%	27.6%	10.1%
比较不满意	19.4%	23.1%	25.6%	12.4%
一般满意	29.5%	39.5%	29.6%	38.2%
比较满意	14.5%	17.5%	11.0%	24.9%
非常满意	8.1%	6.0%	6.2%	14.4%

在制度与环境支持方面，持"一般满意"态度的教师人数最多，为39.5%；持"非常满意"态度的教师人数最少，为6.0%；对自己所在学校的制度与环境支持表示不满意的人数占比为37%，略多于总人数的1/3。整体而言，大多数教师对于学校的制度与环境支持感到满意。

在薪酬福利待遇方面，持"一般满意"态度的教师人数最多，为29.6%；持"非常满意"态度的教师人数最少，为6.2%；表示不满意的教师占53.2%，超过总人数的一半；表示"非常不满意"的教师人数占比与表示"比较不满意"的教师占比大致相当，分别为27.6%、25.6%。整体上看，对自己薪酬福利待遇感到不满意的教师人数占比在各维度中位列第一，有超过一半以上的高校教师对自己的薪酬福利待遇感到不满意。

某校管理学院的受访教师MAN-M2就表示"我们工资太低了，就说跟国内其他很多职业比吧，也是很低的。我辛辛苦苦读了20多年，博士毕业后来到大学，结果呢，第一个月工资扣除"五险一金"后，到手只有7 000多元。在这个一线城市怎么生活呀,这边的房价起码得三四万一平方米啊。说实话,看到工资金额的那一刹那,我是很失落的。我一个高中同学,大学毕业后进了一家工厂工作,他现在一个月到手都差不多9 000元了。有人说职业不同,他们比较辛苦,可是我们大学老师也不轻松啊,熬夜工作的天数并不比他们少啊。而且我们大学老师的很多工作是隐形的,虽然没有固定的坐班制,但实际工作的时间其实并不少。大学老师这个职业吧,就外表看着光鲜,其实性价比不是很高。我的很多博士同学去了银行,他们的收入可比我们老师高多了"。

还有相当部分教师谈到了住房、子女入学保障等方面的不满。访谈中一些教师表示"我们学校是根据教师的职称和工作年限来给予不同标准的购房补贴的。职称越高,工作年限越长,给予的补贴就越高。可是,老教师中很多本来就有房子住了,最需要补贴的应该是我们这些年轻教师啊"(PH1-F1);"老人老办法,新人新办法。现在学校引进人才都会给予住房或者租房补贴的。我们这一批就比新引进的教师早进了学校2年,结果这待遇就不给我们。哎,太不公平了"(SCI-M1);"我们学校的'附小'是个热门学校,但学校老师的孩子入学也是有名额限制的。像我们这些普通老师,子女入学很难享受便利。孩子能不能读,还是看有没有学区房"(EDU-F1);"我们学校没有附属幼儿园,子女入学也基本是按照房子就近入学,这其实是很不方便的。像我们家离学校特别远,为了不耽误给学生上课,我不得不很早就把孩子送到幼儿园。幼儿园放学时间也比较早,为了接孩子,我们在学校其实也干不了什么活儿,工作时间根本也不能保证……我们给学校提了好多次建议了,就是不解决,有点失望了"(LIT-F1)。

在领导行为方面,持"一般满意"态度的教师人数最多,为38.2%;

持"非常不满意"态度的教师人数最少,约为总人数 1/10;表示不满意的教师占 22.5%,约为总人数的 1/5。整体上看,对领导行为感到不满的教师人数占比为各维度中最低。

三、教师工作满意度的差异性分析

(一) 教师工作满意度的性别与婚姻状况差异

在性别方面,有些研究发现,女教师的工作满意度水平显著高于男教师。[1][2]但是本研究发现(见图 4-4),高校教师的总体满意度在性别

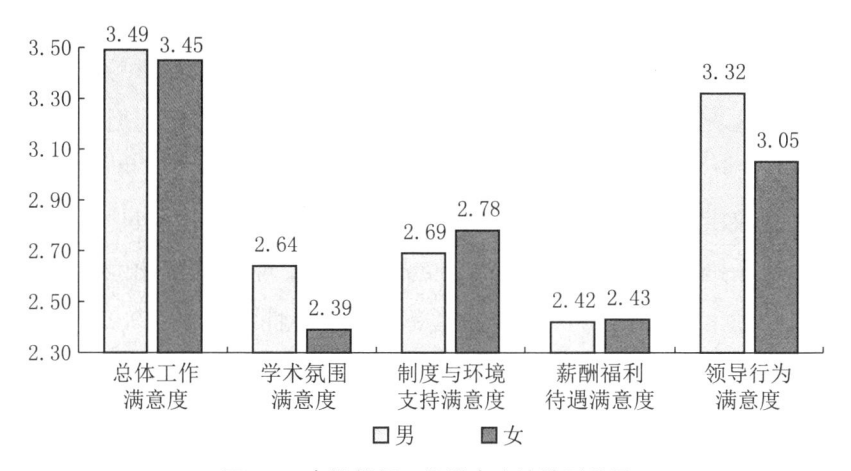

图 4-4 高校教师工作满意度的性别差异

注:总体工作满意度、学术氛围满意度、制度与环境支持满意度、薪酬福利待遇满意度、领导行为满意度的 F 值分别为 0.380、28.670**、0.838、1.267、6.510**。其中,** 代表 $p<0.005$。

---

[1] 陈云英,孙绍邦. 教师工作满意度的测量研究[J].心理科学,1994(3):146-149.
[2] I.A. Saad, R.E. Isralowitz. Teachers' Job Satisfaction in Transitional Society within the Bedouin Arab Schools of the Negev[J]. The Journal of Social Psychology, 1992, 132(6): 771-781.

上的差异并不显著($p>0.05$)。学术氛围和领导行为方面的满意度在性别上存在显著性差异($p<0.005$),男性高于女性。制度与环境支持和薪酬福利待遇方面的满意度在性别上虽然不存在显著性差异,但是女教师略高于男教师。

对此,新进教师 PH1 表示"现在博士找工作太不容易了,特别是女性,在市场上是很难的。我是研究古代哲学的,这个方向除了进大学之外,好像没有更好的选择了。我们系没有自己独立的办公楼,整个系就挤在那么一小层,除了行政办公室,以及院长、副院长有办公室之外,其他老师都没有属于自己的办公室。我办公基本就在家里,或者跟学生一样去学校图书馆。说实话,我们到手的工资也不高。我们哲学的重思辨,除了'马哲'这块外,拿项目也不容易,但我还是对当前的工作感到挺满意啊。学校里人际关系没那么复杂,时间比较自由,还可以照顾一下家里。有时候我在想,如果我离职了,还能干什么?我想了想,好像也做不了其他的"。

在婚姻状况方面(见图 4-5),经方差分析发现,虽然高校教师总体工作满意度在已婚还是未婚方面也不存在显著性差异($p>0.05$),但是已婚教师的工作满意度略高于未婚教师。在其他各子维度上,已婚教师与未婚教师对领导行为的满意度差异最为显著,未婚教师的满意度要明显高于已婚教师($p<0.005$)。

刚育有一子的受访教师 SCI-F1 就回忆说:"我刚入职的时候,因为没结婚,又是男生,所以我们领导就经常给我安排很多事务。比如,上面安排了什么材料,领导就让我来写;学院举办会议,从会议的安排、报到、接待、内容速报到最后送专家离开,也基本是由我和另一位年轻老师来做。另外,我们还参与了他的课题研究……反正,很多很多事情吧,有的是免费的,有的是象征性地给点补贴。有时候材料要得比较急,我经常熬夜到三四点才搞完。也许用习惯了吧,我有了孩子之后,他还是像之前一样安排我。记得我家孩子差不多 4 个月大,生了一次病,总是哭,他妈妈也累得够呛。这时候我们领导还给我安排任务呢,我跟他说孩子生病,但他也没有让我从任务中抽出来,最后也是熬夜做完的。"在学术氛围、制度与环境支持、薪酬福利待遇方面,已婚教师与未婚教师的满意度大致相当,并不存在显著性差异($p>0.05$)。

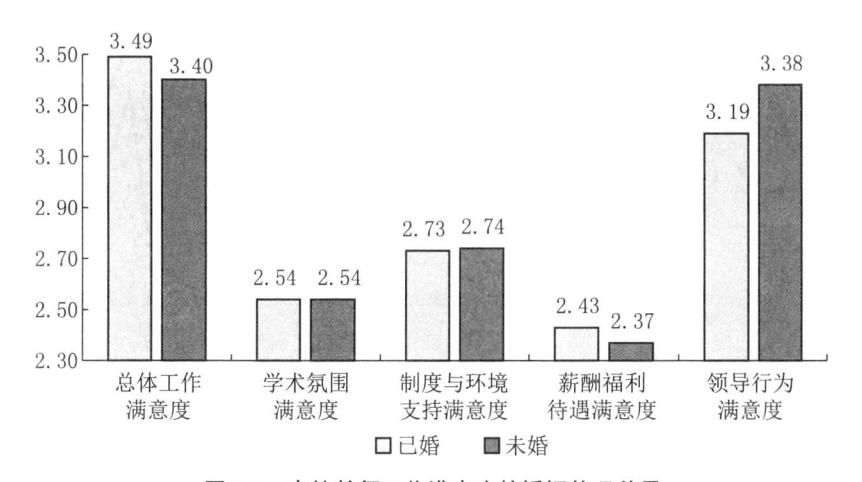

图 4-5 高校教师工作满意度的婚姻状况差异

注:总体工作满意度、学术氛围满意度、制度与环境支持满意度、薪酬福利待遇满意度、领导行为满意度的 F 值分别为 1.275、0.004、0.027、0.490、4.515**。其中,** 代表 $p<0.005$。

(二) 教师工作满意度的年龄轨迹

在年龄上,有学者发现教师工作满意度会随着年龄增长而上升。[①]也有研究表明,教师总体工作满意度不存在显著的年龄差异,但在工作

[①] 周丽超.高校教师工作满意度的研究[J].天津电大学报,2004(3):35-39.

卷入程度、社会承认这两方面的满意度有随年龄增长而显著上升的趋势,在人际关系方面则呈相反的趋势。[①]本研究经方差分析发现(见图4-6),高校教师的总体工作满意度在不同年龄段上存在显著性差异($p<0.05$)。

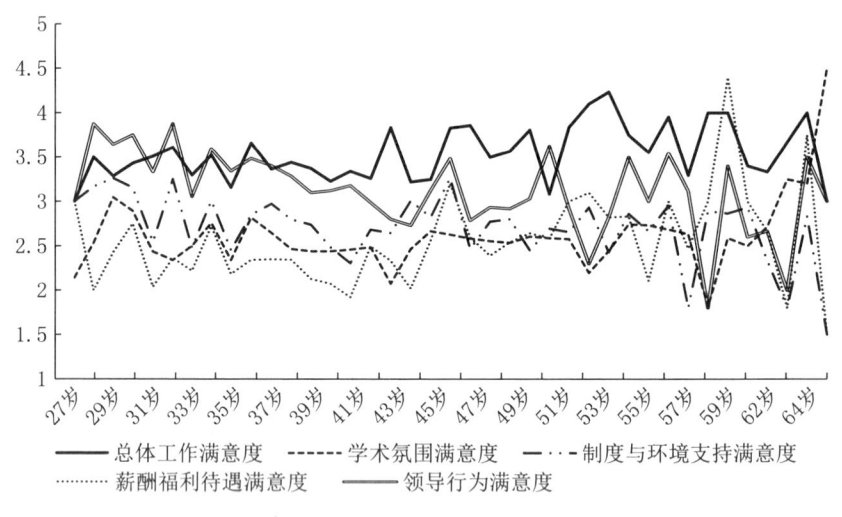

图4-6 高校教师工作满意度各维度的年龄分布

在总体工作满意度上,高校教师的满意度随年龄的增长而提高,其中45岁是一个重要分界线,45岁以下教师的总体工作满意度在3.50上下波动,而45岁以上教师的总体工作满意度则更多地大于3.50。在学术氛围上,满意度随着年龄增长而提高,其中45岁以下教师的满意度在2.50上下波动,而45岁以上的教师总体工作满意度除个别年龄段例外,则多数大于2.50。在制度与环境支持上,满意度则大致上随年龄

---

① 孙建萍,等.高校教师工作满意度调查与分析[J].教育探索,2006(9):78-30.

增长而降低,30岁以下的教师满意度最高。在薪酬福利待遇上,满意度随年龄变化的趋势相对较为复杂,总体上仍以45岁为重要分水岭,45岁以上教师的满意程度大多大于45岁以下的教师。在领导行为上,教师的满意度总体为下降趋势,年龄越大的教师相对而言对领导行为的满意程度也越低。

对于此种变化,某校历史学返聘教师HIS-M1解释说:"时间是个很神奇的存在,它可以磨平很多东西。时间久了,人不仅会淡忘一些事情,心境也会发生变化。有个词叫'愤青',指的就是一些思想偏激、情绪化的、对社会不满的青年。为什么是青年啊?因为青年人往往是有棱角的,情绪是不受理性控制的。但是到了一定年龄……你的性情也会慢慢发生改变,开始慢慢看淡许多事情,那些以前看着不满的、不顺眼的,也渐渐地觉得没那么厌烦了。丰子恺有句话说得很好,那就是'不乱于心,不困于情。不畏将来,不念过往。如此,安好'。"受访教师TEC-M1也认为"可能是跟阅历相关吧……如果不在这个位子上,可能会看什么都不满意。可当我们坐到了那个位子,体会到了这个位子的酸甜苦辣,很多不满意也就慢慢理解了,释然了……我知道现在很多年轻老师其实对学校或者对学院不满意,觉得这也不合理,那也不公平。可自己也无力改变现状啊,各项政策并不能按每个人的意愿来,所以时间长了,慢慢地对所有事情也都看开了。有个很有意思的事情,你看教代会上,能起来发言的基本是年轻人,等时间一长,你再问他们什么意见,他们可能都懒得站起来说"。

如果将满意度调查中选择1和2的教师归为不满意,选择4和5的归为满意,那么经进一步分析可以发现(见表4-3),各个年龄段的高校教师在总体工作满意度,以及学术氛围、制度与环境支持、领导行为 3

个子维度上,持"满意"态度的教师人数占比均大于持"不满意"态度的教师。在薪酬福利待遇这一维度上,45岁及以下的教师群体中持"不满意"态度的人数占比多于持"满意"态度的教师。

表 4-3　高校教师工作满意度各维度中不同年龄段教师态度占比情况

		35岁及以下	36—45岁	46—55岁	55岁以上
总体工作满意度	满意	14.4%	42.7%	22.2%	5.4%
	不满意	2.4%	6.4%	2.6%	3.8%
学术氛围满意度	满意	10.5%	29.2%	17.4%	7.0%
	不满意	6.3%	19.9%	7.4%	2.2%
制度与环境支持满意度	满意	10.5%	30.9%	16.5%	5.2%
	不满意	6.4%	18.3%	8.4%	4.0%
薪酬福利待遇满意度	满意	7.2%	20.5%	13.7%	5.5%
	不满意	9.6%	28.7%	11.2%	3.7%
领导行为满意度	满意	14.2%	39.0%	17.8%	6.6%
	不满意	2.7%	10.1%	7.1%	2.6%

对此,经济学教师 ECO-F2 就深有感触地说:"这应该是与生活压力相关吧。过了 45 岁,能留在学校的基本上就是长聘制的了。虽然也有聘期考核,但毕竟不会到'非升即走'的地步。而且过了 45 岁以后,子女都长大了,房贷也还完了,自己的职称也评上了,工资也可以。有钱有闲,还有什么不满足的呢。"

受访教师 AGR-F1 也结合自己的体验评论说:"现在学校的办学条件改善了,跟以前相比,我们的工作和生活其实是变好了的。我快退休了,但还有点舍不得。大学教师是一个令人骄傲的职业,教的学生一波又一波,看着他们一届届毕业,然后在不同的岗位上绽放光芒,老师也是很有成就感的。而且,我们教师每年接触到的都是年轻的大学生,自己的心态也能跟着年轻……我很喜欢跟学生相处,无论是对工作还是对家庭生活,我还是很满意的。"

(三) 教师工作满意度的职称差异

在职称方面,有学者通过对青年教师的研究发现,高校青年教师总体职业满意度随职称提升而提高。[①]但也有学者发现,初级职称教师的工作满意度与中级、高级职称教师存在显著性差异,而中级、高级职称教师间的差异不显著,初级职称教师的工作满意度最高。[②]

本研究发现,高校教师的总体工作满意度在职称上存在显著性差异($p<0.005$),各职称级别高校教师的总体工作满意度(见图4-7)从高到低分别为:正高级、副高级、中级及以下。副高级、中级及以下两个教师群体的满意度均值相近,分别为3.42、3.41;正高级教师的总体工作满意度均值则为3.74,明显高于其他两个职称级别的教师。

如图4-7所示,在其他各子维度上,学术氛围满意度和薪酬福利待遇满意度在职称方面的差异最为显著($p<0.005$),而领导行为满意度、制度与环境支持满意度在职称上的差异相对不显著($p>0.05$)。与总体工作满意度所呈现的规律相似,副高级、中级及以下两个教师群体的学术氛围满意度均值相近,分别为2.51、2.48;正高级教师的学术氛围满意度均值则为2.70,明显高于其他两个职称级别的教师。在制度与环境支持上,3个职称级别的教师间满意度差异相对较小,满意程度总体上随职称级别提升而降低,职称越低的教师相对而言对学校的制度

---

① 朱新秤,卓义周.高校青年教师职业满意度调查:分析与对策[J].高等教育研究,2005(5):56-61.
② 王志红,蔡久志.大学教师工作满意度的测量与评价[J].黑龙江高教研究,2005(2):77-79.

与环境支持也越满意。在薪酬福利待遇上,满意度随职称提升而显著提高,正高级教师满意度最高,为2.77,而中级及以下教师满意度最低,为2.26。在这一维度上,不同职称级别教师的满意度均值差值最大,每个职称级别之间相差约0.2或更多。在领导行为上,3个职称级别的教师满意程度基本相当,正高级职称的教师略高于其他职称的教师。

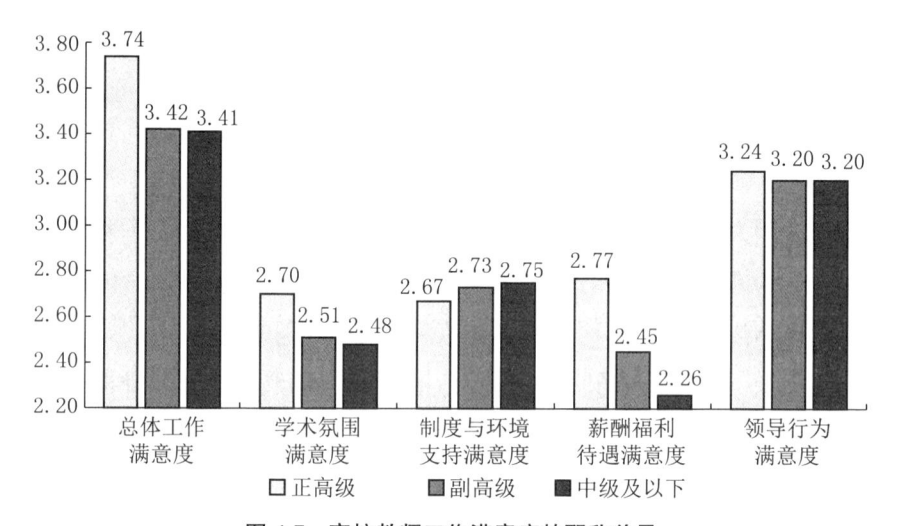

图 4-7 高校教师工作满意度的职称差异

注:总体工作满意度、学术氛围满意度、制度与环境支持满意度、薪酬福利待遇满意度、领导行为满意度的 F 值分别为 12.346**、5.293**、0.567、18.703**、0.119。其中,** 代表 $p<0.005$。

刚评上教授的青年教师 EDU-M1 结合自身的体验说:"我刚进入这个学校的时候,虽然也有'非升即走'制度,但我不是,我是有编制的,所以刚来那会儿还是对我们学校的人事制度、工作条件比较满意的,但就是工资低点。与我们本市其他学校的相比,讲师的话,得少五六百块。过了六七年,我评上了副教授,以为工资待遇会涨一大截,其实并没有,每个月也就多了几百块……不过相对于讲师,副教授的发展机会多一些,有些委托课题,学校会想到你。后来,运气好,我中了一个'国家社科',然后以此为基础发了几篇论文,就破格评上了教授。我们学校的教授整体比较少,感觉学校还是很重视教授的,给的支持也还挺多。现在我有独立的办公室了,而且学校里还有个专门针对青年教师的高层次人才计划,每年都会给予一定经费支持……就现在状态的话,我还是挺满意的,虽然相比之前,事务会多一些,但是资源比以前多了不少,每天也过得挺充实的。"

(四)教师工作满意度的院校层面差异

在院校学术声誉方面,经独立样本 T 检验发现,不同高校的教师总体工作满意度存在显著性差异($p<0.05$)。如图 4-8 所示,在入选国家"双一流"建设高校任职的教师总体工作满意度均值为 3.54,高于在非"双一流"建设高校任职教师的满意度。说明"双一流"建设高校的教师比非"双一流"建设高校的教师总体上对自己现在所从事的工作更为满意。

在其他各个子维度上,在入选国家"双一流"建设高校中任职的教师对学术氛围的满意度为 2.57,尽管处于较低水平,但仍略高于非"双一流"建设高校的教师。在制度与环境支持这一维度上,非"双一流"建设高校教师满意度水平略高于"双一流"建设高校的教师。在薪酬福利待遇上,两者满意度的差异性最显著($p<0.05$),"双一流"建设高校教师的满意度均值为 2.52,非"双一流"建设高校教师的满意度均值为 2.36,说明两类高校的教师满意度均值虽皆处于较低水平,但由于"双一流"建设高校的教师收入高于非"双一流"建设高校的教师,因此前者对自己薪酬福利待遇的满意程度明显高于后者。在领导行为上,"双一流"建设高校教师满意度高于非"双一流"建设高校的教师。

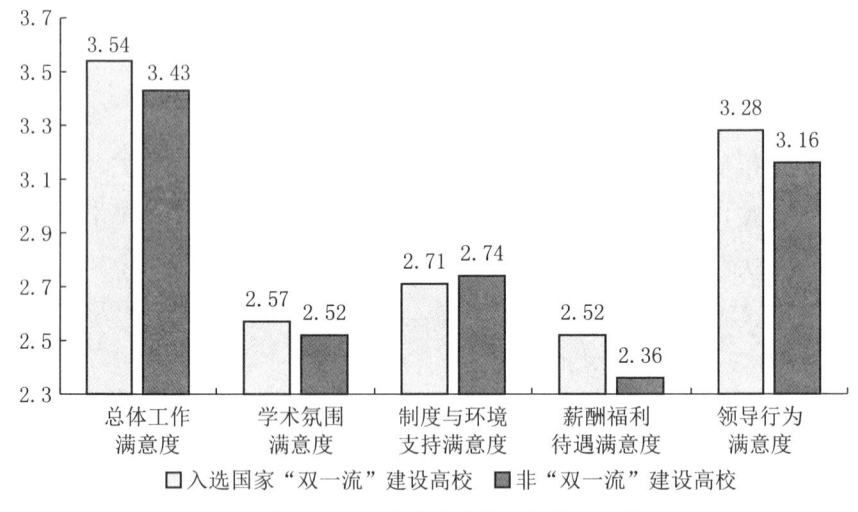

图 4-8　高校教师工作满意度的院校学术声誉差异

注：总体工作满意度、学术氛围满意度、制度与环境支持满意度、薪酬福利待遇满意度、领导行为满意度的 F 值分别为 4.763*、0.669、0.392、6.535*、3.155。其中，*代表 $p<0.05$。

从某地方院校辞职到某国家"双一流"院校工作的受访教师 MAN-M1 就深有体会地说："如果没有事业上的追求的话，在地方本科院校工作也蛮好，虽然工资待遇不是很高，但是那个院校有编制，生活压力也不大。不过如果想要更好地发展，还是需要大平台。这里的学术氛围非常浓厚，无论是否假期，办公室都有老师。同事也都很 nice，写论文遇到瓶颈，都可以与同事探讨。另外很重要的是，这里可以接触到更前沿性的研究，每个月都有'大咖'来开讲座，我们也可以与他们交流……还有一点体会就是，相比之前那个学校，这个学校行政事务性工作比较少，都有专门的行政人员在做，而且感觉这个学校更重视教师。我经常看到学校人事处、教务处、研究生院的领导来找我们学院院长或者比较有资历的老师，有时候还听到我们的老前辈训斥他们呢。"

在学科方面，如图 4-9 所示，经方差分析发现，不同任教学科的高校教师总体工作满意度并不存在显著性差异（$p>0.05$），但是在学术氛围和领导行为方面的满意度存在显著性差异（$p<0.005$）。从均值上看，不同任教学科的高校教师总体工作满意度均值从高到低按学科排序依次为：自然科学、人文学科、社会科学、工程技术。其中，自然科学与人文学科均值相近，分别为 3.55、3.52，社会科学与工程技术学科均值相近，分别为 3.44、3.42。在学术氛围满意度上，工程技术学科的教师满意度均值为 2.69，明显高于其他 3 类学科的教师，人文学科的教师满意度均值最低。在制度与环境支持上，社会科学的教师满意度均值最高（2.78），自然科学的教师满意度均值最低（2.63），人文学科教师均值与

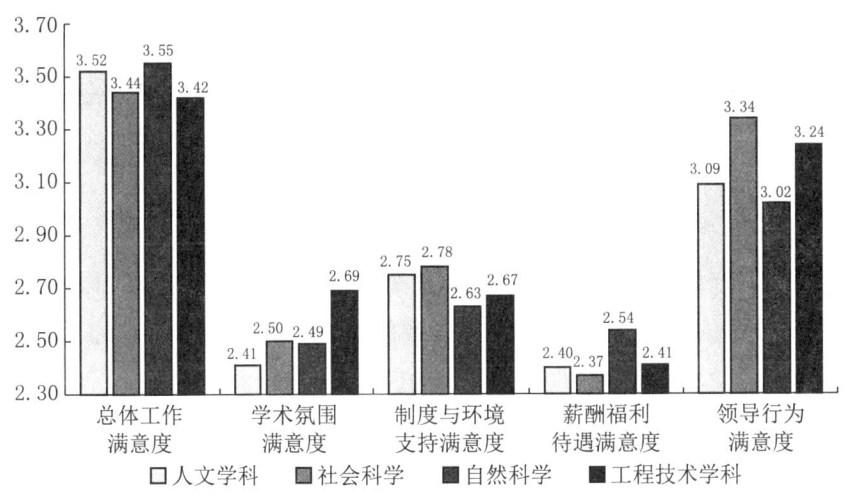

图 4-9 高校教师工作满意度的任教学科差异

注：总体工作满意度、学术氛围满意度、制度与环境支持满意度、薪酬福利待遇满意度、领导行为满意度的 F 值分别为 1.239、4.853**、1.623、1.303、5.556**。其中，** 代表 $p<0.005$。

社会科学教师相近,工程技术学科教师的满意度水平与自然科学教师相近。在薪酬福利待遇上,自然科学教师的满意度最高(2.54),社会科学的教师最低(2.37),人文学科的教师与工程技术学科的教师满意度均值相近。在领导行为上,社会科学教师的满意度最高(3.34),自然科学教师的满意度最低(3.02),工程技术学科与人文学科教师的满意度之间存在较大的显著性差异($p<0.005$),两者均值分别为3.24和3.09。

对此,受访教师HIS-F1分析说:"这主要是看学校发展定位吧,如果学校重视你这个学科,对这个学科投入力度大,教师的工作体验就好。我们这所学校虽然是一所综合性院校,但是学校发展是明显偏向工科的,无论是办公条件、经费投入,还是各种人才政策都是明显倾向于这些学科。像我们学院,日常的办公经费非常少,内部的期刊都差点办不起来,我们新进来的很多老师都没有办公室,但是很奇怪,举行教代会的时候,我们文科老师反而不怎么发表意见,而那些理工科的老师却提得很多。对工作满不满意主要是看个人吧,是自我的一种心理状态。有的人即使条件很差,但是很乐观,心态好,对工作的满意程度就高。"

综上,我国高校教师的总体工作满意度处于一般偏上水平。其中,教师对领导行为的满意水平最高,对薪酬福利待遇的满意程度最低。当然,教师的身份特征、学术地位以及所处的工作环境不同,对工作各方面的体验与满意程度也存在一定的区别。

第三节　我国高校教师的时间分配与工作满意度

影响教师工作满意度的因素是多方面的,时间分配就是其中的重要变量。教师的时间和精力是有限的,不同的分配模式,会导致教师在工作上产生不同的感受。

一、教师工作时间与工作满意度

(一) 教师每周工作时长与工作满意度

本调查发现,高校教师工作满意度在不同的工作时间上存在显著性差异($p<0.05$)。如图4-10所示,工作时间长度与工作满意度之间并非呈正向或者负向关系。平均每周工作50—60小时(不含50小时)的教师对工作的满意度最高,均值为3.53,而平均每周工作时长在60小时以上的教师工作满意度最低,仅3.42。也就是说,高校教师的工作时长需要有一定限度,过于轻松或者过度工作,都会使教师产生负面感受,工作满意度降低。

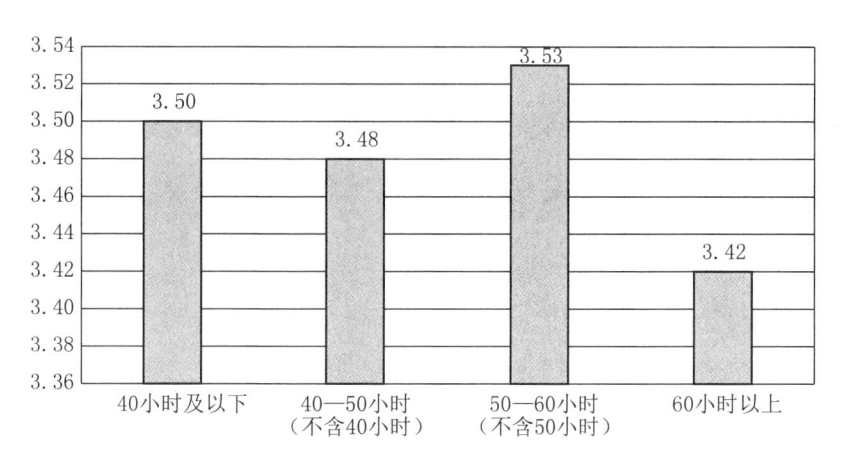

图4-10 每周不同工作时间的高校教师工作满意度

受访教师AGR-F1也说:"我们每个人的身心都是有一定承受范围的,工作时间太长,身体肯定撑不住的,心理也受影响。有一次,我在外面参加省里的一个会议,从早忙到晚,本来事情就很多,结果还接到学院办公室的事情,整得我基本一宿没睡。当时心里就一直犯嘀咕,想着怎么就来到这所学校,明明出差呢,领导还远程遥控呀,当时心里真的不舒服……但是如果每天无所事事呢,感觉就会很空虚,觉得不充实……有时候还会觉得领导不重视……哎,我也经常觉得自己很矛盾。"

进一步通过相关性检验发现,工作时间与工作满意度的相关系数为-0.002,p 值为 0.953,说明高校教师的工作时间与工作满意度在统计学上并不具有显著的线性相关关系。如图 4-11 所示,高校教师的工作满意度并非随工作时间的增加而递增或递减。当高校教师的每周工作时间较短,或在一个相对适量的范围之内时,教师的工作满意度水平较高;当每周工作时间过长时,教师工作满意度最低。

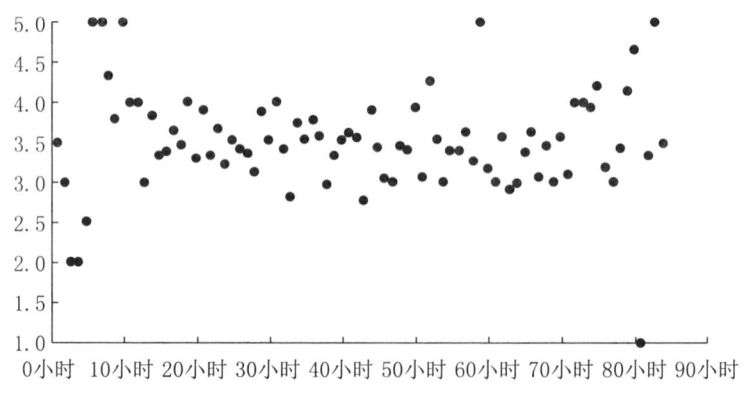

图 4-11 高校教师每周工作时间与工作满意度之间的散点图

图 4-12 显示了高校教师工作时间与工作满意度各维度之间的相关性,可以发现,在工作满意度各维度中,除了制度与环境支持方面的满

意度之外,教师的工作时间与学术氛围、薪酬福利待遇、领导行为方面的满意度均具有显著的相关性($p<0.005$)。其中,教师的工作时间与学术氛围满意度、领导行为满意度之间呈显著的正相关($p<0.005$),工作时间越长的教师对于院校的学术氛围和领导行为的满意程度也越高;教师的工作时间与薪酬福利待遇满意度之间则呈显著的负相关($p<0.005$),相关系数为-0.089,可见高校教师的工作时间越长,对于薪酬福利待遇的满意程度越低。

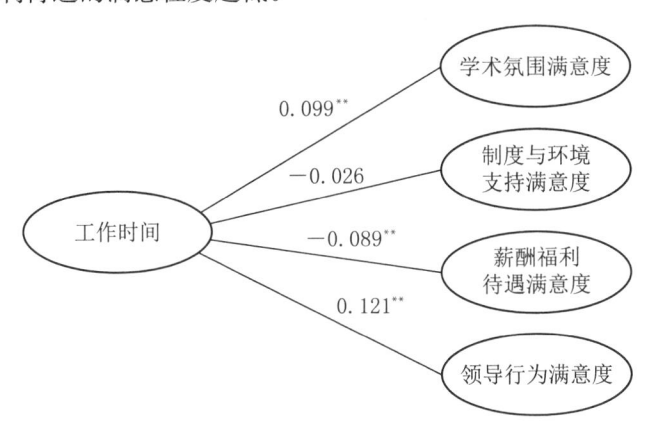

图 4-12 高校教师工作时间与工作满意度各维度之间的相关性检验

注:** 表示 $p<0.005$。

这也正如某商学院受访教师 ECO-F1 所说,"教师这个工作嘛,就是氛围比较好,大家都是高素质人才,人际关系相对来说比较和谐,没有那么复杂,但是它的经济收益确实不高。这学期我有两门课,差不多每周 6 节课。其中一门是新课,为了上好这门课,我每天备课就差不多要花两小时。此外,还有课题要完成,每天工作至少 10 小时吧。但我们的薪酬就那么些呀,而且关键是投入的时间即使非常长,回报却不一定成正比。我现在最头疼的就是发表论文,想破脑袋,加班加点写论文,每天都投入大量时间搞这个,结果总是被期刊拒,拒了一篇又一篇,心很累"。

(二) 教师工作时间分配与工作满意度

如表 4-4 所示,在各工作时间分配方面,高校教师的教学时间与薪酬福利待遇满意度、领导行为满意度之间呈显著的负相关($p<0.005$),相关系数分别为 -0.112、-0.149。在如今偏重科研的教师评价环境中,教师的教学时间越长,对薪酬福利待遇、领导行为方面的满意程度越低。

表4-4 高校教师工作时间分配与工作满意度各维度之间的相关性检验

	总体工作满意度	学术氛围满意度	制度与环境支持满意度	薪酬福利待遇满意度	领导行为满意度
教学时间	−0.050	−0.039	−0.038	−0.112**	−0.149**
科研时间	0.041	0.128**	−0.041	−0.014	0.112**
社会服务时间	0.020	−0.051*	0.051	0.034	0.174**

注:** 表示 $p<0.005$,* 表示 $p<0.05$。

受访教师 LIT-F1 所在的学校正在争评国家"双一流"院校,对科研非常重视,但是所在学院本科生比较多,又承担学校的部分公共课。因此,学院教师的教学工作量相对较大,对工作存在一定的不满情绪。该教师表示"我们每周差不多有 10 节课要上,每天备课、上课,大量时间都花在这上面了。现在年龄大了,上完课也没精力去做其他的,所以这好几年了都没发一篇论文。现在学校的聘期考核对科研要求是比较高的,很担心被低聘……我们也跟学校领导反映这事了,但是没办法,不能因为我们学院特殊,就单独制定个政策……学生多,老师少,就得上这么多课"。

LIT-M2教师也有相似感受,他说:"我们学院本科生比较多,而且还有大量留学生,老师们的课程量是比学校标准要多一些的。教学科研岗位的,每学期(18个教学周,2个考试周)课时量要达到144课时,也就是一周8课时,加上备课的话,每天至少有4个小时是在教学上面……而且我们学院教师每学期都会被安排新课,这样就需要重新备课。特别是针对留学生中文零基础的课,越简单越难备……更郁闷的是,因为有的留学生中文水平没有那么高,看不懂学生评教系统的内容,再加上文化差异,他们认为80分就是高分数,所以导致我们院老师虽然花了很多精力教学,但学生评教分数很低。别的学院大部分老师评教值都在95分以上,我们能达到85分就不错了……院里有好多老师评职称就卡在了学生评教这个分数上呢。跟学校那边反映好多次了,但是没有用啊,不会为了我们这个院就降低标准的……还有研究生课,以前上过的还好,如果被安排了新课,又需要重新备。另外,我们学院还要求每位教师至少指导4名本科生。说实话,这里的本科生,尤其是留学生的水平并不是特别高,中文表达没有那么流畅,指导起来挺困难的……到了毕业季,老师从开题到答辩,基本是逐字逐句地改,付出的精力也是相当多的。但是,最后发的教学绩效其实是很低的,指导10个学生都不如发一篇C刊得到的绩效多。"

高校教师的科研时间与学术氛围满意度、领导行为满意度之间呈显著的正相关($p<0.005$),即存在相互促进的关系,科研时间越长的高校教师对院校的学术氛围和领导行为越感到满意。但在制度与环境支持、薪酬福利待遇两个维度上,科研时间对其并没有显著性影响($p>0.05$)。

受访教师SCI-M1所在的学校为国家"双一流"院校,对于科研时间与工作满意度之间的关系,他说:"学校既然定位是研究型大学,那肯定得保证教师的大部分精力放在科研上。这一点，学校还是做得挺好的。我们学院本科生和研究生的数量差不多，本科生和研究生课程加起来一学年上满180课时就可以。我们院的教学秘书也很好，想上什么课程，想什么时间上，一般都会征求老师的意见。我们每个老师的课程基本上不太会变动，所以就是第一年上课花的备课时间长一些，后面基本上就是稍微改改，也花不了多长时间。我一般是上午一二节上课，上完课基本就待在实验室做自己的东西……我们主任非常好，招进来的时候就告诉我们，绝对不会让杂七杂八的事务干扰教师的研究。我们实验室的大部分行政事务，包括财务报销都是有专人在负责的。绝大部分老师都是从早到晚待在实验室的，我很喜欢这种氛围，也正是这样的环境，这几年我才出了很多成果。"

高校教师的社会服务时间对学术氛围满意度有着显著的负向影响（$p<0.05$），教师的行政管理与社会服务时间越长，其对自身所处的学术氛围满意程度越低。社会服务时间与领导行为满意度之间则存在显著的正相关关系（$p<0.005$），即高校教师在行政管理与社会服务上花费时间越长，其对于领导行为的满意程度越高。

对于行政管理事务影响教师对学术氛围满意度的问题，担任副院长的教师PHI-M1说："对于绝大多数普通教师来说，肯定是行政事务越少越好。行政管理事务与社会服务太复杂，也很琐碎，有时还会无形地或者是无序地干预你正常的学术工作。比如，有的老师很讨厌填表格，前段时间我们学科评估，需要老师们填写专业、毕业院校、职称、近几年的代表作等，但是有些老师很不情愿，就跟我反映。其实，我也不喜欢，想着学校能不能搞个统一的平台，把教师的各种背景信息、教学与科研成果之类的都导进去，无论填写什么表格直接导出来就是了。

其实,我们学校有科研系统平台的,但是每项评审或者考核,它们填写的内容不一样啊,所以还是得重新填写。我还跟信息处、人事处等反映过,他们说他们也挺为难的,无论怎么搞,总有老师有意见……其实,各个行政部门也是不容易的,他们不可能做到让每位教师都满意……现在学校虽然是强调以教学为中心,但实际的职称评审、聘期考核还是偏向科研,所以只要是打扰了科研上的事情,教师肯定是有意见的。但是,如果教师真的到了某一行政岗位上,亲身体验下就会理解了。"

二、教师家务时间与工作满意度

(一)教师家务时间与工作满意度

如图 4-13 所示,高校教师的工作满意度与家务时间之间大致呈"倒 U"形关系。平均每周家务时长在 20—30 小时(不含 20 小时)的高校教师对工作的满意度最高,为 3.54,而平均每周家务时长在 30 小时以上和时长在 10 小时及以下的教师工作满意度较低,均值分别为 3.40 和 3.46。

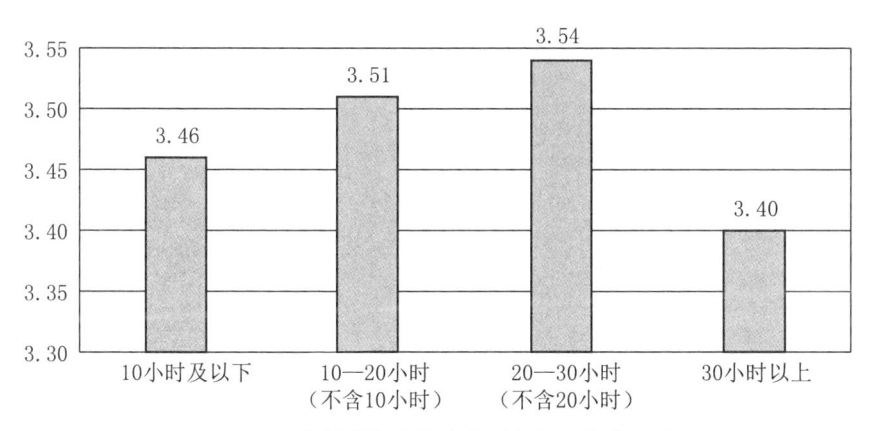

图 4-13 高校教师每周家务时间与工作满意度

进一步通过相关性检验发现,高校教师家务时间与工作满意度的相关系数为-0.024,p 值为 0.372,说明高校教师的家务时间与工作满意度在统计学上并不具有显著的线性相关关系。如图 4-14 所示,高校教师每周家务时间与工作满意度之间的关系非常复杂,工作满意度并非随家务时间的增加而递增或递减。

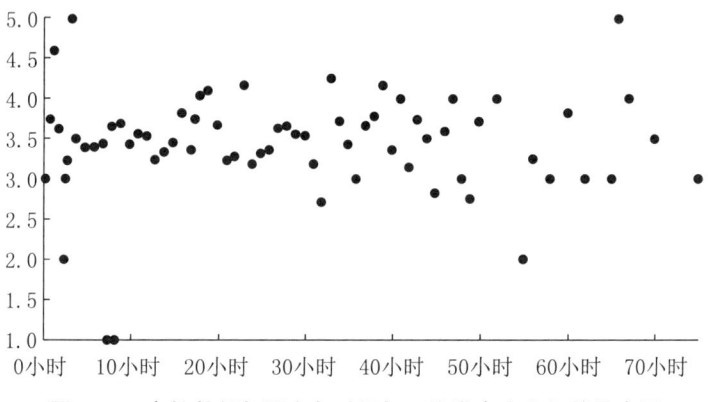

图 4-14　高校教师每周家务时间与工作满意度之间的散点图

对于家务时间与工作的满意程度,部分受访教师表示"家务时间应该有个度""家务劳动要适中""家务劳动量不宜过多",否则会导致"身体疲惫""带来健康风险",进而引发"对工作的不愉快体验"。

例如,受访教师 SCI-F1 表示"家务时间投入的多与少,其实背后也是与工作要求相关的。如果学校对教师的要求非常高,教师原本在家庭方面花费的时间就会被工作大量挤占,那教师肯定是有意见的。但是如果要求太低,让教师们整天围着老婆、孩子转也不行,教师会觉得没有发展前景,对学校也会很失望。所以无论是什么,都应该有个度"。

教师 TEC-M4 表示"'爱人先爱己',无论什么事,我们都应当学会分担,学会给自己'减负'。如果在家里什么事都自己干,会把家人养得形成懒惰习惯。时间久了,家人就会不自觉地躺在沙发上看手机,什么都不帮忙,这时我们自己心里可能就会感到不平衡了,然后慢慢地可能就会产生很多负面情绪,甚至会跟家人闹矛盾。特别是当自己的工作也不如意时,这些负面情绪和家庭矛盾就会带入工作中,进而引发工作上的不愉快体验"。

在工作满意度各维度中,如图4-15所示,高校教师家务时间与学术氛围、领导行为方面的满意度呈显著的负相关($p<0.005$)。家务时间越长的高校教师对于自己院校的学术氛围和领导行为方面的满意程度越低。其实,时间分配与工作满意度之间是一种双向的关系,当教师对学术氛围和领导行为不满意时,在家务上就会投入更多时间。

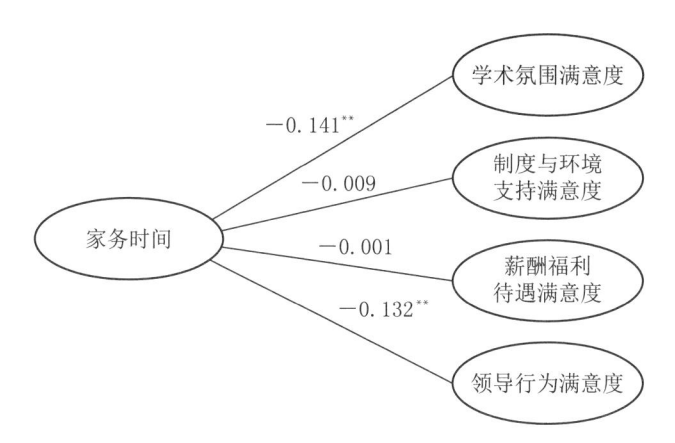

图4-15 高校教师家务时间与工作满意度各维度之间的相关性检验

注:** 表示 $p<0.005$。

提到工作满意度的各维度,受访教师 AGR-M1 回忆说:"工作与家庭之间真的很难做到平衡,我也经常感到很矛盾。在工作中花费得太多了,会觉得很亏欠家里,特别是孩子的成长这块,感觉没怎么陪他,唰一下就长大了。有时候回过头来看,也会抱怨工作的……但是如果把大部分精力扑在家庭上,心里也是不安的。经常会想到同龄的谁谁谁都评上副教授了,我还是讲师。这时候呢,也是会忍不住地去抱怨周围的环境,抱怨学校不提要求,不给平台。"

(二) 教师家务时间分配与工作满意度

表4-5显示了高校教师家务时间分配与工作满意度各维度之间的相关性,可以发现,家务劳动时间、子女教育/照料时间与教师总体工作满意度之间并无显著的相关关系($p>0.05$)。也就是说,教师家务时间的内部分配对工作满意度的影响并不大。

表4-5 高校教师家务时间分配与工作满意度各维度的相关性检验

	总体工作满意度	学术氛围满意度	制度与环境支持满意度	薪酬福利待遇满意度	领导行为满意度
家务劳动时间	−0.027	−0.256**	−0.064*	0.011	−0.171**
子女教育/照料时间	−0.021	−0.086**	0.027	−0.005	−0.055*

注:** 表示 $p<0.005$,* 表示 $p<0.05$。

在工作满意度各维度中,除了薪酬福利待遇之外,高校教师家务劳动时间对其余3个维度的满意度均产生显著性影响($p<0.05$)。其中,家务劳动时间与学术氛围、制度与环境支持、领导行为方面的满意度之间均呈现显著的负相关($p<0.05$);子女教育/照料时间与学术氛围、领导行为方面的满意度之间均呈现显著的负相关($p<0.05$)。家庭是教师工作与生活的重要调节场所,但是家庭与工作不可兼得,当教师在家务劳动和子女教育等方面投入的时间和精力过多时,就会在工作上,特别是在学术氛围和领导行为方面产生消极情绪。

受访教师MAN-M1结合自己的经历说:"家务时间与工作时间的分配很多情况下其实取决于学校……我之前工作过的那所学校,教师的工作重点基本就是教学……大部分老师上完课之后就回家做饭、带孩子,围绕着家庭转。有的老师可能也想做点研究,但是学校平台不好啊,而且给的科研绩效和奖励也特别低,肯定有些老师最初也是对学校的学术氛围不满的,自己对学术上的停滞也是不甘心的,但时间久了,像'温水煮青蛙'一样,很多老师就放弃学术了。"

受访教师 LIT-F1 目前将大部分精力放在家庭上,对于家务时间与工作各方面的满意度,她评论说:"家务事是极其耗费心力的。做家务多了,会感到自己很没有价值。我们堂堂'985'院校的博士毕业生,工作那么长时间了,整天却围绕着'灶台'和'孩子'转,学术上也没什么成就,会感到很失落。就忍不住会想这是为什么呢?然后就会把各种原因推到家人,推到学校……认为家人的支持力度不够,学校的学术氛围差,没有学科平台……实际上,如果把主要精力放在家庭事务上面,时间久了,不但是对工作不满,实际上对家庭也是不满的。"

三、教师休闲时间与工作满意度

(一) 教师休闲时间与工作满意度

如果将教师的休闲时间长度划分为 5 段,如图 4-16 所示,高校教师的休闲时间长度与工作满意度之间大致呈现"倒 U"形关系。平均每周休闲时间在 50—60 小时(不含 50 小时)的高校教师工作满意度最高,为 3.57,而平均每周休闲时间在 40 小时及以下和 70 小时以上的教师工作满意度较低,分别为 3.27 和 3.35。保障一定休闲时间是从事学术职业所必需的条件,它可以调节身心,保证学术工作质量。但是休闲时间并不是越多越好,如果休闲时间过多,反而会影响教师的工作状态,使教师很难回归到学术工作中,进而对工作产生抵触情绪。因此,如何把握好休闲的度是教师需要思考的问题。

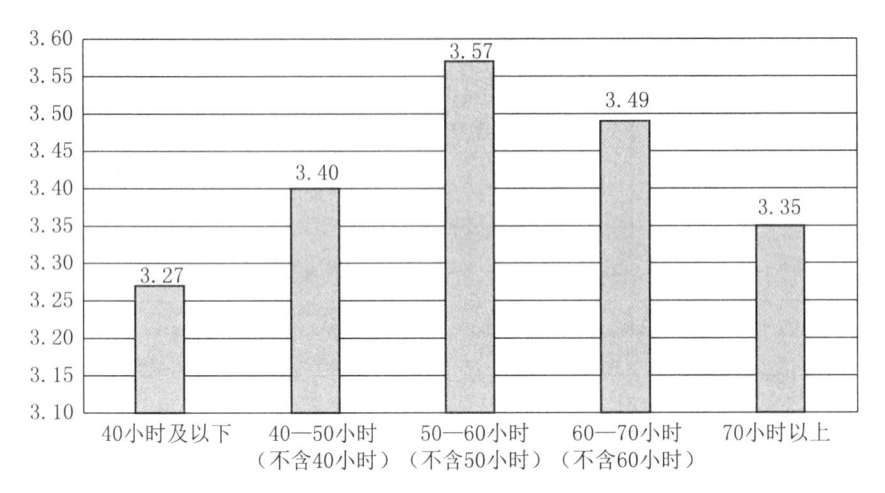

我国高校教师的时间分配与工作状态研究

图 4-16 高校教师每周休闲时间与工作满意度

进一步通过相关性检验发现(见图 4-17),高校教师的休闲时间与总体工作满意度的相关系数为 0.040,p 值为 0.138,说明高校教师的休闲时间与工作满意度在统计学上并不具有显著的线性相关关系。在工作满意度各维度中,休闲时间只与学术氛围、薪酬福利待遇方面的满意度呈显著的正相关($p<0.005$)。

对此,多位受访教师表示休闲能带来一定的良性工作感受,能改善他们对学术工作环境的看法与情感体验。受访教师 SCI-M1 表示"人其实是个非常感性的动物……比如,当清晨打开邮箱,发现论文被拒了,这时所有的负面情绪就都来了。于是就忍不住要开始抱怨学校环境,抱怨期刊评审,看着周围的这个也不好,那个也不顺眼。但是静几分钟,或者去操场跑一圈之后,这些消极情感慢慢就散了。这时就会发现,刚才那些不顺眼的也变得可爱了"。

受访 EDU-M3 结合本院教师的情况评价说:"适当的休闲是可以

第四章　我国高校教师的时间分配与工作满意度

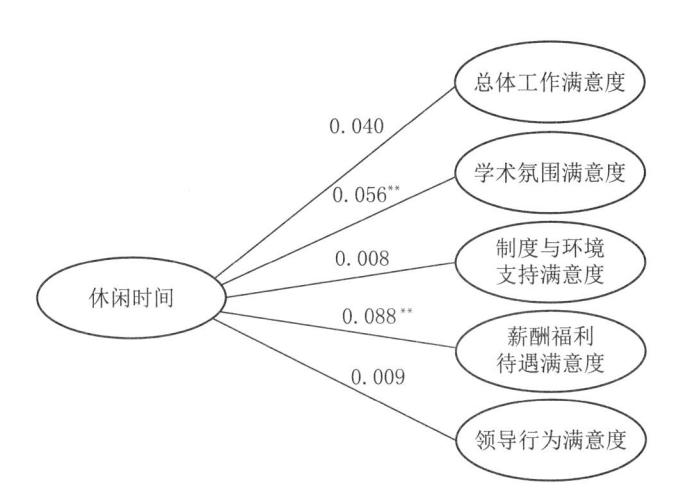

图 4-17　高校教师休闲时间与工作满意度各维度的相关性检验

注：** 表示 $p<0.005$。

提高我们对工作和对人际的情感反应的。像我们学院,教师比较多,院里的领导可能还认不全所有教师,很多教师彼此间也不太熟悉。特别是一些新进的年轻教师对学院就没有很强的认同感和归属感。有一次,我们学院工会组织大家去郊游,这其实是加强教师交流、联络感情、放松身心的好机会,但是有些老师不去,说没时间,甚至觉得郊游是浪费时间。然后我就劝他们,后来有的老师就去了。一起出去的时候,我看大家的表情和心态就跟平时工作很不同。我们院长说,大家玩的时候就好好玩,不要谈工作……当时大家玩得都很开心啊。有的老师后来还感谢我,说认识了很多老师。人的心态是随时变化的,今天可能对某些事情不满,有负面情绪,适当放松下,可能过一会儿就好了。"

(二) 教师休闲时间分配与工作满意度

在休闲时间分配方面(见表 4-6),其中的睡眠时间与总体工作满意度及其各维度之间并不存在显著性相关关系($p>0.05$)。虽然睡眠对教师保持身心健康非常重要,但是对教师的工作满意度的影响作用并不大,而娱乐、运动以及其他方面的休闲时间却对总体工作满意度以及制度与环境支持、薪酬福利待遇、领导行为方面的满意度产生显著的积极影响($p<0.05$)。这说明,拥有纯粹的闲暇时间对教师来说非常重要,直接关乎教师对工作情况的感知与评价。

表 4-6　高校教师休闲时间分配与工作满意度各维度相关性检验

		总体工作满意度	学术氛围满意度	制度与环境支持满意度	薪酬福利待遇满意度	领导行为满意度
睡眠时间	相关性系数	0.022	0.013	−0.013	0.006	−0.045
	p 值	0.416	0.543	0.629	0.812	0.088
其他休闲时间	相关性系数	0.156	0.036	0.136	0.104	0.161
	p 值	0.037	0.175	0.002	0.001	0.003

对此,受访教师 LAW-M1 就深有体会地说:"这几年,我越发觉得闲暇太重要了。以前总觉得工作是创造幸福的基础,但是我们的幸福本身就包括休闲啊。之前有同事总说我是一个很无趣的人,每天除了工作就是工作,说个梗,说个段子,都不知道怎么接。现在我开始慢慢学会'享受'了,我有时候也会陪我老婆去散散步,带孩子去逛逛街,喝个下午茶,这种过程其实也很幸福的,会发现不一样的风景,也会对生活和工作有新的认识……我们真的需要拿出时间来看个节目,踢个球,适当放松一下。"

四、教师其他时间与工作满意度

如图 4-18 所示,高校教师的工作满意度与其平均每周花费的"其他时间"大致呈现"偏U"形关系。其中,平均每周花费在如洗漱、就餐、穿衣、打扮等其他方面的"其他时间"在20小时及以下的高校教师工作满意度最高,为3.62;其次是花费时间在40小时以上的教师,满意度为3.48;平均每周"其他时间"在30—40小时(不含30小时)的教师工作满意度最低,仅3.40。

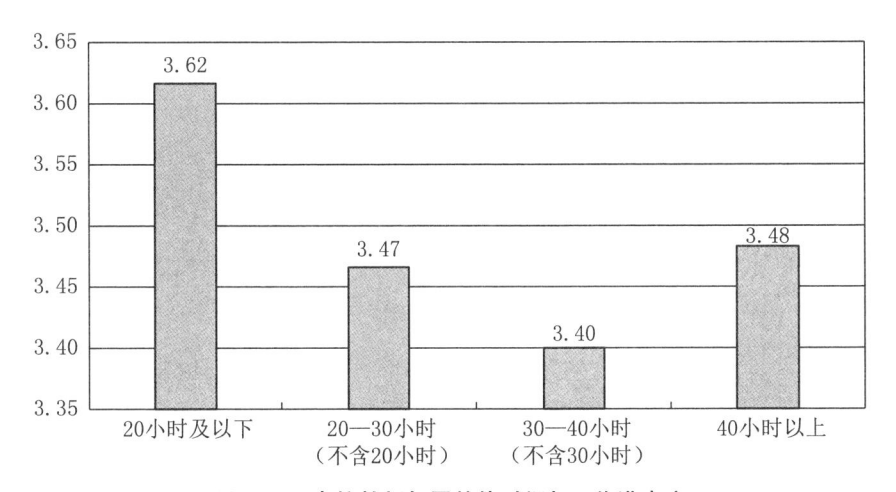

图4-18 高校教师每周其他时间与工作满意度

进一步通过相关性检验发现,教师在"其他方面"的时间投入对总体工作满意度及其各维度的满意度均不产生显著性影响($p>0.05$)。也就是说,教师时间分配中的"其他时间"对教师的工作感受作用不大。

综上分析可知,时间分配中的工作时间与休闲时间对高校教师的工作满意度影响最大。教师的精力是有限的,无论是工作还是休闲都是有限度的。如果工作时间过长,产生的回报大于付出,教师对学校的满意度特别是薪酬福利待遇的满意度会降低;同样,如果休闲时间过长,教师对教学、科研工作的兴趣和专注力就会降低,对工作产生消极情绪,工作满意度下降。因此,无论是工作还是休闲,教师的时间投入都需有一个度,应该按照自己的身心状态做出适当调整。

本章小结

工作满意度是指高校教师对工作情况的评价与感受。本章在分析我国高校教师工作满意度内涵的基础上,详细阐述了高校教师工作满意度的特征以及高校教师时间分配与工作满意度的关系。

结合教师的工作场景,本章利用因子分析,将教师的工作满意度分为学术氛围满意度、制度与环境支持满意度、薪酬福利待遇满意度和领导行为满意度4个方面。研究发现,我国高校教师的总体工作满意度处于"一般满意"水平。在各维度中,满意水平从高到低依次为领导行为满意度、制度与环境支持满意度、学术氛围满意度、薪酬福利待遇满意度。值得一提的是,在我国,高校教师的薪酬主要包括基本工资、岗位津贴、地区补贴、绩效工资、奖金等;福利待遇除了基本养老保险、基本医疗保险、失业保险、工伤保险、生育保险及住房公积金,即"五险一金"外,还包括住房或租房补贴(保障)、子女入学以及其他方面的保障与福利。薪酬福利是教师安身立命之基本保障,教师只有获得充足的物质生活保障,才有精力和时间从事学术研究工作。但是根据访谈结果,大部分教师认为当前的薪酬福利待遇偏低,特别是在住房保障和子女入学方面,相当部分院校并没有对这方面的支持。

进一步分析发现,教师的工作满意度因教师类型的不同而有所区别。高校教师的总体工作满意度虽然在性别、婚姻方面并不存在显著性差异,但在年龄、职称以及院校学术声誉方面的差异性比较显著,以45岁以上、拥有正高级职称、就职于国家"双一流"高校的教师满意度为最高。这或许与教师人生阅历、身份地位以及工作平台相关。

在时间分配与工作满意度各维度的关系上,工作时间与学术氛围、领导行为方面的满意度之间呈显著的正相关,但是与薪酬福利待遇满意度之间呈显著的负相关。也就是说,当工作回报与时间投入不成正比时,教师会对工作本身和工作环境产生一定的不满情绪。在家务时间方面,家务时间越长,教师对学术氛围、领导行为方面的满意度越低。休闲是教师工作和生活的必需品,可以调节身心,放松情绪。休闲时间与学术氛围、薪酬福利待遇方面的满意度呈显著的正相关。但是,教师在就餐、就医、卫生、保健等其他活动方面花费的时间并不对教师的工作满意度产生显著影响。

第五章
我国高校教师的时间分配与职业压力

一个研究人员可以居陋巷,吃粗饭,穿破衣,可以得不到社会的承认。但是只要他有时间,他就可以坚持致力于科学研究。一旦剥夺了他的自由时间,他就完全毁了,再不能为知识作贡献。[1]

——[美]沃尔特·布拉德福德·坎农

第一节 高校教师职业压力的内涵与结构

随着社会竞争的日益激烈和生活节奏的加快,职业压力加大已成为全球性问题,联合国报告中甚至将其称为"21世纪的流感"[2]。当然,高校教师也不例外。职业压力大,工作负荷重,已经成为普遍现象。

---

[1] 刘易斯·科塞.理念人:一项社会学的考察[M].郭方,译.北京:中央编译出版社,2001:159.
[2] 陆昌勤."21世纪的流感":幸福的杀手[EB/OL].[2019-06-16]. http://paper.people.com.cn/rmlt/html/2006-06/16/content_7055237.htm.2014-07-08.

第五章　我国高校教师的时间分配与职业压力

一、高校教师职业压力的内涵

"压力"(stress)一词是从拉丁语单词"stringere"衍生出来的,原意为"紧紧束缚",主要应用于物理学领域。1926 年,美国哈佛大学教授坎农(Cannon)将其引入社会学研究范畴,通常指个体为适应外部环境所做出的心理反应,主要表现为紧张、易怒、暴躁等情绪。到了 20 世纪 30 年代,汉斯·塞尔耶(Hans Selye)又对其内涵进行拓展,他认为压力是个体的紧张反应。[1]之后"压力"一词的含义变得更加丰富,但一般来讲,它指的是个体对外在环境本身所做出的反应,是工作特征、工作情境以及家庭状况等因素与个体自身相互作用的结果。[2]

学术职业压力的内涵比较复杂,有研究认为学术职业压力就是学术工作本身所引发的不愉快体验。[3]有学者将学术职业压力归为奖励和认可、时间限制、部门影响、职业认同以及与学生的互动等方面的压力。[4]有学者将其分为工作保障压力、教学保障压力、人际关系压力、工作负荷压力和工作无乐趣压力。[5] 还有学者把教师的职业压力划分为绩效考核、组织管理、职业发展、工作保障和角色职责等方面。[6]但大多

---

[1] Russell Viner. Putting Stress in Life: Hans Selye and the Making of Stress Theory [J]. Social Studies of Science, 1999, 29(3):391-410.
[2] T.A. Beehr, J.E. Newman. Job Stress, Employee Health and Organizational Effectiveness: A Factor Analysis, Model, and Literature Review[J]. Personnel Psychology, 1978(31):655-699.
[3] J.A. Delello, R.R. McWhorter, et al. The Life of a Professor: Stress and Coping[J]. Polymath: An Interdisciplinary Journal of Arts & Sciences, 2014, 4(1):39-58.
[4] W.H. Gmelch, P.K. Wilke, N.P. Lovrich. Dimensions of Stress among University Faculty: Factor-analytic Results from a National Study[J]. Research in Higher Education, 1986(3):266-283.
[5] 李虹.大学教师的工作压力类型和压力强度研究[J].清华大学教育研究,2005(5):97-102.
[6] 曾晓娟.大学教师工作压力研究[D].大连:大连理工大学,2010.

数研究倾向于将学术职业压力理解为学术工作情景以及与学术工作相关的环境所造成的压力。例如,刘天印强调大学教师工作压力不只局限于教学、科研等工作内容。[1]鲁(L. Lu)和库珀(C.L. Cooper)等人指出研究学术职业压力不应只关注学术工作与职业本身,还应该涵盖来自学术工作外部(如人际关系、家庭生活等)方面的压力。[2]

参照上述既有研究并结合我国高校教师工作与生活的日常场景,本研究将高校教师职业压力定义为高校教师在学术职业以及相关环境中产生的心理反映,主要表现为焦虑、紧张、易怒等情绪。

二、高校教师职业压力的测量

(一) 相关测量工具

目前,职业压力相关测量工具已经比较成熟。其中,使用较多的主要有库珀开发的"工作压力指标量表"(OSI)、麦克兰(McLean)开发的"工作压力量表"、卡拉塞克(Karasek)研制的"工作内容量表"。

库珀和麦克兰开发的量表都是基于"人—环境匹配模式"理论而开发的。其中,前者包括工作满意度、健康状况、行为方式、压力来源、事件解释、应对方式等几个维度[3],后者主要包括职业紧张因素、工作满意度、应对能力3个方面[4]。卡拉塞克研制的量表则是以"工作需求—控制模式"为理论基础的,主要用于医学领域,用来探究职业压力与高血压、

---

[1] 刘天印.基于系统模拟的高校教师工作压力研究[D].武汉:华中科技大学,2010.
[2] L.Lu, C.L. Cooper, Y.C. Chen. Chinese Version of the OSI: A Validation Study [J]. Work & Stress,1997(1):79-86.
[3] C.L. Cooper, J. Marshall. Sources of Managerial and White Collar Stress [M]. New York: John Wiley & Sons, 1978:98.
[4] A.A. McLean. Work Stress[M]. Reading, MA:Addison-Wesley, 1979:79.

心脏病之间的关系。

在此基础上,有学者还专门研发了针对教师的工作压力量表。例如,美国南佛罗里达大学编制的"大学教师职业压力和反应的调查问卷"、丰塔纳(Fontana)编制的"教师职业生活压力量表"(The Professional Life Stress Scale,简称 PLSS)、克拉克(Clark)于 1980 年编制的"教师职业压力因素问卷"(Teacher Occupational Stress Factor Questionnaire),等等。

在我国,大部分学者在国外相关量表的基础上结合我国国情设计了类似的测量工具,如李虹的"中国大学教师压力量表"[1]、曾晓娟的"大学教师工作压力和工作绩效调查问卷"[2],以及刘天印的"高校教师工作压力接受调查问卷"[3],等等。

(二)问卷设计与说明

结合上述量表与受访教师的自我体验,本研究从教学、科研、社会服务、人际关系、家庭生活等方面,设计了包含 30 个题项的李克特 5 级压力量表。其中选项"1"代表压力非常小,"5"代表压力非常大。

问卷的一致性信度测量显示,其 Cronbach's Alpha 系数达 0.876,也就是说,问卷的可信度是较高的。相关数据的 KMO 及 Bartlett 球形检验显示,KMO 测试值为 0.867>0.5,Bartlett 球形检验值小于0.001,说明数据适合进行因子分析。运用主成分分析法,经过方差最大正交旋转后剔除 1 个不合适题项(因子负荷量 0.50 为删除标准),共得到 6

---

[1] 李虹.大学教师的工作压力类型和压力强度研究[J].清华大学教育研究,2005(5):97-102.
[2] 曾晓娟.大学教师工作压力研究[D].大连:大连理工大学,2010.
[3] 刘天印.基于系统模拟的高校教师工作压力研究[D].武汉:华中科技大学,2010.

个因子,显示其解释总方差达到 67.50%(见表 5-1)。根据因子的共同特征,将 6 个因子分别命名为教学压力、科研压力、行政事务压力、家庭生活负担、人际关系压力,以及知识与科技更新压力,这几种压力也构成了本研究中所探究的教师职业压力的主要内容。

表 5-1 学术职业压力的因子分析

	名 称	特征值	解释变异量(%)	累计解释变异量(%)
因子 1	教学压力	4.773	22.73	22.73
因子 2	科研压力	2.060	9.81	32.54
因子 3	行政事务压力	1.550	9.23	41.77
因子 4	家庭生活负担	1.368	9.17	50.94
因子 5	人际关系压力	1.124	8.90	59.84
因子 6	知识与科技更新压力	1.086	7.66	67.50

具体来说,教学压力是指教师在备课、课堂授课以及课后学生指导等方面产生的心理紧张与焦虑感;科研压力主要包括教师的课题申报(包括科研项目和基金竞争所带来的压力)、科研数据或材料收集、论文写作与发表,以及课题结题等事务带来的压力;行政事务压力主要是指教师因各种琐碎、繁杂的行政、党政等事务所产生的心理不适应;家庭生活负担主要包括家庭经济负担(包括维持家庭生活所需的费用负担)以及照料家人、子女教育等方面产生的精神负担;人际关系压力指教师在与领导、同事以及他人交往或相处中产生的焦虑与紧张感;知识与科技更新压力是指教师面对日新月异的知识与科技的快速发展而不断学习新知识和技能时产生的心理压力。

三、教师职业压力的影响因素

压力的产生既不是由于外在单一的环境刺激,也不是由于纯粹的个性特质所致,而是个体与环境相互作用的结果,受多重因素的影响。对于高校教师职业压力的相关影响机制或产生原因,目前最具有影响力的解释是建立在"刺激—反应"学说基础上的互动理论,强调压力是个体能力、可利用资源等与外在环境要求或供给不匹配所导致的结果。比如,罗宾斯提出了"压力源—压力体验—压力结果"(Stressor-Stress experience-Stress effect)模型,该模型明确指出影响个人压力的因素包含环境、组织和个人3个方面,至于这3个方面的因素是否会导致现实压力感,是由个体差异(如个人认知、工作经验、社会支持等)决定的。[1]在我国,南京大学的贺晓星等人通过调查中日高校教师的压力,认为高校教师的压力主要受到社会环境、学校文化和家庭情况3个方面因素的影响。[2]

学术是一种志业,"内心受天职的召唤"[3]。在韦伯看来,"凡是不能让人怀着热情去从事的事,就人作为人来说,都是不值得的事"[4]。学术职业有着强烈的自我追求与学术矜持约束,当外在要求超出教师个体所能时,建立在学术职业热爱之上的学术激情与自觉性投入便逐渐消退,进而转化为被动的状态,久而久之,难免会产生精神紧张与心理压力。费舍(Fisher)等人通过对苏格兰两所大学教师的研究发现,学术职

---

[1] 斯蒂芬·P.罗宾斯.组织行为学[M].北京:中国人民大学出版社,1997:474.
[2] Xiao-xing He, Jian Shi, et al. A Comparative Study of Stress among University Faculty in China and Japan[J]. Higher Education,2000(39):253-278.
[3] 马克斯·韦伯.学术与政治[M].冯克利,译.北京:生活·读书·新知三联书店,2013.
[4] 马克斯·韦伯.学术与政治[M].冯克利,译.北京:生活·读书·新知三联书店,2013.

业具有复杂性,需要教师扮演好很多角色,当教师的职责超过自己的角色所能时,压力感随之而来。[1]

压力表现虽然是内向与主观的,但构成压力的因素来自客观的外源性组织制度与环境。[2]阿特巴赫曾指出,随着高等教育的不断变革,全球出现的问责倾向、大众化、管理控制,以及公共财政拨款的不断恶化和研究经费的不断减少及其他一些变化,毫无疑问会对学术职业产生消极影响,使大学教师面临越来越强的职业紧张感。[3]在大学组织环境中,管理风格、工作氛围以及相关制度安排都会影响教师的职业感受。对此较为知名的研究是凯瑞赛克提出的JDC模型(Job Demands-Control/Decision Latitude Model),它主要强调的是工作组织中的工作要求和工作控制。当工作要求水平高,而工作控制水平低时,就会导致较高的工作压力。其中,工作要求指的是工作强度、工作时间等硬性因素。[4]有研究发现,在官僚式管理的大学中,行政管理对学术干预太多,学术自主权受到一定限制,由此会增加教师的职业压力。[5]在"非升即走"制度环境中,由于"获得的资助越多,项目就越多,晋升就越快,获得的发展空间和学术声誉就更大,否则你就出局",这种游戏规则不但会影响年轻学者的学术热情,还容易导致职业倦怠和学术失范。[6]还有学

---

[1] S. Fisher. Stress in Academic Life: The Mental Assembly Line [M]. Buckingham, UK: Open University Press, 1994:106.
[2] 阎光才.学术职业压力与教师行动取向的制度效应[J].高等教育研究,2018(11):46.
[3] 菲利普·G.阿特巴赫.变革中的学术职业:比较的视角[M].别敦荣,等,译.青岛:中国海洋大学出版社,2006:104.
[4] R.A. Karasek. Job Demands, Job Decision Latitude and Mental Strain: Implications for Job Redesign[J]. Administrative Science Quarterly, 1979(24):285-308.
[5] 刘易斯·科塞.理念人:一项社会学的考察[M].郭方,等,译.北京:中央编译出版社,2003:301.
[6] 阎光才.学术系统的分化结构与学术精英的生成机制[J].高等教育研究,2010(3):9.

者研究发现院校和系科学术声誉也会对学术职业压力产生影响,相比其他教学型院校,研究型大学的科研负担更为沉重,对各种资源和学术晋升的竞争也更为激烈,教师面临的压力也更大。①

综上可知,教师职业压力的影响因素可概括为教师个体因素(如先赋特征、身份地位、工作认知等)、家庭因素(如家庭结构、经济条件)、学校组织因素(如管理体制、评价制度、聘任制度等)3个方面,下一节将予以详细展开研究。

第二节 我国高校教师的职业压力及其影响因素

国内外大量研究表明,大学教师早已成为公认的高压力、工作超负荷群体。持久的压力与紧张感,不仅影响教师的身体健康、行为选择与心理状态,还会导致教师陷入职业倦怠,影响高等教育质量。

一、教师职业压力的整体特征

斯劳特(S. Slaughter)和莱斯利(L.L. Leslie)在研究发达国家学术工作性质的变化时指出,时间压力和缺少个人时间已成为学术职业最常见的压力源。②在美国,有研究表明,随着高等教育变革的不断推进,

---

① Laura L.B. Barnes, Menna O. Agago, William T. Coombs. Effects of Job-related Stress on Faculty Intention to Leave Academia [J]. Research in Higher Education, 1998(4):457-468.
② 希拉·斯劳特,拉里·莱斯利.学术资本主义[M].梁骁,黎丽,译.北京:北京大学出版社,2014:213.

高校教师承受的压力也越来越大[1]，各类教师都处于高度压力之下[2]。在英国，有学者通过分析20世纪90年代的调查数据发现，与其他职业相比，高校教师的压力程度相对较大，74.1%的大学教师感到中等程度的压力，10.4%的教师感到严重程度的压力。[3]日本的一项研究发现，接受调查的大学教师中83.5%的人感到有压力，远高于其他行业。[4]对我国高校教师来说，情况更加严重。有学者发现，"在整个国际学术劳动力市场日益紧张的环境中，我国学术职业人群的压力感和紧张感更强"[5]。

如图5-1所示，本研究调研发现，对于当下的工作感受，高校教师回答最多的便是"辛苦""压力大""科研压力大""工作强度大"。可以说，如今从事学术职业已非外界所认为的那般自由轻松，而是要承受不同强度的心理压力。受访教师EDU-M3对此评论说："现在大家都太'卷'了，时时都在绷着，不敢放松。现在大学教师的职业安全感太低了，对未来根本没有确定感。我们学校的年轻教师基本没有编制了，完不成任务会被解聘，所以这几年我们院进来的年轻老师都相当拼。别说他们了，我们这些老教师也是呀，现在有聘期考核，达不到要求，要么

---

[1] J.A. Jacobs, S.E. Winslow. Overworked Faculty-job Stresses and Family Demands [J]. Annals of the American Academy of Political and Social Science, 2004(596):104-129.
[2] C. Kyriacou. Teacher Stress: Directions for Future Research [J]. Educational Review, 2001,53(1):27-35.
[3] R. Abouserie. Stress, Coping Strategies and Job Satisfaction in University Academic Staff [J]. Educational Psychology, 1996(1):49-56.
[4] L. Wimsatt, A. Trice, D. Langley. Faculty Perspectives on Academic Work and Administrative Burden: Implications for the Design of Effective Support Services [J]. Journal of Research Administration, 2009(1):5-16.
[5] 阎光才.学术等级系统与锦标赛制[J].北京大学教育评论,2012(3):9-23.

低聘,要么走人……所以,你看我们学院的老师啊,早上 8 点到学院,晚上 10 点多才走……我们每个人的压力都太大了。想想如果解聘了,我们这些老师能做什么呢?"

图 5-1　教师的工作感受

对调查数据进一步分析发现,如表 5-2 所示,从教师的总体压力感受来看,感到压力很大和非常大的教师占比分别为 28.9% 和 38.1%,并且总体压力均值为 3.62,超过一般水平(3)。在通过因子分析确定的六大压力源中,科研压力高居榜首。虽然高校过度倾向科研的现象一直备受学界的抨击,相关部门也出台了一系列政策予以纠正,但在各类大学排行榜、学科评估、人才项目比拼等偏向科研的环境下,这种现象并未得到有效遏制,教师所承受的科研压力有增无减,而且随着学术工作的进一步体制化和组织化,科研已不再仅仅出于"闲逸的好奇",更多的是受外在绩效分配、职称晋升以及其他学术竞争制度的推动。分析表明,在科研相关要求中,压力最高的是论文发表(4.11)和课题申报(4.01)两项,有近70%的教师认为压力很大。对此,受访教师LAW-M2表示"现在,无论是学校还是教师,都在关注科研,学校里各种考核重心在科研,教师的工作中心也在科研,而且越是倾向科研,科研压力越大。比方说职称晋升,在我们学校,职称评定每年是有名额限制的。像我们学院,去年评教授只给了我们1个名额,但我们院有3位老师达到条件了。那么到底给谁,最后不还是拼科研成果? 所以说,无论是职称晋升带来的压力还是聘期考核、绩效分配带来的压力,其根本还是科研压力"。

表5-2 高校教师各种压力的均值和人数占比

	均值	压力很大占比(%)	压力非常大占比(%)
总体压力感受	3.62	28.9	39.1
教学压力	3.18	26.8	12.7
科研压力	4.02	31.6	41.0
行政事务压力	3.70	20.9	38.2
家庭生活负担	3.48	33.9	16.6
人际关系压力	3.34	24.4	14.9
知识与科技更新压力	3.35	22.8	20.6

行政事务压力位居其次。在当前愈发科层化的大学管理体制中,教师除了日常的教学和科研之外,还要面对各种会议、经费报销、审批

签字、报表填写、考核汇报以及材料撰写等琐碎的事务性工作。教师的学术工作节奏常常被打乱,学术时间不断被切割,不断被让位,变得"碎片化"。于是,"白天忙事务,熬夜备课、做科研"成为众多教师工作的常态。调查数据分析发现,在行政事务中,压力最高的前3项是财务报销(3.91)、行政会议(3.72),以及各类评审考核等填报程序(3.68)。特别是报销,有相当部分受访教师表示"不堪其扰"。受访教师ART-F1就结合自己的报销经历说:"现在课题结题同时需要经费决算单,如果决算不到位,尾款就到不了,所以就得想办法顺利报销啊。我们学院没有专门的人负责报销教师科研经费,也很少找学生来报,一般都是自己报销自己的。但是我们学校经费报销可难了,财务处审得很严,卡得非常厉害,有的项目根本报不了。我是研究××艺术的,这个领域实际上属于跨学科研究。其实,现在的研究,跨学科很正常啊,因此我就买了一些统计学、社会学、人类学还有建筑学方面的书,结果财务处说这些书不属于我们专业,要想报,需要写个说明,然后领导签字。还有,像出去访谈,给受访人发个红包或者送个小礼物,这些原则上也不能报,要想报的话,也需要出具各种证明,领导签字。还有像我们的差旅费,我们学校规定,去外市调研的话,需要出差审批单,而且得是提前审批,领导签字,否则报不了……反正就是,这儿也得领导签字,那儿也得领导签字。但是,领导也不是天天待在办公室的,有时为了报销,需要提前好几天约。当然,如果能一次性顺利报销下来也算还好,但经常是跑两三次,财务处有时候也不一次性讲清楚。这个需要说明,那个需要领导签字的,可麻烦了,特别浪费时间,耗费精力。每次报销,我心情都不好。"

有近60%的教师认为自己的"教学和科研工作经常被行政事务所干扰",特别是对于"双肩挑"的教师来说,行政事务压力比普通教师高出近 15 个百分点。担任某校院长的受访教师 LIT-M1 根据自己的体验,将当前的行政事务压力来源概括为 3 点:"第一是角色冲突带来的压力。作为院长,那就必须承担起'双肩挑'的角色,既是学术带头人,又是行政管理者,但是两者往往是不兼容的,很多行政管理活动其实难以兼顾学术研究。大量临时性的、突发性的事务经常会打扰学术研究,还有在处理各种事务时不同角色的切换,也会使人产生一定的心理负担。比如,我前一秒可能正在跟研究生聊论文的事情,后一秒,一个电话打过来,可能马上就要沟通学院学科建设、人才招聘的事情。第二是责任压力。院长看着风光,实际是个风险性很高的职位。作为院长,更多的是想着学院的发展、学科的发展。现在正在搞学科评估,如果这个学科在你上任期间,学科评估等级落后了,或者你这个学院被学校砍掉了,或者你这个学院的哪个老师或者学生出现问题了,院长肯定要负责的。所以除了作为普通教师应该做的教学、科研工作之外,我还得为学院考虑。第三是关系压力吧,普通教师的话,人际关系还较为纯粹,但是院长就比较复杂了,我们每天都跟校内外各个部门、各色人员打交道,而且还必须处理好这些关系。"

家庭生活负担是高校教师的第三大压力源。满足基本的物质需求既是教师的生存保证,也是学术工作开展的最基本条件。在当前物价、房价攀涨,经济环境复杂的情况下,如果连基本的生活都得不到保障,教师就很难全心全意投入工作。本研究调研发现,有超过一半的高校教师的经济压力超出一般水平。虽然近年来教师的收入有所增长,但其购房能力却因房价的步步攀升而不断下降,特别是在当下优质教育资源稀缺的环境下,买"学区房"、还房贷成为教师最大的经济负担。

受访教师 SCI-F1 是我国东部地区某省会城市高校的教师,目前刚换了新房,她针对当前的家庭经济负担感叹说:"有了孩子后,家里的开销基本就围着孩子转了,奶粉、尿布、衣服,等等,这些还不算什么,花不了多少钱。花费的大头是购买'学区房'。其实之前也一直想着换房的,但那时想的不是学区,只想自己住着舒服。有了孩子之后,得为他考虑。因为现在好的幼儿园和小学入学都需要提前就近入住,按照户口的先后顺序来……考虑到家里父母会过来,所以就买了稍微大点的。但是这个学区房好贵啊,一平方米是以前我们以前那个房子的 2 倍多……为了买这套房子,我们两家的积蓄基本全都搭进去了……我刚工作没几年,大学老师的工资也不高,我老婆是个公司小职员,也没多少积蓄,所以就亲戚朋友的到处借……现在我们除了银行的贷款外,还欠我们亲戚 50 多万呢,每次过年回去都不好意思见他们。而且这个房子装修得不太好,后面我们重新装修又花了一部分钱……唉,装修也是个大工程,很耗费精力。还是(因为)没钱嘛,我们是自己买材料,自己设计,然后找工人给我们做。但是这个很伤脑筋的。比如,换木地板,我们就比较了 6 个品牌,然后每个品牌还要比较不同型号,后面还要比较人工费……装修牵扯的东西太多了,我们老家又不在这边,对这边的装修市场也不太了解,全凭自己打听。这个装修过程真的是太折磨人了,不仅是体力上的,更重要的是心理上累……其实,这一切的根源还是我们没钱,如果有钱的话,还要亲自跑建材市场、劳务市场吗?直接找装修公司,把装修委托给他们,合同一签,砸钱就是了,也不用太操心。"

二、教师职业压力的差异性特征

各维度的压力会因教师群体的不同而有所差别。现有研究大多揭示了学术职业压力在性别、职称、年龄等人口统计学方面的差异。在性别方面,有学者通过调查美国3所高校的教师压力情况发现,教师所承受的职业压力在性别方面并不存在显著性差异。[1]与此研究结论相类似,张积家等人对我国广州14所高校的237名教师的调查也发现,"男、女教师的压力总分差异不显著。但在收入低、科研课题难争取和购置住房上,男教师压力更大"。[2]在婚姻方面,有研究表明,职业压力在婚姻类别上并不存在显著性差异,也有学者认为已婚教师比未婚教师承受更多的职业压力。在年龄方面,索里姆等人通过对地理教师的研究发现,处于职业生涯初期的青年教师压力最大。[3]沃尔特则认为并非所有的压力都会随着年龄的增加而有所减少,只有时间约束和专业认同造成的压力才会符合这一判断。[4]在院校类型方面,曾晓娟在博士论文中提到,不同类型学校的教师在压力源各维度上都具有显著性差异,除了职业发展外,都是研究型大学的教师压力感最大。[5]还有学者研究了教师职业压力中学术与行政身份的区别。有学者发现,在美国,与其他普通教师相比,作为学术带头人的系主任所付出的更多,所承受的压力也更大。[6]

---

[1] Suzanne H. Lease. Occupational Role Stressors, Coping, Support and Hardiness as Predictors of Strain in Academic Faculty: An Emphasis on New and Female Faculty [J]. Research in Higher Education, 1999, 40(3): 285-307.
[2] 张积家,陈栩茜,陈俊.高校教师生活压力的研究[J].应用心理学,2003,9(2):6-10.
[3] M.N. Solem, K.E. Foote. Concerns, Attitudes and Abilities of Early Career Geography Faculty [J]. Annals of the Association of American Geographers, 2004, 94(4): 889-912.
[4] W.H. Gmelch, P.K. Wilke, N.P. Lovrich. Dimensions of Stress among University Faculty: Factor-analytic Results from a National Study [J]. Research in Higher Education, 1986(3): 266-286.
[5] 曾晓娟.大学教师工作压力研究[D].大连:大连理工大学,2010.
[6] W.H. Gmelch, J.S. Burns. The Cost of Academic Leadership: Department Chair Stress [J]. Innovative Higher Education, 1993, 17(4): 259-267.

第五章　我国高校教师的时间分配与职业压力

我国的高校中也有类似情况,有研究表明,我国高校二级学院院长存在中度偏上的角色冲突问题,并且在院校层次、类型上并没有显著性差异。[①]

本研究通过差异性分析发现,在高校教师性别方面,只有在科研压力与家庭生活负担两项上,男、女教师存在显著性差异($p<0.05$),并且女性的压力感大于男性。女教师 EDU-F1 根据自己的亲身经历与心理体验分析说:"现在女性承受的压力并不比男性小。为了职业发展,有的女老师不敢结婚,不敢生孩子。但不结婚,不生孩子呢,父母啊,亲戚朋友啊,都在后面催,压力也很大。女性是有最佳生育年龄的,错过了这个年龄,将来可能会后悔。可一旦有了孩子,精力就会不自觉地向家庭和孩子倾斜,工作就会受影响……特别是科研这块,一旦落下,想拾起来就很难。另外,现在各个领域关注的点变化都非常快,也许最开始你研究的东西是前沿问题,但是休完产假、身体恢复的两年之后就不是了,或者是别人研究得比自己之前更深入也更复杂了……这时候,如果依旧按照之前的研究方法、研究范式,想出成果是相当困难的。"

在婚姻方面,除家庭生活负担为已婚明显高于未婚($p<0.001$)外,其他方面的压力均不存在显著性差异。受访教师 SCI-M2 分析自己结婚前后的压力变化时说:"单身的时候,一人吃饱,全家不饿。成家之后就不同了,需要考虑整个家庭的生活……虽然工作还是那些内容,但这时因为需要兼顾家庭的一些事务,所以会与工作产生一定冲突。结婚后,特别是有了孩子,父母加进来之后,来自家庭的压力是非常明显的。一个是家庭的开支压力,日常开销还好一些,重要的是买房。人多了,

---

[①] 姜华.高校二级学院院长的角色冲突[J].中国高教研究,2011(10):56.

原来的小房子住着就会很拥挤的,需要买个稍微大一点房子。但像这个省会城市,好一些地段的房子是很贵的。第二个是来自父母的压力。无论是对方的父母还是自己的父母,他们的生活作息、饮食习惯、养育观念都会跟我们有一定差别,所以有时会跟父母搞得不愉快。第三个是夫妻双方的关系压力。如果纯粹只有两个人,关系会简单一些,但有了其他成员参与进来后,夫妻关系变得很复杂,比如婆媳之间发生矛盾,这时候'我'的角色就相当重要了,处理不好就会引发'大战'。还有一个是孩子教育带来的压力。这也是我目前最大的压力。现在大家都在批判'鸡娃',我也想放飞、'躺平',不'鸡娃'啊,可是大环境是这样啊……看着人家孩子那么优秀,我心里也会焦虑的。为什么别人家的孩子会做,我家孩子就不会呢?"

在职称上(见图5-2),除科研压力、行政事务压力、人际关系压力3项上以中级职称教师所承受的压力值最大外,其余几项均以副高级群体为最高。受访教师LIT-F1把自己称为"老讲师",在提到当前的工作体验与心理感受时说:"刚来的时候,我跟同事不熟,对这所学校也没认同感,所以前两年我基本是在适应的阶段。特别是课题申请,之前读博的时候一直是写论文,从未涉及过怎么申请课题,申请了两三年都没中,心理挺受打击的。后来有了孩子,加上我们院承担的教学量又多,渐渐地对科研也失去了兴趣。我也经常会与同门比较,跟我们同龄的几个老师比较,他们都评上副教授甚至教授了,我还是讲师呢。其实这时候,心里是很不是滋味的。我也写了好多论文,投了很多期刊,但都被拒了。我感觉自己目前陷入了死循环,申请课题需要前期成果,但发表成果,期刊要求有课题支撑……所以,这几年我很少触碰科研领域了,没信心了。目前我还承担部分学生工作,各种琐碎的行政事务比较多。但我们学校评职称还是看科研的啊,不看教学和学生工作。有时候,我的同事、家人也在我面前提到评职称的事,我就会很反感。现在,我基本不参加学术会议,觉得没什么成果。前段时间,我们导师和几位同门来这边开会了,离我们学校也不太远,但我就没勇气去,感觉对不起导师的栽培……也许是自卑,也许是感觉很没面子吧。"

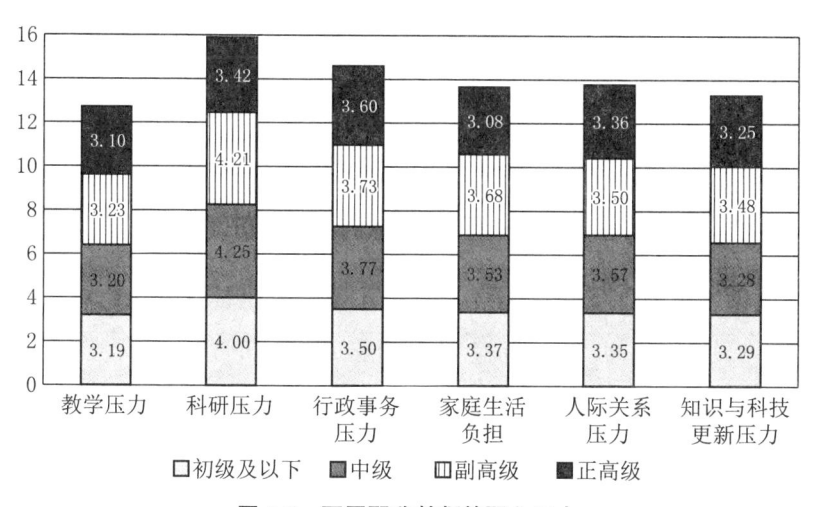

压力类别	初级及以下	中级	副高级	正高级
教学压力	3.19	3.20	3.23	3.10
科研压力	4.00	4.25	4.21	3.42
行政事务压力	3.50	3.77	3.73	3.60
家庭生活负担	3.37	3.53	3.68	3.08
人际关系压力	3.35	3.57	3.50	3.36
知识与科技更新压力	3.29	3.28	3.48	3.25

图 5-2 不同职称教师的职业压力

副教授 LAW-F1 则表示"我们学校正在冲击'双一流'目标,从前几年开始也学习其他高校施行'非升即走'聘用规则了。在这个规则下,现在引进的年轻老师都可拼了,很多副教授都是'95后'了。通过这个规则评上的副教授都可厉害了,搞得现在评教授的标准是'水涨船高'。像我们学校,评教授是有名额限制的,竞争可激烈了。有人说:'副教授职称是熬夜掉发和躺平的分水岭。'的确是这样的……教师在'非升即走'时期不敢生孩子,评上副教授后开始结婚生子,而有了家庭后,家庭关系的维持啊,家庭生活开支啊,都会给人带来压力的,再加上教学、科研方面的压力,严重的甚至会导致精神上或身体上的疾病"。

从年龄上看(见图5-3),除了知识与科技更新压力外,其他压力基本上随着年龄增长呈"偏凸"形变化:30岁之前,教师大多处于入职初期,并且尚未结婚生子,所承受的工作与生活上的压力相对较小;30—42岁,很多教师的"非升即走"接近截止期,再加上结婚生子,所承受的工作压力和生活负担进一步上升,另外由于职称晋升、绩效考核以及其他各类奖金荣誉基本与科研挂钩,因此这一时期所承受的科研压力是最大的;42岁之后,所有的压力开始渐渐缓解,但是在53岁和60岁左右,行政事务、人际关系和科研压力又有所反弹,这或许与即将退休有关。

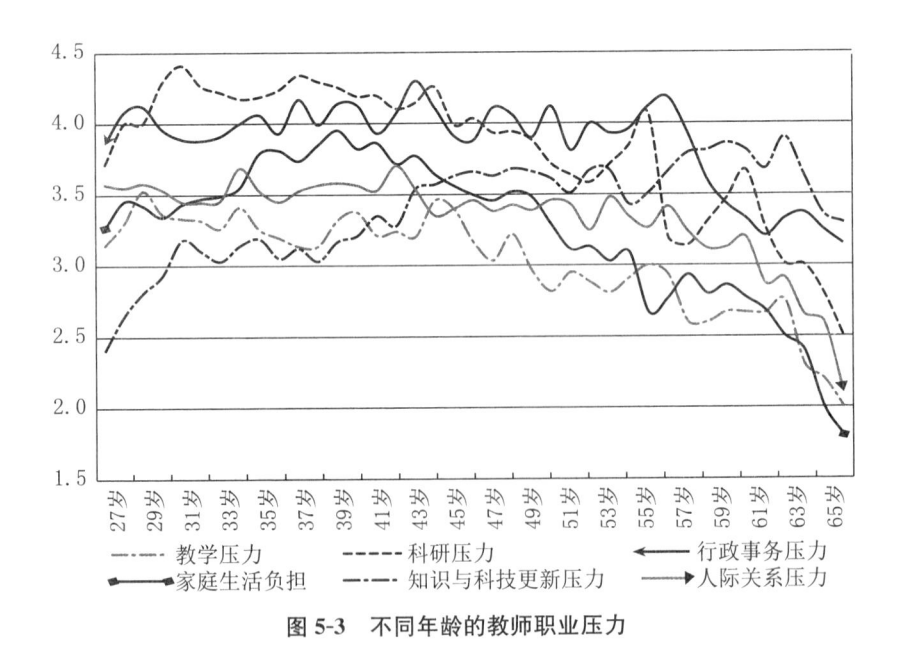

图5-3 不同年龄的教师职业压力

对此,返聘教师 HIS-M1 结合自己的体悟感叹道:"现在的年轻教师压力太大了……我们那时候到学校任教的,单位还给你分个房子,不管房子大小吧,起码有个住处。但现在呢,很多学校无法给你保障住所的,虽然有住房补贴,但前提是你得有钱先买得起房子,才能领到这个补贴啊……所以,我看我们院新进的那几个年轻教师都是在外租房子。租房子虽然比买房便宜,但是等成家之后呢,有了孩子之后呢,你看看,很多老师就不得不买房了。可现在房价很贵啊,在 X 城市,动不动一平方米就两三万元啊。家庭条件优渥的教师可能还好一些,那些经济条件一般的就很难了。另外很关键的是,大学老师的职位也不是稳定的,特别是那些合同制的、预聘制的老师,如果达不到要求,还是会被学校辞退的呀。所以我发现,越是早进入这个系统的教师,压力可能会越小,焦虑感也会相对小一些。'老人老办法,新人新办法',早几年进来的老师,那时候不仅有编制,而且房价还低。对于我来说,这方面的经济压力是相对较小的,孩子也长大了,没有子女教育上的负担,但我最大的压力是来自科技和各种电子产品吧。现在科学技术更新换代速度太快了,像我们这些老年人学习起来其实挺困难的。比如,之前我们买火车票是需要到售票点买的,现在在网上就可以购买了,我刚开始的时候就不知道怎么从网上买。还有点外卖,也是这两年刚学会的;还有这段时间上网课,我以前也没接触过这个东西啊,得现学啊。现在这个时代对老年人其实并不是太友好,如果不学习起来,就会被时代淘汰的。"

三、教师职业压力的影响因素

在不考虑时间分配变量的情况下,参考前文相关文献的研究,这里运用有序逻辑回归方法,从个体、家庭和学校 3 个层面分析教师压力的影响因素(因变量为教师的总体压力感受)并建立模型。数据分析显示

−2对数似然值为 2 777.36，$p<0.005$，说明该模型具有统计学意义；Deviance 检验显示 $p=1.000$，说明该模型拟合度较好。

表 5-3 显示了高校教师学术职业压力影响因素的有序逻辑回归分析结果。在个体层面，从先天特征看，性别对学术职业压力并不产生显著性影响，而年龄对职业压力产生显著的负向影响（$p<0.05$），年龄越大，教师的职业压力感越小。从身份与地位看，教师职称越高，压力感越小，但相对于初级职称教师，只有正高级职称教师与之存在显著性差异（$p<0.005$）。是否担任行政职务与学术组织职务，对于学术职业压力也不产生显著性影响。这说明学术职业压力带有普遍性，无论是哪种身份的教师都承受着较大的身心压力。在其他个体特征方面，教师的学术抱负与职业压力呈显著的正相关，教师学术抱负程度每增加 1 个单位，职业压力值分别增加 0.375 倍。学术兴趣则与之存在显著的负相关，学术兴趣每提高 1 个单位，职业压力值降低 0.594 倍。

在家庭因素层面，教师的职业压力只与子女数量存在显著性关联，每多育一个子女，压力感增加 0.336 倍。不同于过去，现在养育子女所需付出的成本越来越高，除了家长大量的时间与精力投入外，养育子女过程中的生活、教育、医疗等费用支出也成为家庭的一大笔开销。特别是在当下优质教育资源稀缺的环境下，不少教师为使子女可以接受更好的教育，会进一步加大对子女教育的投入，如购买昂贵的"学区房"，报考各种"补习班""兴趣班"等。有学者通过调查发现，尽管我国早已实施了"全面二孩"政策，但是居民生育二孩的意愿依然较低，其中最重要的原因便是养育子女所带来的经济负担问题。[1]本研究也发现，购

---

[1] 王金营,马志越,李嘉瑞.中国生育水平、生育意愿的再认识:现实和未来——基于 2017 年全国生育状况调查北方七省市的数据[J].人口研究,2019(3):32-42.

表 5-3　高校教师学术职业压力影响因素的有序逻辑回归分析

类　　别	自变量	参数估计值
个体因素	先天特征	
	性别(女＝0,男＝1)	－0.008
	年龄	－0.210*
	身份与地位	
	职称(以初级为参照)	
	中级	－0.110
	副高级	－0.257
	正高级	－0.793**
	行政职务(担任＝1,不担任＝0)	0.004
	学术组织职务(担任＝1,不担任＝0)	0.104
	学术抱负(1—5 逐步增强)	0.375***
	学术兴趣(1—5 逐步增强)	－0.594***
家庭因素	婚姻(已婚＝1,未婚＝0)	－0.182
	子女数量	0.336*
	赡养的老人数量	0.015
院校组织因素	院校声誉(以一般院校为参照)	
	国家"双一流"	0.393*
	省/市"双一流"	0.031
	学科类别(以人文学科为参照)	
	社会科学	0.054
	自然科学	0.331*
	工程技术	0.546**
	学科声誉(以一般学科为参照)	
	国家"一流"	0.391*
	省/市"一流"	0.025

注：* 表示 $p<0.05$，** 表示 $p<0.005$，*** 表示 $p<0.001$；伪 $R^2=0.182$。

房(4.18)与子女教育(4.09)两项是家庭生活负担的主要来源。赡养老人虽然在一定程度上也会带来一定的家务负担,但是在我国,由于绝大多数家庭是由老人帮助照顾孩子并承担部分家务劳动的,家有老人反而能够减轻教师的家务时间投入压力,不会对教师的学术职业压力产生显著性影响。

在院校组织层面,与大多数研究结果相似,本研究也发现教师所在院校与学科的学术声誉越高,学术职业压力越大。与一般普通本科院校和学科相比,入选国家"双一流"建设的院校和国家"一流"学科的教师职业压力分别高 0.393 倍和 0.387 倍($p<0.05$)。这或许是因为"双一流"建设实行动态评估机制,名单"能上能下",身处其中的高校为了不被淘汰,往往会进一步提高教师的考核标准和评聘要求,在这种环境下,教师的学术竞争性压力和危机感也会随之增强。此外,相比人文学科,自然科学和工程技术类学科的教师感到的压力更大,并且与之存在显著性差异。

可见,我国高校教师的职业压力是教师个体与外在环境共同作用的结果。教师个体因素中的年龄、学术抱负、学术兴趣,以及家庭因素中的子女数量、所在院校和学科的学术声誉均对教师的职业压力产生显著性影响。本研究发现教师的学术兴趣对教师的学术职业压力具有明显的抑制效应。因此,如何提高我国高校教师的学术兴趣以缓解教师的学术职业压力是我们需要思考的问题。

第三节　我国高校教师的时间分配与职业压力

时间分配状况是职业压力的重要观测指标,也是影响职业压力的重要变量。大量研究表明,工作时间与职业压力呈正相关,但是工作时间的长短也是由其他类型的时间变化所导致的,不同的时间分配方式会产生不同程度的职业压力。

一、教师工作时间与职业压力

如果把工作时间长度划分为 5 段,如图 5-4 所示,高校教师每周工作时间与总体压力感受、家庭生活负担、行政事务压力、人际关系压力基本呈正向关系,工作时间越长,相应的压力值越大。每周工作时间与教学压力、知识与科技更新压力则呈不规则分布关系。每周工作在 40 小时及以下的教师教学压力最小,每周工作在 70 小时以上的教师教学压力最大。知识与科技更新压力方面,每周工作 50—60 小时(不含 50 小时)的教师压力值最小,每周工作 60—70 小时(不含 60 小时)的教师压力值最大。工作时间与科研压力大致呈 U 形分布,每周工作 50—60 小时(不含 50 小时)的教师科研压力最小。

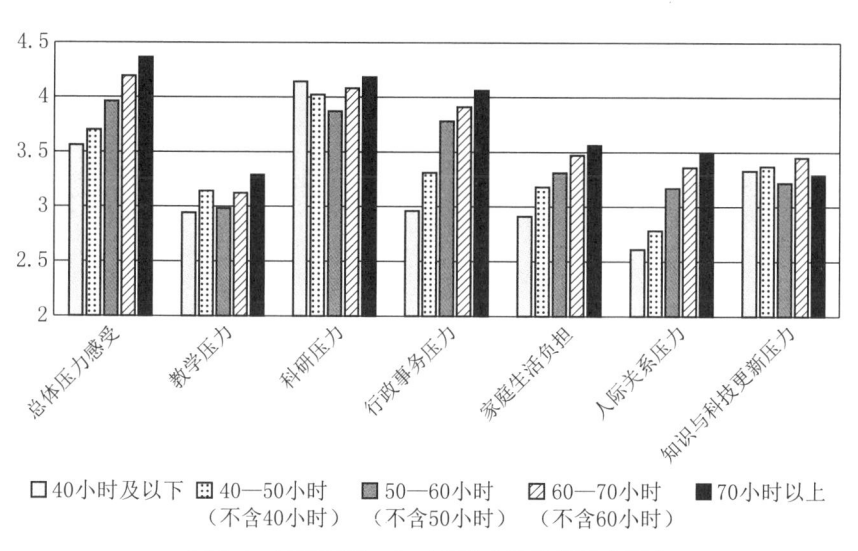

图 5-4 每周不同工作时间的高校教师职业压力

访谈结果也大致印证了这一结论,以下摘录部分访谈内容:

年轻的时候喜欢熬夜,经常工作到一两点。现在不行了,如果长时间工作,我会失眠,还会出现脱发,甚至会引起心悸、胸闷等症状……一出现这些症状,我就更焦虑。(LIT-F1)

长时间投入在工作上,我对家庭特别是孩子就会有种负疚感。想到孩子的成长、孩子的未来,我的心会很慌的。(SCI-F1)

前段时间孩子生病,而我手头上又很多事务,根本顾不过来,我老婆总说我天天待在实验室,搞得我心里也不太好受……每次回家都担心被骂。(ART-M1)

现在长时间窝在家里工作,我感觉都不太会与人面对面地正常交流了。如果总沉浸在工作中,感觉整个人会变得神经兮兮的。(TEC-M4)

我们不是神仙,工作时间太久了,是会出精神问题的。有次为了赶结题,我每天差不多只睡 3 个小时。这样连续搞了一周后,感觉整个人都不太好了……看到文字就想吐,而且偶尔还会莫名其妙地发火。(MAN-M1)

如表 5-4 所示,通过进一步相关性分析发现,工作时间与教师的总体压力感受、行政事务压力、家庭生活负担以及人际关系压力呈显著的正相关($p<0.005$),与科研压力呈显著的负相关($p<0.005$),而与教学压力、知识与科技更新压力之间没有显著的相关关系($p>0.05$)。受访教师 EDU-M3 也提到说:"工作时间的长短本身就是工作压力的一个表现。工作时间长,说明工作量大,工作负荷重。对我来说,目前最大的压力是科研,工作投入的重心也是在科研。所以,如果工作延长的那部分时间是用在科研上,我心里反而是踏实的,是很享受这个时间的,但如果是用在其他事务上,那我就会很焦虑,会感到心慌、不安。特别是在做一些琐碎的事务性工作时,根本体会不到其中的成就感和快乐。"

表 5-4　工作时间与高校教师各种压力的相关性分析

	总体压力感受	教学压力	科研压力	行政事务压力	家庭生活负担	人际关系压力	知识与科技更新压力
相关性系数	0.379**	0.013	−0.110**	0.257**	0.127**	0.178**	−0.027

注:** 表示 $p<0.005$。

在各项工作时间与压力的关系中,如表 5-5 所示,教学时间对教学压力和科研压力产生显著性影响($p<0.05$),教师在教学中投入的时间越长,承受的教学压力和科研压力就越大。科研时间对总体压力感受、科研压力、行政事务压力、家庭生活负担产生显著性影响($p<0.005$),教师花费的科研时间越多,总体压力感受和家庭生活负担就越重,而科研压力和行政事务压力越小。社会服务时间与总体压力感受、科研压力、行政事务压力、家庭生活负担以及人际关系压力存在显著的正相关($p<0.005$),而与教学压力、知识与科技更新压力之间不存在显著的相关关系($p>0.05$)。

访谈结果也大致反映了这些关系。对于教学时间投入与职业压力的关系,受访教师 HIS-F1 分析说:"教学是个体力活。有段时间我一周上 14 节课,太累了。上完课,哪里还有体力去干其他的呀。我们学校评职称还是看科研的,没有课题,没有论文,评不了职称的……说实话,

表 5-5 工作时间分配与高校教师各种压力的相关性分析

	总体压力感受	教学压力	科研压力	行政事务压力	家庭生活负担	人际关系压力	知识与科技更新压力
教学时间	0.036	0.169*	0.211**	0.051	0.017	0.018	0.020
科研时间	0.378**	0.065	−0.392**	−0.317**	0.118**	0.035	0.015
社会服务时间	0.261**	0.038	0.268**	0.280**	0.262**	0.334**	0.022

注：** 表示 $p<0.005$，* 表示 $p<0.05$。

那段时间搞得我都有点教学倦怠了，实在是不想上课。"LIT-F1 教师也感叹说："以前我们院的老师差不多每周有 4 到 6 节课，这个教学量还是可以接受的。用差不多两天时间上完，然后利用剩余的时间写点东西。但后来学生多了，我们每个老师的课程量也多了，加上研究生课，每个人一周至少要上 10 节。因为有的课程不能连着上，所以我们有时从周一到周五每天都有课……这样就很讨厌了呀，大部分时间用在教学上了，哪里还有时间做研究啊。"

对于科研时间与心理压力的关系，受访教师 TEC-M4 结合自己的体会分析说："现在职称评审、绩效分配都是偏向科研。科研时间保证了，写出东西来了，那肯定就不焦虑了呀。我觉得，科研时间相当于自由时间，是可以自己支配的时间。只要我能静下心来做自己的事情，即使在实验室待一整天我也不觉得焦虑……只要掌控了科研时间，就没有那么重的紧迫感。"受访教师 SCI-M2 也说："这个要看时间花在什么地方了，如果用在了自己喜欢的事情上或者是你本就想做的事情上，那肯定不会觉得有多少压力和焦虑的。我很喜欢做研究，如果一篇文章被录用了,就特别有成就感,感觉时间也没有白费。"受访教师 TEC-M2 也有相似体验并表示赞同说:"我目前很少有课要上,大部分时间是用在科研上,当完全投入这个专业领域的研究中时,其实是很 enjoy 的……但有时也会感到很亏欠家里……还没有好好陪陪孩子,他就长大了。"

对于社会服务时间对压力的影响,受访教师 LAW-M2 分析说:"社会服务工作往往涉及很多琐碎事务,这些事务经常会碎片式地、无序地、无计划性地侵入我们正常的教学科研工作和家庭生活中。比如,前段时间我答应孩子要去看他的比赛,但是后来学校里临时有个事情,没办法,我就没去成,搞得孩子很不开心。"兼任研究生辅导员的受访教师 AGR-M1 也回忆说:"前段时间,有个延毕的学生突然想不开了。有其他学生半夜突然给我打电话说这事。我当时可吓坏了,噌的一下就跳起来赶去学校了……而且后面我起码有一周的精力是耗在这件事情上的。跟书记啊,院长啊,导师啊,还有学校的有些职能部门沟通呀……这时候根本没心思做其他的呀,而且当时我连自己孩子都顾不上了呢,只好天天给他点外卖吃。"

二、教师家务时间与职业压力

如图 5-5 所示,每周家务时间不同的教师,各方面的压力是不同的。其中,总体压力感受以每周家务时间在 10 小时及以下的教师为最高,均值接近 4.1,以 30 小时以上的教师为最低;教学压力以每周家务时间在 10—20 小时(不含 10 小时)的教师为最高,30 小时以上的教师为最低,均值低于 3;科研压力随着家庭投入时间的增加而升高,每周在家务中投入 30 小时以上的教师科研压力值超过 4.3;行政事务压力则随着家务时间的增加而降低,每周家务时间在10小时及以下的教师,所承受的行政事务压力最高,接近4.1;家庭生活负担压力以每周家务时间20—30小时(不含20小时)的教师为最高,10小时及以下的教师为最低;人际关系压力随着家务时间的变化呈波浪形,家务时间在10小时及以下和20—30小时(不含20小时)的教师的人际关系压力相对较高,均值在3.5左右;知识与科技更新压力以家务时间在30小时以上的教师为最高。

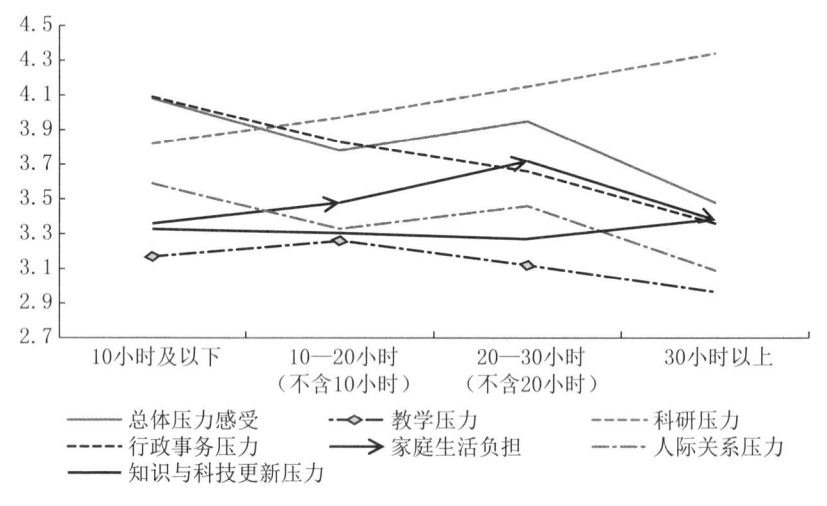

图 5-5 每周不同家务时间的高校教师职业压力

表5-6显示了高校教师家务时间分配与各种压力的相关关系,可以发现,教师在家务方面投入的总时间与总体压力感受、教学压力、行政事务压力呈显著的负相关($p<0.05$),与科研压力呈显著的正相关($p<0.005$)。在各项家务时间分配中,家务劳动时间除了与家庭生活负担、知识与科技更新压力无显著的相关性外,与其他各方面的压力均存在

显著性相关关系($p<0.05$)。其中,家务劳动时间对教师的总体压力感受、教学压力、行政事务压力产生显著的负向影响($p<0.05$),与科研压力、人际关系压力之间则呈显著的正相关($p<0.005$);子女教育/照料时间与总体压力感受、科研压力、家庭生活负担之间呈显著的正相关,教师在子女教育和照料上花费的时间越长,教师的职业紧张感和压力越大。

表 5-6 高校教师家务时间分配与各种压力的相关性分析

	家务时间	家务劳动时间	子女教育/照料时间
总体压力感受	−0.218 **	−0.200 **	0.133 **
教学压力	−0.060 *	−0.062 *	−0.023
科研压力	0.174 **	0.127 **	0.147 **
行政事务压力	−0.098 **	−0.102 **	−0.041
家庭生活负担	0.011	−0.004	0.313 **
人际关系压力	0.021	0.216 **	−0.028
知识与科技更新压力	0.052	0.015	0.044

注:** 表示 $p<0.005$,* 表示 $p<0.05$。

对于家务时间与各种压力的关系,被访教师的感受各有不同,以下摘录部分访谈内容:

> 对我来说,家务算是对我工作紧张的一种缓解。在工作中遇到问题,或者发生事情时,排解不了的,就会干点家务事,或者陪陪孩子。(EDU-M2)
> 这两天又收到一个拒稿通知,心里可压抑了……但回到家看到孩子,对未来还是充满希望的,一切烦恼都可以抛诸脑后……把

孩子培养好了,也是一大成就啊!(ART-F1)

我每天晚上都会辅导孩子作业,虽然有时候也很焦虑,但与工作上的那些事情比起来,还是挺幸福的……工作上的失落感会通过孩子的教育来得到弥补的。(SCI-F1)

在家庭和工作之间,我一直是很矛盾的,他们说我是"焦虑体"。我在工作上花费的时间长了,会觉得对不起孩子,但如果我在家庭中投入的精力多了,又会觉得工作上没尽心。特别是看到别人申请到什么什么课题了,评上什么什么人才项目了,心里也会不平衡。(TEC-M1)

我不太喜欢做家务,也不喜欢待在家里。前段时间疫情嘛,不能去学校,可把我闷坏了。有时为了不那么枯燥,会学着做菜,或者陪孩子上网课。但是长时间这样就受不了了,忍不住会发火……俗话说"距离产生美",夫妻之间、父子之间是需要保持一定距离的。如果天天"大眼瞪小眼",每天 24 小时待一起,就会产生矛盾。那段时间,经常为了鸡毛蒜皮的事情吵,也很烦的……(LAW-M2)

三、教师休闲时间与职业压力

结合图 5-6 和表 5-7 可以看到,除了教学压力之外,无论是总体的休闲时间还是其中的睡眠时间、其他闲暇时间,基本上与职业压力及其各维度呈负相关。特别是对于行政事务压力来说,教师的休闲时间越多,行政事务压力越小。休闲也是学术工作的调味品,可以缓解教师的职业压力和紧张感。

实际上,学术职业原本就是学者根据自己的闲暇爱好进行独立研

第五章 我国高校教师的时间分配与职业压力

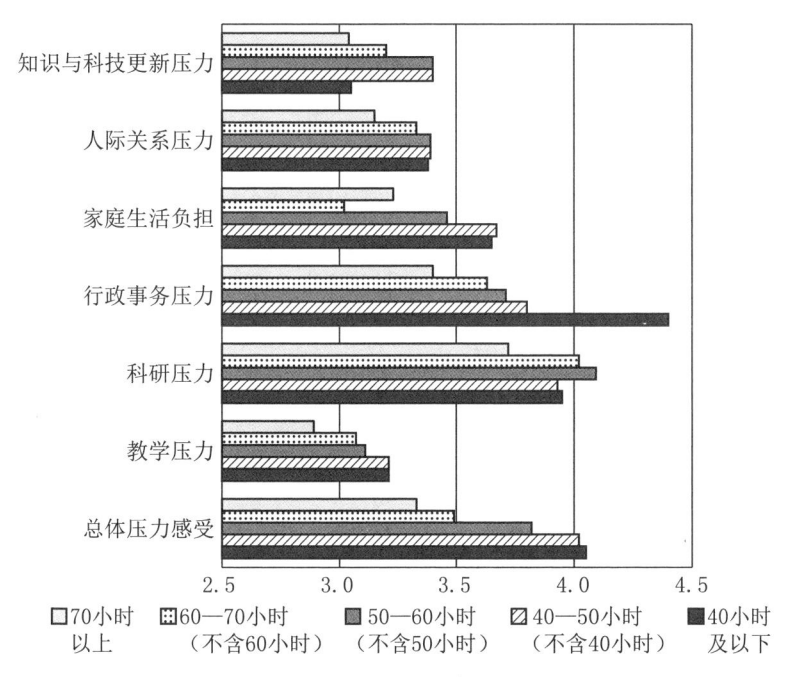

图 5-6 每周不同休闲时间的高校教师职业压力

究而产生的职业，闲暇时间是教师深度思考、反思学术的关键。教师只有保证充足的睡眠，有适当的运动锻炼时间，才能更好地开展学术工作。如表 5-7 所示，高校教师的休闲时间每增加 1 小时，教师的科研压力、行政事务压力、家庭生活负担、人际关系压力以及知识与科技更新压力减少约 0.3 倍。但是在当下，高校教师的休闲时间越来越多地被工作和其他事务挤占，如果长时间下去，很容易导致教师对工作产生心理上的不适，甚至对学术职业产生倦怠感，如何保证高校教师的休闲时间，缓解教师的心理压力，不仅是教师自身，也是高校、相关部门都必须思考的问题。

表 5-7 高校教师休闲时间分配与各种压力的相关性分析

	总体压力感受	教学压力	科研压力	行政事务压力	家庭生活负担	人际关系压力	知识与科技更新压力
休闲时间	−0.436**	−0.029	−0.344**	−0.308**	−0.312**	−0.309*	−0.301**
睡眠时间	−0.364**	−0.014	−0.312**	−0.049	−0.051	−0.264*	−0.485**
其他闲暇时间	−0.298**	−0.042	−0.339**	−0.205**	−0.122**	−0.017	−0.357*

注：** 表示 $p<0.005$，* 表示 $p<0.05$。

对此，多数受访教师也表示保证休闲时间对缓解心理压力具有重要作用，以下摘录部分访谈内容：

> 上半年我的一个课题要结题。为了整理结题材料，我天天待在电脑前，眼睛都要废掉了。有段时间，我看着电脑上的文字就感觉文字不像文字，甚至认不出是什么字了……那时候，一个声音告诉我说延期，一个声音让我拼一把，心里一直犹豫不决。后来我干脆停了一天，什么都没写，出去放松了一下。大学的时候很喜欢玩娃娃机，但是没钱，然后那一天我就去抓娃娃，还跟朋友去爬山，晚上喝了点酒，唱了歌……玩得很尽兴。当天晚上回来就睡着了。然后到了第二天，精神多了，心情也变好了许多。(MAN-M1)

> 人应该要适当运动，疫情前，我基本每天晚饭后都出去溜达一下……周末有时候还跟我孩子一起跑步，大汗淋漓的感觉特别爽，所有的烦恼在这一刻都会烟消云散。(HIS-F1)

> 这几年我越发觉得闲暇时间尤为重要。人是相当脆弱的，如果压力排解不出来是相当危险的。特别是家庭里面的事，也不好意思跟外人说，所以就只能自己消化……我一般就是运动，看电影

或者"刷剧",看完心情就会变好的。(ECO-M2)

现在这个社会,没有压力是不可能的,我现在还是讲师,科研和职称晋升就是我最大的压力啊,一想到这些,晚上有时候就睡不着觉的……最近也想开了,身体健康是第一位的,你学问做得再好,身体垮了,一切都是零。我很喜欢锻炼,跑步、打羽毛球是最喜欢的运动。我家里有个跑步机,现在不能户外运动,我就每天在家里跑,每次跑完都很舒服,晚上也睡得挺香……(LIT-F1)

四、教师其他时间与职业压力

图 5-7 显示了高校教师在其他事务方面花费的时间与职业压力分布情况,可以发现,"其他时间"与职业压力及其所包含的各种压力之间的分布关系非常复杂。教师的总体压力感受和人际关系压力以每周其他时间为 20—30 小时(不含 20 小时)的教师为最高。教师的教学压力与"其他时间"的分布大致成 U 形关系,以每周其他时间投入在 20—30 小时(不含 20 小时)的教师为最低。科研压力、知识与科技更新压力均以每周其他时间在 20 小时及以下的教师为最高。教师的行政事务压力、家庭生活负担与"其他时间"的关系分布大致呈现凸形,以每周其他时间花费在 30—40 小时(不含 30 小时)的教师为最高。

如表 5-8 所示,教师在就餐、穿衣、打扮、洗漱等方面花费的时间只与家庭生活方面的压力呈显著的负相关($p<0.05$),即在这些"其他事务"方面花费的时间越多,家庭生活负担反而越少。当前,随着经济水平的提高和生活水平的改善,人们也越来越关注饮食起居和健康生活。实际上,家庭生活负担与其他时间的关系是双向的,教师的家庭生活负担越小,在餐饮、保健、美容等方面花费的时间也会越多。

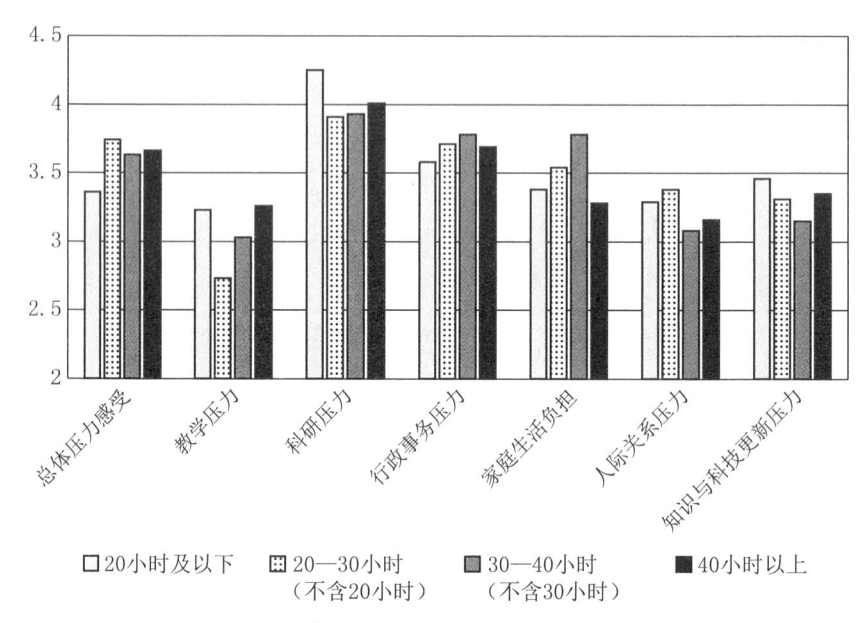

图 5-7　高校教师每周其他时间与职业压力

表 5-8　高校教师其他时间与各种压力的相关性分析

	总体压力感受	教学压力	科研压力	行政事务压力	家庭生活负担	人际关系压力	知识与科技更新压力
相关性系数	0.011	−0.033	0.026	−0.037	−0.267*	0.002	0.003
p 值	0.713	0.245	0.373	0.199	0.018	0.943	0.740

注：* 表示 $p<0.05$。

这正如资历较深的受访教师 AGR-F1 所言，"相对于年轻人，我们这一代人的经济负担是比较小的。到了我们这个年纪，基本上没有什么压力了。职称也评上了，孩子也大了，可能目前最担心的就是自己的身体吧。我这几年开始给身体投资了，以前年轻的时候很少体检，现在会去体检的。还有,像我们女性,以前那个年代是很少化妆的,老了脸上皱巴巴的也不太在意。但现在不是这样的,为了赶上时代潮流吧,我这几年也开始重视化妆、打扮了,哈哈。有时候捯饬下自己,觉得挺开心的"。

综上可知,时间分配是影响我国高校教师职业压力的重要变量,在不同的时间分配模式下,教师的职业压力也有所区别。工作时间的长度对教师职业压力产生显著性的正向影响,在工作中投入的时间越多,压力越大。家务时间、休闲时间的增加则对教师的职业压力有一定的缓解作用。参与一定程度的家务劳动,保障足够的睡眠时间,适当进行休闲活动,都有利于教师减轻职业压力,促进身心健康。

本章小结

本章在阐述高校教师职业压力内涵的基础上,主要分析了我国高校教师职业压力的特征、影响因素以及时间分配与职业压力的关系。

高校教师职业压力的内涵比较丰富。结合教师的工作情景和学术职业的特征,本研究采用广义上的定义方式,将高校教师职业压力界定为高校教师在学术职业以及相关环境中所产生的心理上的反应,主要包括教学压力、科研压力、行政事务压力、家庭生活负担、人际关系压力,以及知识与科技更新压力。

在很多人的印象中,学术职业是轻松而自由的职业,但实际上,学术职业是十分艰辛的职业。在高校教师职业感受的访谈中,"辛苦""压力大""科研压力大""工作强度大"等是出现最多的高频词。有限的时间,却有无限的任务;有限的精力,却有无限的责任。在社会、学校、社会团体各界人士的各种期许之下,教师的责任往往被无限放大,所承受的压力和紧张感可想而知。

数据分析结果表明,我国高校教师的职业压力处于一般偏上水平。其中,感到压力很大和非常大的教师占比总计超过60%。在六大压力源中,科研压力高居榜首,其中压力最高的是论文发表(4.11)和课题申报(4.01)两项。尽管目前很多高校都在强调教学工作的重要性,但无论是大学内部的职称评审、聘期考核、绩效分配,还是外部的学科评估、人才项目申报,关注的核心依然是科研。因此,科研压力也成为教师职业压力最主要的源头。行政事务压力位居其次,压力最高的前3项是财务报销、行政会议、各类评审考核等填报程序。特别是财务报销方面,各种形式的"填报""审批""签字"给教师带来了诸多不愉快的体验。与此同时,教师的学术工作节奏还经常会被各种党政会议、报表填写、考核汇报等琐碎的事务性工作所打乱,使得教师的学术时间不断被切割,不断被让位,加剧了教师的紧张感和焦虑。家庭生活负担是高校教师的第三大压力源。其中,压力最高的是买房。特别是在当下子女教育普遍"内卷化"的环境中,购买昂贵的"学区房"成为教师最大的经济负担。

当然,教师群体不同,各维度的压力也有所区别。在性别方面,受传统的"女主内,男主外"的性别角色文化的影响,女性在家庭方面投入了更多的时间,但是在当下偏向科研的评价体制中,大学并不会因为性别不同而降低女性的科研标准。因此,女性教师的科研压力与家庭生活负担明显高于男性,尤其是对于已婚的女教师来说,家庭生活负担更为沉重。在职称方面,科研压力、行政事务压力和人际关系压力3项上,以讲师、助理教授等中级职称教师为最高,而家庭生活负担、教学压力和知识与科技更新压力3项上,则以副教授、副研究员等副高级职称群体为最高。在教师职业压力的年龄变化轨迹方面,30岁之前,大多数教师处于入职初期,并且尚未结婚生子,所承受的职业压力相对较小;30—42岁,由于"非升即走"的考核要求接近截止期,再加上结婚生子,教师所承受的科研压力和家庭负担进一步上升;42岁之后,随着子女逐渐长大,职称得到晋升,教师所承受的压力开始逐渐降低。

那么,影响我国高校教师职业压力的因素有哪些呢?通过有序逻辑回归分析可发现,教师的学术抱负对职业压力产生显著的正向影响,而学术兴趣则与之存在显著的负向关联。结合前文学术兴趣对工作时间的影响可知,学术兴趣虽然会促进教师的工作时间投入,但并不会加重教师的工作压力,正所谓"知之者不如好之者,好之者不如乐之者"。家庭因素中,只有子女数量对教师的职业压力产生显著性影响。目前,养育子女的成本越来越高,除了日常的生活成本之外,子女教育成本以及因抚养孩子而损失的时间和机会成本,成为教师的重要压力源。院校组织因素中,与大多数研究的结论一致,本研究也发现就职院校与学科的学术声誉越高,教师所承受的学术职业压力越大。

在工作时间与教师职业压力的关系方面,教师的工作时间对行政事务压力、家庭生活负担以及人际关系压力产生显著的正向影响,而对科研压力产生显著的负面影响。也就是说,教师投入工作中的时间越长,科研方面的紧张感和压力反而越小。进一步分析发现,教师在教学中投入的时间越长,教师所承受的教学压力越大;教师在科研中投入的时间越多,科研压力越小。在教师家务时间与职业压力的关系方面,家务时间与教师的教学压力、行政事务压力之间呈现显著的负相关,但与科研压力之间呈现显著的正相关。两者结合起来不难发现，教师工作时间与家务时间的冲突是导致教师职业压力增大的重要原因。如果家务时间过度挤压工作时间，导致工作时间特别是科研时间减少，教师便会对科研产生更多的焦虑与不安。在休闲时间与职业压力关系上，休闲时间与教师的各部分压力呈负相关。访谈显示充足睡眠，短暂午休小憩，适当运动，站起来远眺，泡一杯热茶或咖啡等"微休息"活动，都可以缓解教师的身心压力，减少抑郁和焦虑情绪。

第六章
我国高校教师的时间分配与工作绩效

如果有 100 名作者,且将最多产作者的产出量算作是 100 篇论文,那么论文总量的半数是由被称为"高分者"的 10 名作者写的,而另一半是由生产率在 10 篇以下的那些人写的。实际上论文总量的 1/4 是由生产率最高的两个人写的,而另外一个 1/4 是由仅写了 1 篇或 2 篇的那些人写的。①

——[美]D. 普赖斯

第一节 高校教师工作绩效的内涵

受新公共管理主义的影响,大学的管理政策愈发与效率联系在一起,教师的工作绩效也越来越受到关注。但是不同于其他职业,高校教师的学术工作非常复杂,工作绩效的内涵也相当丰富。

---

① D. 普赖斯. 小科学·大科学[M]. 宋剑耕,戴振飞,译. 北京:世界科学社,1982:59.

一、工作绩效的内涵

工作绩效(work performance)有时也被翻译为工作表现,在《管理学大辞典》中,其被定义为"组织期望员工、团队或组织表现出来的同工作相关的行为及其行为结果的总和"。[1]就相关研究来看,对工作绩效的解读一般有两种倾向。一种是强调工作结果,认为工作绩效就是个体的工作任务完成情况,可通过成果、成就或者产出来体现[2][3];另一种是强调工作行为,认为工作绩效就是个体在工作过程中的一种行为表现[4][5]。根据这两种观点,我们可以把工作绩效定义为个体工作结果与行为的综合,其中更为强调个体通过工作过程中的具体行为产生的结果或成绩。

工作绩效包含多个维度。早在 1978 年,卡茨(D. Katz)和卡恩(R. L. Kahn)就将其划分为个体参与并留任组织中的绩效、完成或者超出组织要求的任务、主动开展工作要求之外的任务 3 个维度。[6]之后,许多学者又对其进行了完善和补充。例如,1990 年,坎贝尔(J.P. Campbell)

---

[1] 陆雄文.管理学大辞典[M].上海:上海辞书出版社,2013:43.
[2] H.J. Bernardin, R.W. Beatty. Performance Appraisal: Assessing Human Behavior at Work [M]. Kent: Kent Pub. Co., 1984:54.
[3] 杰里·W.吉雷,安·梅楚尼奇.组织学习、绩效与变革:战略人力资源开发导论[M].康青,译.北京:中国人民大学出版社,2005:174-180.
[4] S.B. MacKenzie, P.M. Podsakoff, G.A. Rich. Transformational and Transactional Leadership and Salesperson Performance [J]. Journal of the Academy of Marketing Science, 2000, 29(2):115-134.
[5] M. Rotundo. The Relative Importance of Task, Citizenship, and Counter Productive Performance to Global Ratings of Job Performance: A Policy-capturing Approach [J]. Journal of Applied Psychology, 2002, 87(1):66-80.
[6] D. Katz, R.L. Kahn. The Social Psychology of Organization[M]. New York: John Wiley Publishers, 1978:21-24.

将工作绩效划分为8个维度,即职务特定的任务绩效、职务非特定的任务绩效、口头交流、努力、遵守纪律、为组织和同事提供便利、监督与领导、管理。[1]鲍曼(W.C. Borman)和穆特维德鲁(S.J. Motowidlo)则将工作绩效分为任务绩效(Task Performance)与情景绩效(Contextual Performance)。其中,任务绩效是工作岗位所规定的要求,是工作任务的履行程度;情景绩效(又称周边绩效或关系绩效)是公民组织行为,如构建融洽的组织关系、营造良好的组织环境等。[2]

二、高校教师工作绩效的内涵与测量

高校教师的工作绩效与学术职业的内容高度相关。众所周知,高校教师的主要工作有教学、科研和社会服务,所以有学者认为高校教师工作绩效应该由教学质量、科研成绩、学科整体业绩、学术氛围等组成。[3]但是由于社会服务绩效较难量化,因此在大多数高校中,教师的绩效主要仅包括教学和科研两个方面。

由于教学工作比较复杂,教学绩效较难量化,有学者认为评价教学的成败,除了教师的专业知识与教学技巧,还应包含人际关系与情感态度。[4]贝克(D.F. Baker)、尼利(W.P. Neely)等学者把教学划分为教学

---

[1] J.P. Campbell. Modeling the Performance Prediction Problem in Industrial and Organizational Psychology [C]// M.D. Dunnette, L.M. Hough. Handbook of Industrial and Organizational Psychology (Vol. 1, 2nd ed.). Palo Alto, CA: Consulting Psychologists Press, 1990:687-732.
[2] W.C. Borman, S.J. Motowidlo. Expanding the Criterion Domain to Include Elements of Contextual Performance [J]. Personnel Selection in Organization, 1993(4):210-223.
[3] 吴湘萍,徐福缘,周勇.高校教师工作绩效的影响因素分析[J].华东师范大学学报(教育科学版),2006(1):30-37.
[4] 张春兴.教育心理学[J].中国台北:东华书局股份有限公司,2000(3):173-287.

质量、创新实践和教学投入 3 个维度。①鲍威则以规制型教学、互动型教学和课外反馈 3 个指标对其进行评估。②郭卉、姚源从教学兴趣、教学时间投入、教学活动、教学感知等几个方面展开探究。③牟智佳、刘珊珊等则从教学行为、教学认知、教学情感、教学智慧等层面展开对高校教师教学的评价探究。④

综合国内外研究以及教师教学的现实场景，本研究中的教学绩效特指教学表现，并针对其设置了共 15 个题项进行测量。经过对数据的 KMO 及 Bartlett 球形检验后发现，KMO 测试值为 $0.805>0.5$，Bartlett 球形检验值小于 0.001，说明适合进行因子分析。运用主成分分析法，经过方差最大正交旋转后，共得到 3 个因子，解释总方差达 69.26%（见表 6-1）。根据因子的共同特征，分别命名为教学情感、教学行为和教学能力。其中，教学情感包括教学兴趣、教学激情和教学成就感；教学行为则借鉴崔允漷的定义，划分为呈示行为、对话行为、教学指导行为、教学辅助行为、课堂管理行为 5 个维度⑤；教学能力则包括语言表达、教学设计、教学组织、教学创新、教学评价、教学反思、教学研究等方面的能力。

相对于教学绩效，科研绩效的评估标准相对比较统一，主要通过科

---

① D. F. Baker, W. P. Neely, P. J. Prenshaw, et al. Developing a Multi-dimensional Evaluation Framework for Faculty Teaching and Service Performance [J]. Journal of Academic Administration in Higher Education, 2015(2): 29 - 40.
② 鲍威.高校教师教学方法的范式转换及其影响因素[J].教育学术月刊,2014(3):74 - 84.
③ 郭卉,姚源.研究型大学教师教学和科研工作关系十年变迁：基于 CAP 和 APIKS 调查[J].中国高教研究,2020(2):77 - 84.
④ 牟智佳,刘珊珊,陈明选.循证教学评价：数智化时代下高校教师教学评价的新取向[J].中国电化教育,2021(9):104 - 111.
⑤ 崔允漷.有效教学[M].上海：华东师范大学出版社,2009:137 - 228.

表 6-1　教学表现的因子分析

名　称	特征值	解释变异量	累计解释变异量	主要内容
因子 1	教学情感	5.123	34.63%	34.63%	教学兴趣、教学激情、教学成就感
因子 2	教学行为	2.361	25.31%	59.94%	呈示行为、对话行为、教学指导行为、教学辅助行为、课堂管理行为
因子 3	教学能力	1.678	9.32%	69.26%	语言表达能力、教学设计能力、教学组织能力、教学创新能力、教学评价能力、教学反思能力、教学研究能力

研产出来衡量。对科研产出即学术产出的评估主要有两种倾向。一种是以学术发表的影响力,即以 H 指数作为衡量指标。H 指数,又称高被引次数,由美国加州大学的赫希(John Hirsch)提出。H 指数越高,说明学者的学术影响力越大,如利奥(Leo Egghe)、罗纳德(Ronald Rousseau)[1]以及夏纪军[2]、邱均平[3]等学者就运用这一指标分析了学者以及期刊的学术影响力。另一种则是以学术发表数量作为指标,根据发表的类型与质量,对发表的成果进行权重赋值,并整合为一种指标。例如,哈蒂(J. Hattie)、马什(H.W. Marsh)在分析澳大利亚高校教师教学与科研的关系时,就将学术产出操作性定义为:独著×10＋参编著作×5＋书籍章节×3＋期刊论文×2＋会议论文。[4]我国学者鲍威、杜

---

[1] Leo Egghe, Ronald Rousseau. An Informetric Model for the Hirsch-index [J]. Scientometrics, 2006(1):121-129.
[2] 夏纪军.学缘关系、性别与学术声誉:基于经济学领域 H 指数的实证研究[J].浙江社会科学,2014(6):31-35.
[3] 邱均平,周春雷.发文量和 H 指数结合的高影响力作者评选方法研究:以图书情报学为例的实证分析[J].图书馆论坛,2008, 28(6):44-49.
[4] J. Hattie, H.W. Marsh. The Relationship between Research and Teaching: A Meta-analysis [J]. Review of Educational Research, 1996, 66(4):507-542.

嫱结合国内高校教师的现实评价场景,把学术产出量化为:国际期刊发表+国内核心期刊发表×0.8+国内普通期刊发表×0.4。①综合以上理论以及当下大多数高校的教师学术评价标准,本研究采用后者,将"近3年的学术发表数量"作为学术产出的衡量指标,并根据不同类型的期刊论文与学术著作赋予了不同权重,计算公式为:总发表数=CSSCI×1+EI×1+"SSCI 或 SCI"×2+独著×2+普通期刊×0.5。

三、高校教师工作绩效的影响因素

(一) 教师教学效果的影响因素

教师教学效果的影响因素较为复杂。概括来看,主要分为教师个体因素、学生因素和管理因素几个方面。

在教师个体方面,有学者以硕士研究生课程教学为例,经调查后发现教师的知识藏量、学术水平以及教学态度、教学技巧、教学经验是影响教学效果的重要因素。②还有学者从人口统计学角度进行了研究。例如,有学者以学生评教得分作为教学绩效的一个衡量标准,经分析后发现教师职称情况与教学绩效相关。有学者认为教授的评教得分普遍高于副教授、助理教授。③但也有学者认为教师的教学效果随着职称的升高而降低,讲师的评教得分要显著高于教授和副教授。④一些研究发现,

---

① 鲍威,杜嫱.冲突·独立·互补:研究型大学教师教学行为与科研表现间关系的实证研究[J].北京大学教育评论,2017(4):107-188.
② 胡馨文.硕士研究生课程教学管理研究:以湖南某高校为个案[D].长沙:湖南大学,2009.
③ K.F. Ting. A Multilevel Perspective on Student Ratings of Instruction: Lessons from the Chinese Experience [J]. Research in Higher Education, 2000, 41(5):637-661.
④ B.P. Sobakowitz, J. Kogan. Student Ratings, Class Size Comments, Rank and Gender Bias [C]//M. Helfert, M. T. Restivo, et al. CSEDU 2015: Proceedings of the 7th International Conference on Computer Supported Education. Setúbal: SciTePress, 2005:218-223.

第六章　我国高校教师的时间分配与工作绩效

教师的教学效果与年龄相关,如麦克弗森(M.A. Mcpherson)等人的研究发现,教师年龄越大,其受学生的欢迎程度、评教分数反而越低。[1]对此,有学者认为学生与青年教师之间存在着"晕轮效应",即与年龄较长的教师相比,学生与青年教师更容易沟通,师生关系更为融洽。[2]也有学者认为,新进教师为了稳固教师地位,往往在教学工作中投入更多时间,因此教学效果也比较好。[3]

此外,作为教学活动的直接作用者,学生各方面的因素也会影响教师的教学绩效。学生的学习主动性、学习态度、学习能力等在一定程度上都会对教学效果产生影响。例如,有学者通过对混合课堂学习模式的研究发现,学生的课前预习情况对教学绩效有直接的影响,同时,学生的满意度也会影响教学效果。[4]有研究表明,学生的学习行为和学习自主性对教学绩效有显著影响,但学生的学习动机对教学效果的影响并不明显。[5]

最后,高校教师的教学绩效还受到学校组织因素的影响。在"偏向科研"的评价环境下,教师会优先选择科研,"过分强调科研评价指标助

---

[1] M.A. Mcpherson, R.T. Jewell, M. Kim. What Determines Student Evaluation Scores? A Random Effects Analysis of Undergraduate Economics Classes [J]. Eastern Economic Journal, 2009, 35(1):37-51.
[2] Janie H. Wilson, Denise Beyer, Heather Monteiro. Professor Age Affects Student Ratings: Halo Effect for Younger Teachers [J]. College Teaching, 2014, 62(1):20-24.
[3] 刘献君,张俊超,吴洪富.大学教师对于教学与科研关系的认识和处理调查研究[J].高等工程教育研究,2010(2):35-42.
[4] 赵呈领,徐晶晶,陈莉,刘清杰.混合学习模式教学绩效影响因素研究:以"现代教育技术"实验课程为例[C]//中国人工智能学会计算机辅助教育专业委员会.计算机与教育:实践、创新、未来——全国计算机辅助教育学会第十六届学术年会论文集.杭州:中国人工智能学会计算机辅助教育专业委员会,2014:142-149.
[5] 文学舟,梅强,关云素.高校本科专业教学效果影响因素实证研究[J].高校教育管理,2019,13(1):104-112.

长了部分教师对课堂教学效果的忽视"。①有学者发现,"非升即走"体制下的教师在教学态度和教学效果上均有更差的表现,这意味着教师在面临"不发表即出局"的巨大压力时,更可能以损失教学质量来换取更多的科研产出。②

(二) 教师科研产出的影响因素

已有研究认为,科研产出可概括为受到两种机制的影响,即普遍主义与特殊主义。普遍主义机制主要关注个体先天条件、努力程度和能力大小。例如,科尔兄弟、朱克曼等学者关注了学术研究中的性别不平等现象,发现女性学者的研究成果和学术地位均逊色于男性。③阎光才、牛梦虎通过对我国50多所高水平大学教师的调查研究发现,个体的信心及其超负荷的时间投入是影响教师学术产出的关键因素。④艾尔伯特(Albert Rothenberg)通过对1901—2003年435位诺贝尔奖获得者的家庭背景展开研究后发现,受父母影响所产生的科学兴趣对之后从事科学研究事业至关重要。⑤布莱克本(R.T. Blackburn)和劳伦斯(J.H.

---

① 于凤芹.提高课堂教学质量要处理好的几个关系:有感于杨叔子院士的《再论要真抓课堂教学质量》[C]//中国电子教育学会高教分会.中国电子教育学会高教分会2014年年会论文集.合肥:中国电子教育学会高等教育分会,2014:44-48.
② 马莉萍,张心悦.研究型大学海归教师与本土教师本科教学质量的比较研究[J].中国高教研究,2020(10):54-61.
③ J. Cole, H. Zuckerman. The Productivity Puzzle: Persistence and Change in Patterns of Publication of Men and Women Scientists [J]. Advances in Motivation and Achievement, 1984(2):217-258.
④ 阎光才,牛梦虎.学术活力与高校教师职业生涯发展的阶段性特征[J].高等教育研究,2014(10):29-37.
⑤ Albert Rothenberg. Family Background and Genius II: Nobel Laureates in Science [J]. The Canadian Journal of Psychiatry, 2005, 50(14):918-925.

Lawrence)针对美国学术职业的研究也印证了兴趣对从事学术研究的重要影响,认为学术兴趣是激发学者产生持续的科研动力的内在动机,进而可促进学术发表。①

特殊主义强调科研产出的各种赞助性因素,包括毕业院校或工作机构的学术声誉、学科特性、工作环境,以及学术界的社会网络关系等。早在19世纪,韦伯就指出,学者的成就大小很大程度上依赖于其所关联的学术机构的各种因素。对此,默顿、科尔等人曾做过专门而系统的研究,发现学术系统存在累积优势效应,研究团队或机构的学术声誉、奖励制度以及资源分配系统在其中发挥了重要作用。②③比如,优秀的科研团队/机构更容易获得充足而珍贵的研究资源,更容易吸引优秀的学生,这些学生也更有机会获得优秀的学术表现,从而得到更多的学术认可与奖励,这又使他们毕业后更容易得到高水平学术机构的青睐,而这些机构又使他们再次获得了资源优势,使他们更有机会在学术界崭露头角。④与此类似,夏纪军通过研究我国经济学领域的学术发表情况时也发现,机构声誉、学缘关系对科研产出具有显著性影响。⑤

---

① R.T. Blackburn, J.H. Lawrence. Faculty at Work: Motivation, Expectation, Satisfaction [M]. Baltimore: Johns Hopkins University Press, 1995:84.
② R.K. Merton. The Matthew Effect in Science, II: Cumulative Advantage and the Symbolism of Intellectual Property [J]. ISIS, 1988(79):606-623.
③ S. Cole, J. Cole, G.A. Simon. Chance and Consensus in Peer-review [J]. Science, 1981(214):881-886.
④ 参见哈里特·朱克曼所著《科学界的精英:美国的诺贝尔奖金获得者》(周叶谦、冯世则译,商务印书馆1979年出版)。
⑤ 夏纪军.学缘关系、性别与学术声誉:基于经济学领域H指数的实证研究[J].浙江社会科学,2014(6):31-35.

第二节 我国高校教师工作绩效的特征及其影响因素

高校教师的工作绩效就是指教师的工作表现,绩效考核在高校教师评价制度、收入分配制度中发挥着重要作用。本节主要分析我国高校教师的教学表现与科研产出的特征及其影响因素。

一、教师的教学表现特征

如图 6-1 所示,在总体样本数据中,高校教师的整体教学表现处于一般偏上水平,均值为 3.34。其中,教学情感最高,平均值超过 4;教学行为最低,尚未达到平均水平(3)。

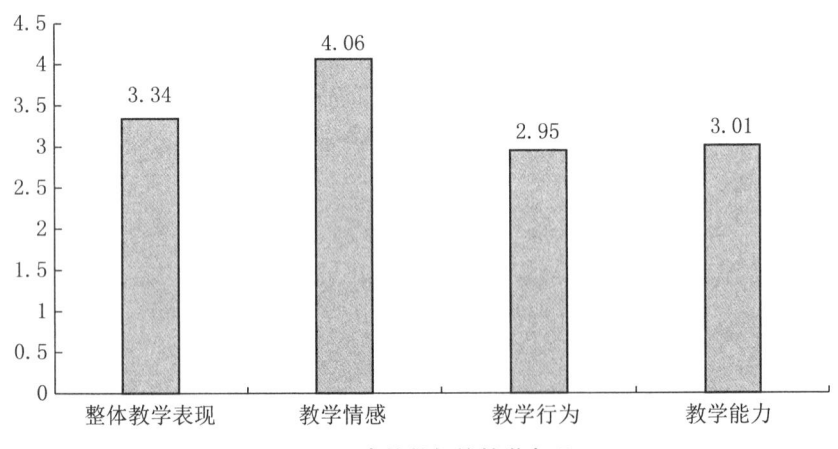

图 6-1 高校教师的教学表现

对此,受访教师 TEC-M1 分析说:"我很喜欢教学的,也喜欢与学生相处。但是在当前的体制下,完全投入教学中是很难的,也是不可能的。教学行为其实是很机动、灵活的。比方说,课堂教学安排,教师可以一直讲,也可以安排几节课让学生汇报,怎么方便怎么来……有的老师还会合班上,特别是研究生课,本来是分两个班讲,但有的老师图省事,就两个班合在一起。还有课后作业,布置也行,不布置也可以。最初那几年我是布置作业的,后面发现批改作业不仅花费很多时间,学生反而还有意见,所以这几年我就不布置作业了,这样自己轻松,学生还喜欢。"

曾教授公共课的教师 HIS-F1 也分析说:"教学是个'良心活',像我们的公共课都是大班上课,好几个专业的学生坐在一个可容纳 200 多人的大教室里一起上。我上课时经常会有学生迟到,看手机,拍照,甚至窃窃私语的。最开始上这门课的时候,看到这种情况,我心里还挺不舒服的,会想尽各种办法提高学生兴趣,加强课堂管理……后来发现没用,现在也已经习惯了。大学生都是成年人了,我不可能像中小学那样管理他们。课堂上,只要他们不影响我教学就可以了。"

进一步分析发现(见表 6-2),高校教师的整体教学表现在性别方面存在显著性差异($p<0.05$),女教师的教学表现优于男教师。在各维度中,女教师比男教师对教学工作抱有更强烈的情感和兴趣,两者之间的差异具有显著性($p<0.05$)。教学行为和教学能力虽然在性别方面不存在显著性差异($p>0.05$),但是从均值来看,女教师还是略高于男教师。

访谈结果也印证了这一结论。兼任教学秘书的教师 ART-F1 就总结说:"我不知道其他学院是怎样的,但在我们学院,女老师的课的确是更受学生欢迎的。前段时间教学评估,我看近几年的学生评教分数,也是女老师的分比较高。"担任副院长的受访教师 LAW-M2 也总结说:"我听过很多老师的课,虽然也有部分男教师讲课比较好,但整体上我感觉是女老师讲得更好。同样一个问题、一个理论,女老师解释得就很清楚。而且我发现,女老师的教学创造性更强一些,她们很善于根据不同的教学内容采取不同的教学组织形式和教学方法,像小组教学、翻转课堂、问题导向,等等,学生非常喜欢。"

对此,受访教师 SCI-F2 分析说:"女性好像更具有教学的天赋吧。女教师天性中包含着耐心、温柔的母性光辉,与学生相处起来更具有亲切感……而且女教师的普通话更标准,发音更清晰,所以讲起课来,学生可能更容易接受和理解吧。"

表6-2 高校教师教学表现的性别差异

	男	女	F值
整体教学表现	3.29	3.43	2.378*
教学情感	3.96	4.12	1.791*
教学行为	2.92	3.00	1.028
教学能力	2.98	3.03	1.067

注:* 表示 $p<0.05$。

在职称方面,如图 6-2 所示,高校教师的整体教学表现以副高级职称的教师分值最高,以中级及以下职称的教师为最低。各维度中,正高级职称教师教学情感和教学能力最强,但是教学行为分值却最低,这或许与教学经验相关。一般来说,正高级职称教师积累了更多的教学经验,教学能力更强,因此在教学辅助、课堂管理行为等方面投入较少。

对于正高级职称教师的教学能力最强这点,受访教师 EDU-M3 归结为有3个原因:"第一是时间投入。教师评上教授后,不用太操心职称问题,可以有更多的精力和时间用来教学。虽然我们学校也会有聘期考核,但是教授对于学校来说,还是重要的人才资源,一般不会轻易辞退。而且相对于职称晋升,聘期考核的标准相对较低,教授很容

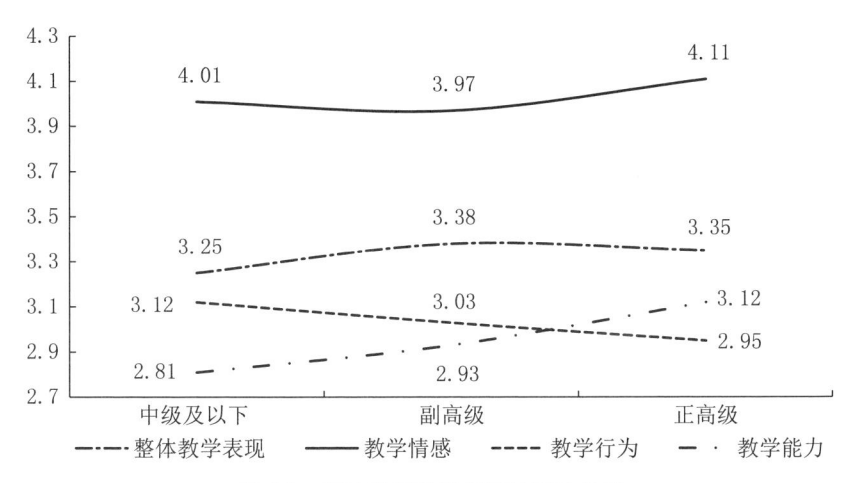

图 6-2　高校教师教学表现的职称差异

易达到。所以说,教师评上教授后,基本就可以'躺平'了,生活节奏相对轻松。而且这时候,教师的心态也会发生很大变化的,开始有心思和精力往教学这方面倾斜了。二是学识。一般来说,教授的科研都不会太差,专业知识会很扎实。你看看,有的教授根本不用备课,一开口就可以讲2个多小时。因为他们懂得多啊,可以旁征博引,引人入胜。我曾经去听过一门哲学课,那位老学者,一个字讲了一节课。三是人生阅历。人生阅历是教学的重要财富。为什么很多学生喜欢听那些老教授的课?因为他们阅历丰富,在讲课时会把自己的所见所闻融合到课堂当中,讲的很多内容其实是课本之外的东西,而且他们的思维很灵活,可以把枯燥的知识通过生动有趣的形式讲出来。"

担任副院长的受访教师 MAN-M2 则认为这主要源自教授的"滤镜效应"。他表示"我每年都会听很多老师的课……实际上,很多讲师讲得并不差,但是学生认可度并不是很高。这里面可能就是学生对讲师的偏见吧。很多学生'先入为主',认为教授比讲师学识高,对教授有

'滤镜',但其实很多教授讲得也很'水',一节课没讲多少知识点的"。

二、教师的科研产出特征

多项研究表明,学术系统是一个高度分层的等级系统。科学内部社会系统的独特性在于它是高度分层的。[1]朱克曼在《科学界的精英》中,形象地描述了美国科学界的塔层分布:塔尖是诺贝尔奖获得者,其次是美国科学院院士,中间阶层是被记录在册的科学家,最基层的是攻读博士学位和正在从事科学研究的其他人员。[2]普赖斯也发现,在科学研究领域中,半数的论文为一群高生产能力者所撰,这些作者的集合在数量上约为全部作者总数的平方根。[3]

如果将学术发表量作为学术成就的衡量标准,可以发现我国学术系统也呈现分层式的金字塔结构(见图6-3):论文发表量处于塔尖(前10%)的教师,近3年来人均发表论文数约为37篇,贡献率超过45%;处于第二梯队的教师,平均每人发表论文约14篇,贡献率接近1/4;其他75%的教师,人均发表论文数则仅为3.3篇,贡献率约为30%;特别是处于塔基的教师,人均论文发表量只有0.75篇,贡献率不到3%。可见如果以整体样本来进行探究,其结果难免存在偏颇,因此本研究将其划分为科研高产群体和一般群体两类进行分析。

为了区分科研高产群体与科研一般群体,根据普赖斯定律和洛必卡定律推导的公式 $m\approx0.749\sqrt{n_{max}}$ 计算之后可得到 $m\approx11.6$(发文量

---

[1] 约翰·齐曼.知识的力量:对科学与社会关系史的考察[M].徐纪敏,王烈,译.长沙:湖南出版社,1992:66.
[2] 哈里特·朱克曼.科学界的精英:美国的诺贝尔奖金获得者[M].周叶谦,冯世则,译.北京:商务印书馆,1979:54.
[3] D.普赖斯.小科学·大科学[M].宋剑耕,戴振飞,译.北京:世界科学社,1982:69.

人数占比　　　　　论文贡献率

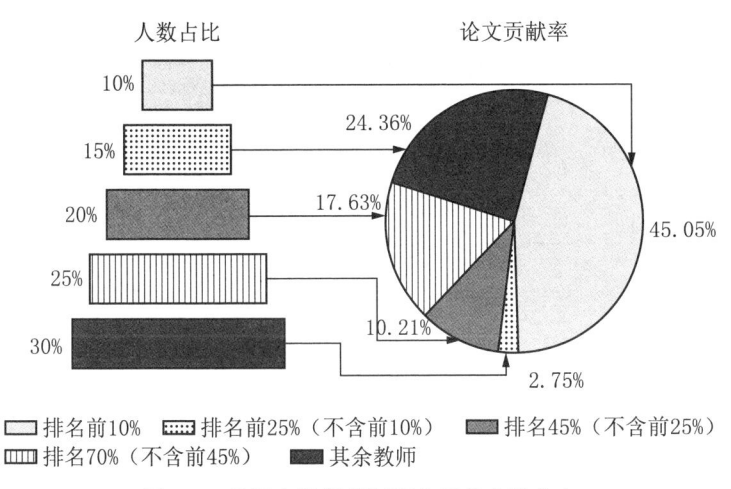

- 排名前10%
- 排名前25%（不含前10%）
- 排名45%（不含前25%）
- 排名70%（不含前45%）
- 其余教师

图 6-3　我国高校教师科研产出的人数分布

最大值为 239.74），即发文数大于 11.6 篇的教师为科研高产群体，其他教师为科研一般群体。以此为标准，可知本研究中的科研高产群体为 449 人，约占 19.6%，科研一般群体为 1 837 人，约占 80.4%，符合巴莱多定律（又称"二八定律"），说明本研究数据具有较高的科学性和合理性。

表 6-3 显示了两类群体的具体分布特征。在性别上，与科尔兄弟[1]、朱克曼[2][3]、贝拉斯[4]等众多学者的研究结论一致，科研高产

---

[1] S. Cole, J. Cole, G.A. Simon. Chance and Consensus in Peer-review [J]. Science, 1981, 214:881-886.

[2] J. Cole, H. Zuckerman. The Productivity Puzzle: Persistence and Change in Patterns of Publication of Men and Women Scientists [J]. Advances in Motivation and Achievement, 1984(2):217-258.

[3] 参见哈里特·朱克曼所著《科学界的精英：美国的诺贝尔奖金获得者》（周叶谦、冯世则译，商务印书馆 1979 年出版）。

[4] M.L. Bellas, Robert K. Toutkoushian. Faculty Time Allocations and Research Productivity: Gender, Race and Family Effect [J]. The Review of Higher Education, 1999, 22(4): 367-390.

表 6-3 科研高产群体与一般群体的特征分布

		高产群体(19.6%)		一般群体(80.4%)		合计 (100%)
		组内占比	总体占比	组内占比	总体占比	
性别	男	84.5%	16.7%	55.8%	44.8%	61.5%
	女	15.5%	3.0%	44.2%	35.5%	38.5%
年龄	35岁及以下	24.3%	4.8%	33.1%	26.5%	31.2%
	36—45岁	38.7%	7.6%	41.5%	33.3%	41.0%
	46—55岁	24.8%	4.9%	20.6%	16.6%	21.5%
	55岁以上	12.2%	2.4%	4.8%	3.9%	6.3%
婚姻	已婚	94.4%	18.5%	88.0%	70.8%	89.3%
	未婚	5.6%	1.1%	12.0%	9.6%	10.7%
职称	正高级	46.2%	9.1%	18.7%	15.0%	24.1%
	副高级	38.0%	7.5%	38.2%	30.7%	38.2%
	中级及以下	15.8%	3.1%	43.1%	34.6%	37.7%
最高学位获得院校	境外研究型院校	8.1%	1.6%	6.2%	5.0%	6.6%
	"双一流"建设院校	75.2%	14.6%	54.8%	44.0%	58.6%
	其他一般本科院校	16.7%	4.2%	39.0%	30.6%	34.8%
就职院校	"双一流"建设院校	71.6%	13.9%	39.5%	31.8%	45.7%
	一般普通本科院校	28.4%	5.5%	60.5%	48.8%	54.3%
学科类别	人文学科	6.8%	1.3%	21.3%	17.0%	18.3%
	社会科学	25.1%	4.9%	34.1%	27.3%	32.2%
	自然科学	24.9%	4.8%	21.1%	17.2%	22.0%
	工程技术	43.2%	8.4%	23.5%	19.1%	27.5%
学科声誉	国家"一流"学科	37.4%	7.3%	27.2%	21.9%	29.2%
	一般学科	62.6%	12.2%	72.8%	58.6%	70.8%

群体中男性(占比84.5%)远多于女性教师(占比15.5%),而科研一般群体中,男女分布大致相当。在年龄上,虽然两大群体均以中青年教师为主,但相比科研一般群体,高产群体中46岁及以上年龄段教师明显更多,组内占比为37%。在婚姻状况上,两类群体中绝大多数人已婚。在职称上,两类群体显现相反趋势分布,科研一般群体中以讲师为主(占比43.1%),科研高产群体中以正高级教授为最多(占比46.2%)。在最高学位来源上,两类群体均以来自"双一流"建设院校的居多,但在当前就职院校类型中,学术高产群体中"双一流"建设院校与"双非"院校的比例约为7:3,而学术一般群体中,两者比例约为4:6。在所在学科上,学术高产群体多来自工程技术类学科(占比43.2%),社会科学类和自然科学类次之(皆占比约25%),人文类学科最少,仅占比6.8%,而学术一般群体中,各类学科的分布大体相当,社会科学略多。在所在学科声誉上,学术高产群体中,其所在"一流"与"非一流"学科的比例约为4:6,而学术一般群体中,两者比例约为3:7。

如表6-4所示,近3年来,教师人均学术发表量约为8篇,但彼此之间的离散程度较大(St.D=156.212),分布并不均衡。产出最多的接近240篇,最少的为0篇。科研高产群体中,人均学术发表量约为25篇(St.D=15.964),最小值接近12篇,而科研一般群体学术产出人均只有6.7篇(St.D=1.890),还有大约1/4的教师尚无学术成果发表。这正如担任院长的受访教师LIT-M1所说,"无论是从学科层面还是学校层面,科研成果的分布都是不均衡的。以我们学院为例,历年来,我们老师的论文发表量一直是旱涝分明、两极分化的。有的老师一年就能发六七篇核心,而有的老师六七年都发不了一篇核心,颗粒无收"。

表 6-4 两大群体近 3 年来人均学术产出的比较　　单位:篇

	最大值	最小值	中位数	均值
科研高产群体	239.7	11.8	17.8	24.7
科研一般群体	11.7	0	1.8	6.7
均值	239.7	0	1.8	7.9

三、教师工作绩效的影响因素

(一) 教师教学表现的影响因素

根据前文的相关文献研究,这里从教师个体和学校层面来分析教师教学表现的影响因素。表 6-5 显示了教师教学表现影响因素的线性回归分析结果(因变量为整体教学表现),可以看到,在教师个体因素中,性别、年龄是影响教师教学表现的显著性因素($p<0.05$)。与前文的描述性分析结果一致,女性的教学表现更佳。究其原因,舍恩等人认为,在教学工作上,女性会比男性展示出更强的自信和更多的情感,更容易吸引学生。[1] 也有学者认为女性比男性的教学动机更强,更愿意在教学中投入更多的精力。[2]年龄方面,教师年龄越大,教学效果越好。在职称上,与低级职称相比,高级职称教师的教学表现更好。

如表 6-5 所示,院校因素中,就职院校的学术声誉对教师教学表现产生显著性影响($p<0.001$)。与其他一般本科院校相比,国家"双一流"建设院校的教师教学表现更好。在教师评价体制中,与采取"偏好科研"政策的院校相比,在"偏向教学"的教师评价环境中,教师的教学

---

[1] L.G. Schoen, S. Wincour. An Investigation of the Self-efficacy of Male and Female Academics [J]. Journal of Vocational Behaviour, 1998(32):307-320.

[2] J.G. Bailey. Academics' Motivation and Self-efficacy for Teaching and Research [J]. Higher Education Research & Development, 1999, 18(3):343-359.

表 6-5　高校教师教学表现影响因素的线性回归分析

变　　量		系数
个体因素	性别(女＝0,男＝1)	－0.087*
	年龄	0.118**
	职称(以初级职称为参照)	
	中级	0.010
	副高级	0.027
	正高级	0.239*
	行政职务(担任＝1,不担任＝0)	－0.004
院校因素	就职院校学术声誉(国家"双一流"建设院校＝1,其他一般本科院校＝0)	0.116***
	教师评价体制 (以重视科研为参照)	
	偏向教学	0.117*
	教学与科研并重	0.012
	教学任务量(1—5 级)	－0.134**
	课堂中的学生规模	－0.105*
	任教学科 (以人文学科为参照)	
	社会科学	－0.011
	自然科学	0.102*
	工程技术	0.122**

注：*** 表示 $p<0.001$，** 表示 $p<0.005$，* 表示 $p<0.05$。

表现更佳。此外,学校要求的教学任务量与课堂中的学生规模也对教师的教学表现产生显著性影响($p<0.05$),并且均与之呈负相关。学校规定的教学任务量越多,所授课程的学生数量越多,教师的教学表现越差。在任教学科中,与人文学科教师相比,自然科学和工程技术类教师的教学表现更好。这或许是因为理工科的探究性课程、实验性课程较多,学生的学习兴致更高。

关于教师教学表现的影响因素,访谈中提到最多的是"学校支持""有教学兴趣""时间投入"。受访教师 AGR-F1 是一位即将退休的老教师,曾与其他教师一起获得过国家级教学成果奖。对于如何提高教学效果,她提到几个十分重要的因素,以下摘录部分访谈内容:

> 教学要想教得好,我觉得应该有 3 个前提条件。一是学校确实重视教学,要提供教学制度平台。现在学校虽然宣传的是重视教学,但实际上学校的教师考核和绩效分配都是偏向科研的。在这种情况下是很难出教学成果的。所以我们会经常看到,当教师评上教授了,才会花时间教学。其实我们团队能拿到教学成果奖是跟这几年学校的政策、制度密切相关的。在我们学校,获得国家级教学成果二等奖的奖励和得到国家级重点科研项目的奖励是一样的。而且评职称的话,这个奖项(教学成果二等奖)的作用也是相当大的,如果是教学系列,不用发论文就可以评上副教授。二是教师要发自内心地热爱教学,喜欢教学。只有真正喜欢教学,才不会把教学当作一种负担。其实,在教学过程中,我们也能获得满足感、成就感……当看到学生上课专注的状态、与教师积极互动的样子,或者告诉老师他学到了什么东西时,我会感到十分高兴……只有热爱教学,才会发现教学中的乐趣,才会心甘情愿地投入教学中,才会花心思去琢磨教学。再一个就是教学知识和教学方法的把握。有学者把教学分为 4 种境界:深入浅出型、深入深出型、浅入浅出型、浅入深出型。其中,深入浅出型是最有效的,也是最难得的,但怎么做到呢?首先就是知识要有深度。讲课是一门综合艺术,教师讲得好,并不是单纯的口才好,最重要的是知识积累的

结果。现在网络很发达,很多知识学生都能搜到的,如果照本宣科,学生会失去兴趣的。所以,我们要想上好一门课,就必须首先对这门课的知识有更深的了解和把握。同时,还要注意教学方法和教学语言的把握。现在很多老师都喜欢用讲授法,如果千篇一律都这样讲,学生会觉得很单调,但如果换一种方法,效果可能就不一样了。

(二) 教师科研产出的影响机制

在不考虑时间变量的背景下,通过线性回归分析发现(见表6-6),在科研一般群体和科研高产群体中,学术兴趣等对教师科研产出具有显著性影响($p<0.05$),学术兴趣越高,科研产出越高。但是与科研一般群体不同,性别是科研高产群体科研产出的显著性影响因素($p<0.05$),男性比女性的科研产出多。

如表6-6所示,在赞助性因素中,无论对于哪一类学术群体来说,学术组织职务担任情况、人才项目获得情况、导师指导情况对教师科研产出的影响都尤为显著($p<0.05$),这说明学术界的社会网络关系在教师学术发表中发挥着重要作用。但是与科研高产群体不同,行政职务担任情况会对学术一般群体的科研产出产生显著性影响($p<0.05$),"双肩挑"的教师学术发表量显著高于一般专任教师。另外需要说明的是,最高学位来源方面,在两个群体中,毕业于国家"双一流"建设院校的教师与毕业于境外研究型院校的教师相比,科研产出并不存在显著性差异,而在就职院校和所在学科声誉方面,均是国家"双一流"建设院校与一般本科院校教师之间在学术发表上存在显著性差异。这反映出随着我国重点高校建设的逐步推进,以"双一流"建设院校为代表的高水平

表6-6 高校教师科研产出影响因素的线性回归分析

		学术一般群体	学术高产群体
个体先赋特征与努力因素	性别(女=0,男=1)	0.051	0.131*
	年龄	0.079*	0.092*
	学术兴趣	0.112*	0.159*
	学术抱负	0.002	0.010
	身份与地位		
	职称(以初级职称为参照)		
	中级	0.008	0.008
	副高级	−0.031	0.119*
	正高级	0.103*	0.131*
赞助性因素	行政职务(担任=1,不担任=0)	0.102*	0.010
	学术组织职务(担任=1,不担任=0)	0.071*	0.132*
	人才项目获得情况(以"无"为参照)		
	校级人才项目	0.086*	0.078*
	省级人才项目	0.120**	0.141***
	长江学者、千人计划等	0.112**	0.181***
	院士	0.114**	0.122***
	最高学位来源(以境外研究型院校为参照)		
	中科院	0.005	−0.001
	国家"双一流"建设院校	−0.021	−0.007
	省/市"双一流"建设院校	−0.008	−0.092*
	一般本科院校	−0.101*	−0.109*
	导师指导 (对教师入职前两年的指导情况)		
	指导/合作的高级别课题申请数	0.174*	0.188*
	指导/合作的高水平论文发表数	0.304*	0.191*
	院校组织与学科因素		
	就职院校学术声誉 (与一般本科院校相比)		

续 表

		学术一般群体	学术高产群体
赞助性因素	国家"双一流"建设院校	0.106***	0.138***
	省/市"双一流"建设院校	0.005	0.041
	学科类别(以人文学科为参照)		
	社会科学	0.021	0.031
	自然科学	0.083*	0.030
	工程技术	0.095*	0.157*
	学科声誉(以一般学科为参照)		
	国家"一流"学科	0.093**	0.166**
	省/市"一流"学科	0.003	0.031

注：*** 表示 $p<0.001$，** 表示 $p<0.005$，* 表示 $p<0.05$。

大学在人才培养、师资水平方面均有了显著提升，与境外研究型院校的差距在缩小。在任教学科中，对学术一般群体而言，理工类的教师科研产出显著高于人文学科，而对于学术高产群体来说，只有工程技术类教师的学术发表量与人文学科教师之间存在显著性差异（$p<0.05$），并且其科研产出显著高于人文学科教师。

从访谈结果来看，"科研兴趣""科研平台""学校层次"是教师提及最多的关键词，以下摘录部分访谈内容：

> "兴趣是最好的老师"嘛，兴趣很关键……大家选择教师这个职业，科研是必不可少的。如果对科研没有兴趣，不愿意申请课题、写论文，那肯定是很难出成果的。（PHI-F1）
>
> 要取得科研成果，除了个人努力外，外在的制度环境很关键。我的一个同门博后出站后留校了，他硕博也是在这个学校读的。这所学校的法学本身就属于国家"双一流"，他又和导师一起工作，

这起点肯定没法比啊……导师有什么课题，都会让他参与，而且还一起发论文，所以他的学术发展就比我们好啊。（LAW-F2）

现在的期刊很多都是约稿的，会找"大咖"组稿。如果这个老师有"大咖"带着，那论文肯定就容易发啊。（ECO-F2）

平台很重要的，以前读博时是在"双一流"建设高校，感觉论文还挺好发的……现在来到这所学校后，虽然觉得写的东西比以前更好一些，但超级难发的。也许期刊也会看作者的身份吧，看到这个学校不咋地，又是个讲师，估计就不会录用。（EDU-F1）

我们学校本身就是研究型大学，非常重视科研。像我们实验室，学校每年都投入很多经费的。无论是硬性的科研条件，还是人文环境，我觉得都相当不错……科研条件这么好，怎能不高产呢？前段时间我们实验室还发了一篇 Top 期刊呢……（SCI-M1）

我们这个专业（工科）是相当耗材的，如果没有相应的实验设备和实验仪器，是根本出不了成果的。前几年学校不怎么重视，这个实验室差点垮掉。现在新上任的领导是工科背景，对这个专业比较了解，也比较重视我们专业，这几年为实验室砸了很多钱。但这些钱不是白砸的，我们出了很多成果的，像国家级课题啦，SCI一区论文啦，专利啦……挺多的。（TEC-M4）

综上可知，教师的工作表现受到部分普遍主义和特殊主义的影响。一方面，教师的自身能力、兴趣爱好、努力程度影响着教师的工作业绩；另一方面，教师的身份地位、学校提供的发展平台也会影响教师的教学质量与科研产出。要想提高教师的工作绩效，除了教师自身的努力之外，学校提供的各种条件也至关重要。受访教师 AGR-M1 就表示"教师是树,学校是土。树长得好不好,除了自身的条件之外,土壤很重要。树的根、茎、叶本身比较发达,再加上土壤营养充分,疏松程度适宜,这棵树才能开出绚丽的花,结出丰硕的果"。

第三节 我国高校教师的时间分配与工作绩效

时间是形塑一切的土壤,同时也是一种极为特殊的资源。时间具有有限性,时间投入是影响教师工作绩效的重要因素。不同的时间分配模式会带来不同的教学表现和科研产出。

一、教师工作时间与工作绩效

(一) 教师工作时间与教学表现

如表 6-7 所示,高校教师的整体教学表现及其各维度的教学情感、教学行为和教学能力均与工作时间呈显著的正相关($p<0.05$),工作时间越长,教学表现越好。

表 6-7 教师工作时间与教学表现的相关性分析

	工作时间	教学时间	科研时间	社会服务时间
整体教学表现	0.161***	0.316***	−0.315***	0.011
教学情感	0.119***	0.312	−0.193***	0.017
教学行为	0.176***	0.345***	−0.372***	0.003
教学能力	0.167*	0.351**	0.133**	0.005

注:*** 表示 $p<0.001$,** 表示 $p<0.005$,* 表示 $p<0.05$。

在具体的工作时间分配中,无论是教师的整体教学表现还是其具体的3个维度,社会服务时间均对其不产生显著性影响($p>0.05$)。时间和精力付出是提高教学能力,促进教学效果的先决条件。在教学上花费的时间越多,教学表现就会越好。教学时间对整体教学表现、教学行为以及教学能力产生显著的正向影响($p<0.005$),影响系数均在0.3以上。时间具有排斥效应,作为一种有限的资源,在科研上投入过多,在教学上的时间投入就会变少,因此,科研时间与整体教学表现、教学情感、教学行为之间均呈显著的负相关($p<0.001$)。

但是需要特别说明的是,根据数据分析结果,科研时间的增加会对教学能力的提升产生显著的促进作用($p<0.005$)。其原因或许可以从教学与科研之间的互补关系来解释。我国学者朱九思曾提出"科研是源,教学是流"的重要思想,认为科学研究可以为教学提供不断的动力源泉。[①] 教学与科研之前并非是完全对立的,科研上的时间投入会提升教师的科研表现,而科研成果可以运用到课堂教学中,激发学生思考,提高课程吸引力。[②] 魏红、程学竹等人曾以北京师范大学教师为调查对象,通过分析教师的学生评教得分与科研成果津贴后发现,教师的科研成果越多,学生对其评价越高。[③]

对于工作时间分配与教学表现的关系,受访教师的体验和意见并不统一,有些教师认为教学表现与时间投入并不呈正比关系,以下摘录部分访谈内容:

---

① 朱九思.开拓与改革[M].武汉:华中科技大学出版社,2008:112.
② M. Allen. Research Productivity and Positive Teaching Evaluations: Examining the Relationship Using Meta-analysis [J]. Journal of the Association for Communication Administration, 1995(2):1-46.
③ 魏红,程学竹,等.科研成果与大学教师教学效果的关系研究[J].心理发展与教育,2006 (2):85-88.

教学效果太难衡量了,如果以学生评教值来看的话,我自己的体会是,在教学上花的时间并不是跟评教值呈正比的。有时候我在教学上花费了很多心思,但学生并不一定觉得好。(SCI-M2)

现在大家都强调"以研促教,教研相长",但实际上并不是这样的。在教学上花费的时间多了,科研上就少了。而且在目前"偏向科研"的体制下,教师对科研的投入可能会导致对教学的抵触。像现在很多年轻人不想上课的。有的学院甚至直接规定,新进的教师前3年的主要任务就是科研,可以不用上课的……可想而知,3年之后,如果给这些教师再安排课程,有些老师还是不熟悉教学的,对教学反而更不适应。(TEC-M2)

现在,如果一个老师可以顶住学校的科研压力专注教学,在教学上花费的时间特别特别多,那至少可以说明一点……这老师对教学超爱啊。(MAN-M1)

以我个人经验来说的话,教学是需要科研来促进的。在我们搞科研的过程中,可以了解这个学科的前沿动态,可以不断更新自己的专业知识体系。这样在讲课的过程中,就可以把我们在科研过程中接触到的最新的专业研究成果、理论等讲给学生听……你看很多教学专家实际上也是学术"大咖",从某种程度上讲,科研水平也能反映出教师的教学水平。(PHI-M1)

从教师的精力分配角度来讲,教学与科研之间肯定会产生不协调。如果双管齐下,难免会顾此失彼。但如果从知识的角度来说,在科研上做得好了,在教学上肯定也不差。你看看那些获得教学成果奖的,基本上都是教授啊!有句话说得好:学者未必名师,名师须是学者。(EDU-M3)

我国高校教师的时间分配与工作状态研究

(二) 教师工作时间与科研产出

图 6-4 展示了科研高产群体和科研一般群体工作时间分配与科研产出的关系。在科研产出与总工作时长关系上，两类群体均呈"倒 U"形分布。其中，科研高产群体的科研产出以每周工作 60 小时左右时为最高，而继续增加时长，特别是工作 70 小时以上时，科研产出出现较大幅度下滑；科研一般群体的科研产出大致以每周工作 52 小时时为最高。

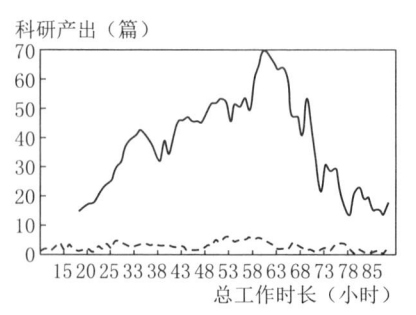

(a) 总工作时长与科研产出

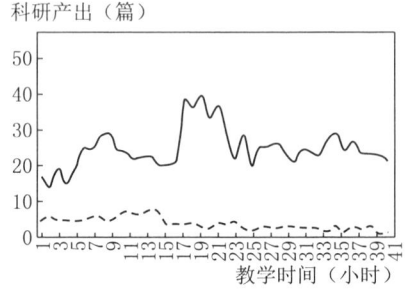

(b) 教学时间与科研产出

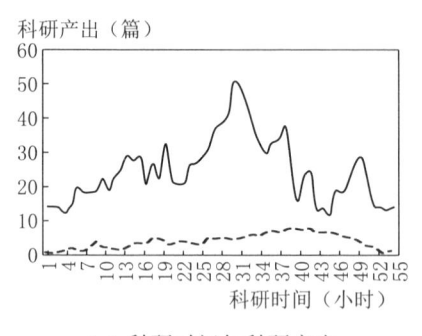

(c) 科研时间与科研产出

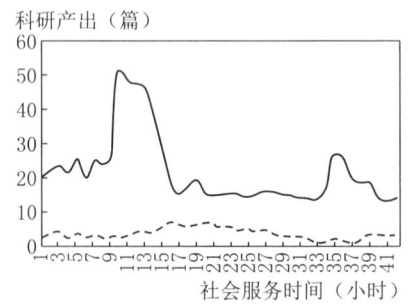

(d) 社会服务时间与科研产出

—— 科研高产群体　　---- 科研一般群体

图 6-4　高校教师每周工作时间分配与科研产出的关系

在具体的工作时间分配方面,对于科研高产群体来说,教学时间与科研产出大致呈"倒 U"形关系,并以每周教学时间在 17—20 小时时科研产出最高。科研时间、社会服务时间则与科研产出之间呈现"驼峰"式分布,随着科研与社会服务时间投入的增加,教师科研产出逐渐增加,在科研时间为 30 小时、社会服务时间为 10 小时时学术发表数量达到顶峰,之后开始波浪式下降,接着在科研时间为 50 小时、社会服务时间在 35 小时左右时又有所反弹,然后再继续降低。但对科研一般群体而言,教学时间、科研时间、社会服务时间与科研产出之间均呈"倒 U"形偏峰分布,以教学时间在 10—14 小时、科研时间在 37—47 小时、社会服务时间在 16—20 小时时为最高。

从访谈调查结果来看,对于教学时间与科研产出的关系,绝大部分教师表示教学工作量要有"度",如果课时量太多,会严重影响科研。例如,返聘教授 HIS-M1 表示"科研发文量除了学科、专业本身的内在逻辑外,教师的科研投入很重要。我曾经跟其他院做过对比,发现教学工作量大的教师,科研的确做得不太好。有的院系抱怨自己院里老师承担了大量公共课,根本没时间写论文。现在大学把本科教学提到很重要的位置……为了提高本科生教学质量,领导会不定时地听课、巡查,这也搞得教师很紧张。为了上好一门课,背后要付出很多努力,最后就导致没有时间申报课题、写论文,久而久之,科研就落下来了"。承担学校部分公共课的受访教师 LIT-F1 也表示"我们每周差不多要上 10 节课,每天备课、上课,大量时间都花在这上面了。现在年龄大了,上完课身体会感到很疲惫,根本没体力,也没精力去做其他的。所以,现在好几年了都没发一篇论文"。受访教师 SCI-M2 也认为"教学与科研实际上是存在冲突的。教学时间如果不挤占科研时间的话,只会导致教师的工作时间大幅度延长。但是我们人的身体是有一定承受极限的,所以很多时候,我们只能保持工作时间不变,这时就只能是双方互相挤压。现在,我们大部分老师一周要上 4—6 节课,我觉得这个课时量正好。课时量太少会觉得意犹未尽,课时量多了就没时间做研究"。

对于科研时间与科研产出的关系,有些教师认为科研时间与科研产出也并不呈正比例关系。例如,受访教师 LAW-M2 表示"发文量应该与教师能力有关系吧,有的教授'信手拈来',也没花多少时间,就发了很多论文"。受访教师 AGR-M1 表示"现在很多期刊都看作者身份的,一看你是某'双一流'院校的教授,那肯定是优先录用的。可是很多教授在科研上并没有投入多少精力啊"。受访教师 TEC-M4 表示"我们这个学科领域大部分是搞团队合作,有的老师发文量虽多,但很少是自己写的……很多论文都是团队里面的老师、学生来做,但最后发文时却挂了他们的名字,甚至有的还是第一作者或者通讯作者呢"。受访教师 EDU-F1 表示"发文很复杂的,有时候花费了很多心思,但不一定有回报的。我目前手头上积累了 6 篇论文,一篇都没发出去呢"。

但也有部分教师认为科研成果是以高度的科研时间投入为代价的。例如,作为高层次人才得到引进的受访教师 SCI-M1 就认为"科研没有捷径,就是需要付出的。回过头来看我这几年的发文,可以说都是以时间换来的,就是不停地写……我也是被拒过好多次,但是没关系,继续写,继续改……这个期刊拒了,再投另外一个呗"。受访教师 LAW-M1 也认为"不管是申请课题,还是发表论文,都是需要花费工夫的。我去年中了一个'国家社科',光是这个本子,我前前后后改了不下于 10 次。写论文也是一样的,写完肯定要打磨,都是需要费心思的"。

还有一些教师认为科研时间不能一味延长,要有限度。例如,受访教师 MAN-M1 表示"上半年我的一个课题要结题。为了整理结题材料,我天天待在电脑前,眼睛都要废掉了。有段时间,我看着电脑上的文字,就感觉文字不像文字,甚至认不出是什么字。不仅把自己累得够呛,工作效率还特别低,写的东西根本没法看"。受访教师 PH1-M1 表示"我能接受的最长工作时间是 10 小时,再长了人就受不了了。我们专业课比较少,如果是科研岗的话,一周就两节课。但是如果整天做研究,也会很枯燥的……长时间在电脑前看文献、写论文,眼睛会受不了的……如果超过了那个承受的限度,再怎么写都写不出来的"。

对于社会服务时间与科研产出的关系,经济学教师 ECO-M1 分析说:"首先应该看这个社会服务时间指的是什么。有的社会服务工作是有利于科研发表的。比如,有的老师可能会担任某个期刊的评审,是这个期刊的编委,这个 Title 以及他在期刊工作上花费的时间,实际上是有利于他的科研发文的。但有些社会服务时间,比如学校里与工作无关的会议,可能还会对教师的科研产生干扰。有的时候,刚想到一个思路,就被打扰了。如果再回过头来做,就很难沉浸其中了。"

受访教师 AGR-M1 结合自己的亲身经历感叹道:"完成接待任务啦,写申报材料啦……这些工作真的很伤害科研的,花费的时间太长了,导致我们根本没有更多的精力去写篇论文。而且像有些材料更加麻烦,写完之后,再想转到自己研究的工作中,就很难转换,毕竟内容不一样嘛。"

受访教师 EDU-M1 也强调说:"如果学校有个紧急事,让我花两三天在这事上,我是可以接受的。如果长期都让我做一些与学术无关的东西,我自身也是不允许的……长时间的行政服务工作,可能会耽误我的发文……科研发表是需要有优先权的,是有时效性的,错过了这个时间,可能就发不出来了。"

二、教师家务时间与工作绩效

(一) 教师家务时间与教学表现

如表 6-8 所示,高校教师的家务时间与整体教学表现和教学行为之间呈显著的负相关($p<0.001$),即教师在家务方面投入的时间越多,教师的教学表现越差。但是细分来看,其中具体的家务劳动时间对教学表现及其各维度均不产生显著性影响($p>0.05$),这或许是因为在当下社会中,家务劳动不再像过去那样必然劳心劳力,而且有些教师并不将此看作一种负担,反而可以用于缓解工作压力。教师TEC-M3 就表示"有时候拖个地、去超市逛逛蛮好的,可以缓解一天的工作疲惫"。

表 6-8 高校教师的家务时间与教学表现的相关性分析

	家务时间	家务劳动时间	子女教育时间
整体教学表现	−0.101***	0.016	−0.213***
教学情感	0.009	0.002	−0.106***
教学行为	−0.176***	0.015	−0.314*
教学能力	0.017	0.011	0.003

注:*** 表示 $p<0.001$,* 表示 $p<0.05$。

不过,相对于家务劳动时间,子女教育时间对教师的整体教学表现及其子维度中的教学情感、教学行为则有显著的负向影响($p<0.05$)。随着社会竞争的不断加剧,子女教育也越来越受到重视,教师在子女教育上花费的时间不断增加。对子女教育的过分投入,势必会影响教师

的教学表现。

访谈结果也印证了这一结论。受访教师 MAN-M1 表示"现在辅导班不让开了,辅导作业的事情就转移给家长了,一天到晚围着孩子转。很想好好备课,可是没有时间呀,还得做科研,时间是一定的,所以整个教学上的时间就少了"。受访教师 SCI-F1 表示"家长在子女教育中的角色是非常重要的,我们的一言一行都会影响到孩子的。子女成长是'不可逆'的,如果错过了,那将来后悔就来不及了。这几年我教的课程一直没变,对教学也相当熟练了……所以,我可以拿出原本备课的时间来陪孩子"。受访教师 TEC-M1 表示"教学行为其实是很机动、灵活的。比方说,课堂教学安排,教师可以一直讲,也可以安排几节课让学生汇报,怎么方便怎么来……还有课后作业,布置也行,不布置也可以……如果家里的事情实在脱不开身,我们可以更改教学安排啊"。

(二) 教师家务时间与科研产出

如图 6-5 所示,细分来看,对于科研一般群体而言,家务时间与科研产出之间并没有明显的线性关系,也就是说,家务时间对于科研一般群体的科研产出实际没有显著性影响($p>0.05$)。就具体的家务时间分配而言,家务劳动时间与这类教师的科研产出有较为明显的负向关联。每周家务劳动时间在 9 小时以下的教师科研产出明显高于每周家务劳动时间在 9 小时以上的教师。子女教育时间与科研产出之间无明显的线性关系,说明子女教育时间对于科研一般群体的科研产出没有显著性影响。

对此,担任副院长的受访教师 PHI-M1 分析说:"教师的学术发表受多方面的影响。虽然家务时间会挤占教师的科研时间,但是对于好

科研产出（篇）

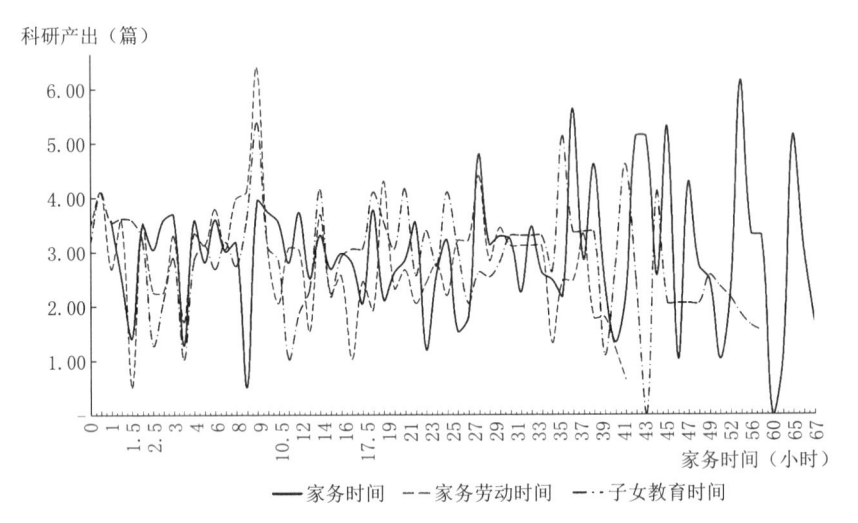

图 6-5　科研一般群体每周家务时间与科研产出的关系

几年都没有科研成果发表的教师来说，似乎并没有多少影响。除了学校平台之外，有些老师可能对科研已经失去信心了，没有能力搞科研了。即使全身心投入研究中，也很难有成果出来的。"

受访教师 ART-F1 也结合自己的经历分析说："我这几年基本是每年发表一篇，以前没结婚的时候也是这样的。我就是这个节奏，再多也发不出来，可能是我能力决定的吧……当然，在孩子很小的时候的确是没精力的，特别是我们女性，在生产完的那几个月根本没心思去想研究的事情。但是孩子稍微大点，身子也调理得差不多的时候，就可以往科研这边多想想了。虽然不能百分百投入科研中，但只要不放弃，每周都花点时间坚持写，总会有发表的时候。"

受访教师 LIT-F1 则认为"家务时间是会影响科研的。我本身（科研）能力就不是很强，在没有其他事务打扰的情况下，本年才写出一篇论文呢……有家务事情的话,所需的时间就更长了。有时候一做家务,研究的思路就被打断了"。

如图 6-6 所示,对于科研高产群体而言,每周家务时间低于 4 小时的教师科研产出明显高于每周家务时间高于 4 小时的教师。每周家务劳动时间则与教师科研产出之间没有明显的共变关系,说明每周家务劳动时间对科研高产群体的科研产出影响并不显著($p>0.05$)。每周子女教育时间低于 4 小时的教师科研产出明显高于每周子女教育时间高于 4 小时的教师,而在每周子女教育时间大于 4 小时后,子女教育时间的变化对教师科研产出的影响并不显著($p>0.05$)。

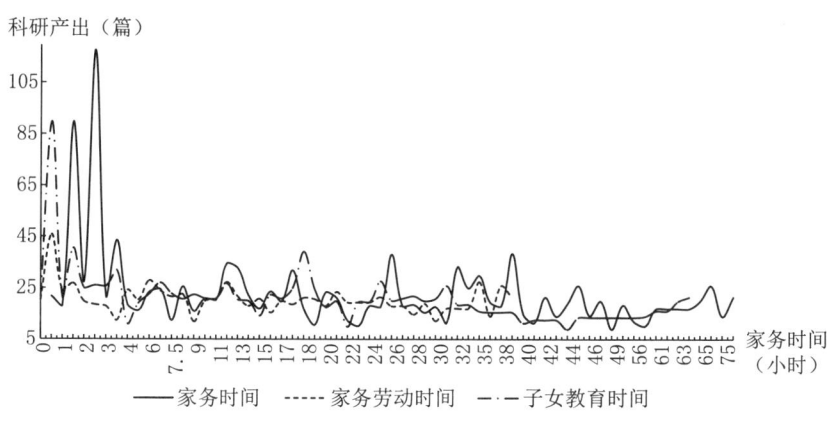

图 6-6 科研高产群体每周家务时间与科研产出的关系

受访教师 SCI-M1 科研成果颇丰,入职 5 年来共获得 3 项纵向科研项目支持,累计发表 SCI、CSSCI 论文 40 余篇(含通讯作者)。提到家务时间与发文量的关系,他表示"一天做 10—20 分钟家务我是接受的,这种短时间的家务,也算是工作的调节。当研究遇到瓶颈,写不出来时,适当干点家务说不定灵感就出来了。但是,长时间的家务势必会分散科研注意力的。研究是需要持续性投入的,稍微一放松,可能就很难再拾起来了"。

TEC-M4 也是一位科研上多产的学者,每年至少发表 6 篇 SCI(含通讯作者)。他说:"我工作上的成就也是多亏了家人的支持。现在家里有老人在,做饭、搞卫生、辅导孩子基本是由我爸妈来做……我基本不会做什么,就是有时候家里马桶堵了,或者电器坏了,我会去修理一下,或者找人换一下。其他大部分家务劳动都是我爸妈承担。我很少操心家务,所以才会有大量的时间来做研究。"

ECO-F1 教师也深有感触地回忆说:"有段时间家里人都倒下了,先是父母生病,后来又是孩子,照顾了这个又照顾那个,天天做饭、消毒、打扫卫生,哪有时间做别的呀……别说科研了,上网课都快顾不上了。"

三、教师休闲时间与工作绩效

(一) 教师休闲时间与教学表现

如表 6-9 所示,教师休闲时间对教师整体教学表现及其子维度中的教学行为、教学能力有显著的正向影响($p<0.005$)。虽然各类时间之间具有一定的排斥效应,但是休闲时间却对整体教学表现具有积极的促进作用。教师在休闲方面投入的时间越多,教学行为、教学能力以及整体教学表现越好。

在具体的休闲时间分配中,除了睡眠时间与教学情感不具有显著的相关关系之外,其与其他各维度均呈显著的正相关($p<0.005$)。充足的睡眠是保障教师身体健康的基础,只有保持充足的睡眠,教师才有精神进行教学,才能在课堂上呈现最佳的状态,进而得到学生的认可。

表 6-9 高校教师休闲时间与教学表现的相关性分析

	休闲时间	睡眠时间	其他闲暇时间
整体教学表现	0.211***	0.216**	0.323***
教学情感	0.009	0.012	0.176***
教学行为	0.165***	0.315**	0.274*
教学能力	0.117**	0.119**	0.133**

注：*** 表示 $p<0.001$，** 表示 $p<0.005$，* 表示 $p<0.05$。

其他娱乐、运动等闲暇时间对整体教学表现及其子维度均呈显著的正相关（$p<0.05$）。结合前文的职业压力分析不难发现，必要的闲暇活动可以缓解教师的教学紧张感，增进教学情意，促进教学投入，提高教学效果。

从访谈调查结果来看，大部分受访教师也强调休闲时间对提升教学表现具有重要作用，以下摘录部分访谈内容：

> 教学是个体力活。有段时间我一周上 14 节课，太累了。上完课，哪儿还有体力去干其他的呀。我们学校评职称还是看科研的，没有课题，没有论文，上不了职称的。说实话，那段时间搞得我都有点教学倦怠了，实在是不想上课……然后就学着自己放松，有时候跟朋友喝个下午茶，晚上做个瑜伽……哈哈，这样就发现生活还是很美好的。（HIS-F1）
>
> 每年都上这个课，时间一久，就感觉没什么新意了。有段时间我就一直考虑教学创新的事情，想着如何把学生调动起来……但思考了一周也没进展，后来就干脆不想了。跟朋友一起放松了一下，过了一段时间，灵感就来了。（EDU-M3）
>
> 上课对身体素质要求还是蛮高的。我习惯站着讲，不管一天

上几节课都会站着……为了能这样讲得了课,我平时就很注意锻炼身体,有时间就去跑步,打羽毛球。(AGR-F1)

睡眠很重要,特别是第二天有课的时候,夜里必须得休息好。休息好了,上课才有精神,学生听着也舒服。(LIT-F1)

我下午一、二节有课。如果中午不休息的话,下午上课就会犯困,精力不集中。有时候哈欠不断,很影响教学效果的。(LAW-M1)

(二)教师休闲时间与科研产出

如表6-10所示,对于科研一般群体而言,休闲时间及其各维度的时间分配均与科研产出呈显著相关关系($p<0.005$)。与整体教学表现不同,休闲时间、睡眠时间与科研产出呈显著的负相关($p<0.005$),休闲时间、睡眠时间越多,科研产出反而越低,而其他闲暇时间则与科研产出呈显著正相关关系($p<0.001$)。对于大多数教师来说,熬夜加班已成为常态。为了写论文,多数教师会牺牲睡眠时间,选择夜深人静时写作,这导致睡眠时间与科研产出呈明显的负相关关系。闲暇时间则是教师科研过程中身心调节的重要支持,可以缓解压力,提升科研动力。受访教师ECO-F2就表示"休息不一定就是睡觉,有时候看文献累了,看个足球赛,听首歌曲,放松一下,效果还是不错的"。

表6-10　高校教师休闲时间与科研产出的相关性分析

	休闲时间	睡眠时间	其他闲暇时间
科研一般群体	-0.251**	-0.171***	0.391***
科研高产群体	0.244***	-0.012	0.412**

注:*** 表示 $p<0.001$, ** 表示 $p<0.005$。

与学术一般群体不同,睡眠时间并不对科研高产群体的科研产出产生显著性作用($p>0.05$),而休闲时间和其他闲暇时间却会对其产生显著的正向促进作用($p<0.005$)。科研高产群体的科研能力较强,睡眠时间的多与少对其学术发表没有显著性影响,反倒是适当的身体锻炼、休闲娱乐可以让教师放松身心,有效地促进科研能量的积蓄。

访谈中,多数受访教师也表示休闲时间对科研具有十分重要的意义,以下摘录部分访谈内容:

> 研究的灵感是来自闲暇中的,有时候翻遍所有文献资料,想破头都解不开,但是茶余饭后,说不定研究的思路就打开了,柳暗花明了……适当的休息和放松不仅可以让我们的身体和大脑得到恢复,还可以提高我们的创造力呢,而研究正需要创造性啊。(SCI-F2)
>
> 我中午一般会休息半小时,午间休息对看文献、写论文很有帮助的。上午看半天,脑子也累了,吃完午饭,人就更容易犯困。如果得不到休息,下午的工作效率就会非常低。我很喜欢熬夜,喜欢夜间写东西。但前提是我得有充足的午休时间。只有休息充分了,才能加班加点。(TEC-M2)
>
> 休息有多种形式,在电脑上看个电视剧,"刷"个娱乐节目也是一种休息……它可以帮助我们改善情绪,特别是当你写论文写不出来的时候,适当休息非常重要,甚至会帮你迸发出研究的小火花。(LIT-M1)
>
> 努力和专注是科研的关键,但努力过了头,是会对科研生产力产生负面影响的。所以呢,我们教师必须要学会放松。我一般下午4点多要出去溜达一下,差不多溜达40分钟。别小瞧这40分钟,这40分钟相当于给大脑重新充电呢,可以缓解疲劳,帮助大脑恢复清晰的思维能力。(ART-M1)

四、教师其他时间与工作绩效

经分析发现,教师在就餐、就医、穿衣打扮等方面花费的时间对整体教学表现及其子维度并无显著性影响($p>0.05$)。这些其他活动时间都是人们生活中必需花费的时间,在整个时间分配中所占比重相对较低,因此对教学的影响不大。但在访谈中,各教师对此看法不一,以下摘录部分访谈内容:

> 要是有课的话,我一般都会好好收拾下自己的。像我们男教师的话主要靠着装了,穿着得体是可以给学生留下好印象的。我不知道学生对教师的评价怎样,但我自认为着装是有助于提升教学效果的。(LAW-M1)

> 在这方面,我觉得可能梳妆的时间会对教学产生影响吧。妆容是教师形象的反映。每次出门前,我都会想想今天有没有课。如果有课的话,我一般会花点时间好好捯饬下自己。这样上课的时候,学生看着老师舒服,我们自己也舒服……我看我们院那些打扮得美美的女教师,学生评教分值都很高呢。所以,在这上面多花点心思,可能会有助于教学吧。(ART-F1)

> 吃饭、穿衣的这些时间在整个时间分配中占的比例太少了,而且这些大部分都是我们的必需时间。有的老师为了教学,为了指导学生,可能饭都顾不上吃。但是这省下的几顿吃饭时间促进教学了吗?可能暂时会有影响,但从学生发展的长期过程来看,影响其实是微乎其微的……(ECO-M1)

在其他时间对科研产出的影响方面,进一步的差异性分析发现(见

图 6-7),科研高产群体的科研产出大致与"其他时间"上的花费呈负相关,即在其他事务上花费的时间越少,科研产出量越高。当其他事务上花费的时间在 10 小时及以下时,科研产出量达到最高,人均发表量约为 34.6 篇。对于科研一般群体来说,学术产出量以在其他事务上花费 10 小时及以下时最高,而在 30—40 小时(不含 30 小时)时最低,人均发表量不足 3 篇。

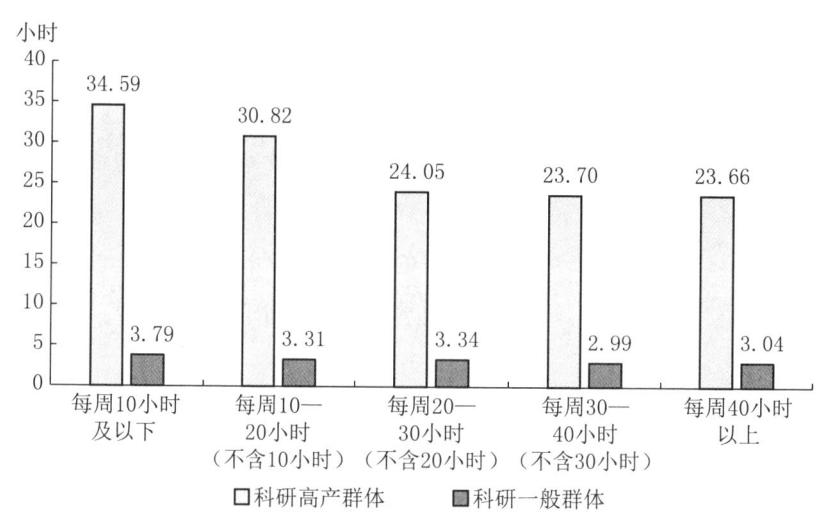

图 6-7 科研一般群体与科研高产群体的其他时间与科研产出的关系

不过,访谈中有教师对此持不同看法。受访教师 PHI-M1 表示"中国有句成语叫'废寝忘食',意思是为了完成某件事情,顾不得睡觉,也忘记了吃饭。其实,科研过程中是会有这种状态的,特别是灵感迸发、思路明晰的那一刻,恨不得立马写完。但这种情况往往不多,因为人不能总是不休息、不吃饭的呀,这样身体很快就会垮掉的。虽然我们的科研时间会挤占家务时间、休闲时间,但一般很少挤占这些用来吃饭、就医、洗澡等的时间。这些时间是我们生活中必需的。可能有的人吃饭快一些，有的吃饭慢一些，但总体来说，差不了多少。所以这些时间实际上对工作是没多少影响的"。

受访教师 ARG-F1 结合自己的体验回忆说："对我来说，现在这方面花费时间最多的可能就是就医吧。前几年腿上长了个瘤，一直拖着没去看。现在年纪大了，慢慢有感觉了，就去上海做了个手术。做完手术后，有一个多月没能下床……其实，并不是就医的这个过程或者是花费的时间给教学、科研带来了什么影响，关键是由此引发的心理感受。在床上那一个月，心里是不好受的，根本没有心情去看看书，写点东西的。"

综上分析可知，教师的时间分配对工作绩效至关重要，特别是工作时间和休闲时间对教学表现和科研产出会产生显著性影响。无论是教学还是科研，时间投入是教师取得较好工作业绩的必要前提。同时，教师还应适当进行放松，调节身心，这样才能更好提高工作质量。

本章小结

本章在探究高校教师工作绩效内涵的基础上，深入分析了我国高校教师工作绩效的表现特征、影响因素，以及时间分配与工作绩效的关系。

工作绩效是管理学和经济学中的重要概念。本书综合相关研究，将高校教师的工作绩效界定为教师通过工作过程中的具体行为产生的结果或成绩，主要包括教学表现和科研产出两个方面。其中，教学表现包含教学情感、教学行为和教学能力三方面内容；科研产出主要以教师

"近3年的学术发表数量",即CSSCI、EI、SSCI或SCI以及学术著作（独著）、普通期刊的论文发表量作为衡量指标。

分析发现,我国高校教师的教学表现处于一般偏上水平,其中教学情感最高,而教学行为最低。也就是说,教师对教学的心理偏好程度与实际教学行为并不匹配。教师虽然很热爱教学,但是在实际的教学行为上并没有很好体现,教学指导、教学辅助、课堂管理等行为不足。对于影响教师教学表现的背后因素,本章根据相关研究,从教师个体和学校层面展开了讨论。分析发现,女性、年长的以及高级职称教师的教学表现更佳。院校因素中,院校学术声誉以及"偏向教学"的教师评价环境均对教师的教学表现产生显著的积极影响。结合访谈材料不难发现,教师的教学表现其实与多方面存在关联。教师的课堂语言表达、知识储备、教学经验、组织形式,以及学校对教师教学的支持环境等,都会影响教师的课堂表现。

在科研产出方面,与朱克曼、科尔兄弟、普赖斯等学者的研究结论相似,我国的学术系统也呈现高度分层的金字塔结构。为了更科学而深入地分析教师科研产出的影响因素,本章经由普赖斯定律和洛必卡定律的推导公式,将高校教师分为科研高产群体和科研一般群体,两者的比例符合巴莱多定律分布。分析发现,近3年来,科研高产群体中,教师人均学术发表量约为25篇;科研一般群体中,人均学术发表量则只有6.7篇,并且有大约25%的教师颗粒无收。至于其背后的影响机制,本章经分析发现,科研高产群体的科研产出更多是受个体先赋特征、兴趣爱好等普遍主义的影响,而一般群体则受诸如毕业院校学术声誉、就职院校学术声誉、学科类别与地位等特殊主义的影响较大。也就是说,在教师尚未进入科研高产之列时,赞助性因素占据主导,而当跨入精英行列之后,由于"光环效应",即使所在机构的学术声誉不佳,也不影响教师的科研表现。

在工作时间与教师工作绩效方面,本研究发现工作时间对教师的教学情感、教学行为和教学能力产生显著的正向影响,工作时间越长,教学表现越好。但在工作时间与科研产出的关系方面,无论是对于科研高产群体还是科研一般群体,其均呈"倒U"形分布。没有时间投入,工作绩效根本无从谈起,但这并不意味着时间投入越多,学术产出就越高。如果一味地延长工作时间,很容易导致身心疲惫,甚至诱发职业倦怠,影响科研绩效。只有当工作时间适度时,工作效率才是最高的。

在家务时间与工作绩效关系方面,本研究发现教师的家务时间与教学表现产生负向关联。家务是非常琐碎的事务,如果在家务中投入的时间过长,可能会产生诸多负面情绪,进而影响教学。但是家务时间对科研高产群体和科研一般群体的科研产出并没有显著性影响。也就是说,教师在家务中投入多少时间,并不影响教师的学术发表。但是从访谈调查结果来看,不同的教师对此感受不一。有些教师认为家务时间会挤占科研时间,进而影响科研产出;有些教师则认为家务劳动、照料子女、教育子女等在一定程度上可以当作学术工作的调节,并不影响学术工作。

在休闲时间与工作绩效的关系方面,本研究发现休闲时间对教师教学表现产生显著的正向影响。但在科研产出方面,对科研一般群体而言,休闲时间与科研产出之间呈显著的负相关;对科研高产群体而言,休闲时间却对科研产出产生显著的正向作用。结合访谈材料发现,这或许是因为学术高产群体本身思维较为活跃,专注力和意志力也相对较强,通过适当的休闲,可以重塑自身的专注力,进而提升工作效率。

第七章
结论与反思

逝者如斯夫,不舍昼夜![1]

——孔子

第一节　研究结论

本研究利用来自全国14个省/市的问卷调查数据、半结构式访谈材料以及观察材料,系统探究了当下我国高校教师的时间分配与工作状态,全书观点可概括为如下几点。

一、我国高校教师的时间结构与内涵特征

(一)我国高校教师的时间结构

学术工作比较特殊,高校教师的时间分配情况也比较复杂。根据相关参考文献,并结合访谈内容,本研究将高校教师的时间分为工作时

---

[1] 孔子.论语[M].北京:中华书局,2022:15.

间、家务时间、休闲时间以及其他时间,共4部分。

工作时间是指高校教师花费在学术工作中的时间,是教师教学时间、科研时间和社会服务时间之和;家务时间是教师为家庭事务所付出的无偿性时间,包括买菜、做饭、家庭清洁(如打扫卫生、洗碗、洗衣服等)等一般性劳动时间(简称"家务劳动时间")和抚育子女、赡养老人所花费的时间;休闲时间是为满足个人精神需要所占用的时间,包括睡眠时间(含午休、晚休)、娱乐时间(如看电视、看电影、看演唱会、游戏、聊天等)、运动时间(如跑步、游泳、健身等)以及其他休闲行为所花费的时间(如喝下午茶、咖啡等);其他时间是指扣除工作时间、休闲时间和家务时间以外的其余时间,包括个人卫生清理、护理、打扮、就餐、就医等方面花费的时间。

(二)我国高校教师时间分配的特征

高校教师是典型的知识工作者,虽然相对于其他职业,其工作安排更为自由,但在学术研究上必须花费的时间也更长。本研究发现,我国高校教师的工作时间远超法定时间,而休闲时间不足。除去通勤时间,教师平均每周工作时间达51.38小时,而每日睡眠时间(含午休和晚休)只有约7小时,锻炼、运动、娱乐等闲暇时间每天不足半小时。当前,高校教师的各类型时间分配之间没有明确的边界,工作时间常溢出到家务时间、休闲时间之中。此外,随着现代科技的高速发展,教师在工作与生活方面已很难拥有完整的、连续的时间,时间分配已高度碎片化。

当然,由于教师的个性和群体性差异,在时间分配上也会有所区别。在性别上,与诸多研究的结论相似,本研究发现男性教师的工作时间比女性教师长,而女性比男性在家务和休闲方面投入的时间多,特别是在家务时间上,女性教师比男性教师平均每周多投入9个小时。分年龄来看,教师的工作时间与家庭劳务时间以30岁至42岁左右的教师为最长,之后略有下降;休闲时间与其他时间则随年龄的增长大致呈U形变化态势,以30岁之前和53岁之后的教师为最长。在婚姻和有无需要照料的子女方面,已婚教师和有照顾子女需要的教师,在家务方面平均每周分别多投入约8小时和9.4小时,而在娱乐、休闲以及其他方面花费的时间相对较少。当然,随着子女年龄的增长,教师工作时间基本呈增加状态,家务时间逐渐减少。

从院校特征看,学校声誉越高,教师的工作时间越长,就职于国家"双一流"建设院校的教师比省/市"双一流"建设院校和其他一般院校的教师平均每周分别多工作近5小时和约8.4小时。学科方面以理工科教师的工作时间更长,每周平均比人文社科类教师多工作近5小时,而家务和休闲方面则花费时间较少。

二、我国高校教师时间分配的影响因素

时间是个人的,但同时又不是由个人所能完全决定的。教师的时间分配受到教师个体、学校、家庭以及社会宏观因素的影响。

首先,学术职业具有较强的自主性,教师的时间分配受个体兴趣爱好、作息习惯和理想抱负的影响。兴趣是教师行为的内在驱动力,个体对所偏好的活动在时间投入上也会有所侧重。教师越是爱好某种活动,越是喜欢在这种活动上投入更多的时间和精力。"少成若天性,习惯如自然",习惯是积久养成的行为方式,会对教师的时间分配产生固化作用。教师的理想抱负也会对其时间分配产生显著性影响,学术抱负越强的教师,在工作上投入的时间也越长。

其次,作为教师工作的重要场域,大学制度与文化环境也会影响教师的时间分配。受"非升即走"制度的影响,许多新进的青年教师在工

作上,特别是在科研上投入更多的时间,而在休闲、家务方面投入的时间相对较少。在聘期考核制度下,即使是评上职称的教师,对工作也不敢松懈,在工作上投入的时间并未减少。在具体的工作时间分配方面,由于当前大多数高校,特别是研究型高校的绩效分配侧重科研,使得教师的科研时间投入相对较多。

再次,家庭是教师不可或缺的重要生活场所,家庭结构、分工模式等都会影响教师的时间分配。相关数据分析表明,家庭中需要照料的子女数量、需要赡养的老人数量、他人参与家务程度以及家人的经济帮助、工作期望等对教师的工作时间、家务时间和休闲时间均产生显著性影响。教师家庭中需要照料的子女数、老人数越多,工作时间和家务时间越长,而他人参与家务的程度、家人的经济资助力度对工作时间和休闲时间起显著的促进作用。家人的工作期望会对家务时间和休闲时间产生显著的抑制作用。此外,受传统性别角色文化的影响,"男主外,女主内"的家庭分工模式导致女性教师在家庭事务中投入的时间更长。

最后,教师所处的地区经济环境和科技发展状况也会对教师的时间分配产生影响。本研究发现,在经济发达的北京、上海、广州、深圳这些一线城市中,教师的经济压力最大,相比其他普通城市,就职于这些一线城市的高校教师平均每周在工作上多投入近4小时。同时,通信技术的发展、网络的普及,在提高教师时间效率的同时,又增加了教师许多不必要的时间花费,使教师的时间更为碎片化。

三、我国高校教师的时间分配与工作满意度

(一) 我国高校教师工作满意度的现状特征

高校教师的工作满意度是指教师对工作情况的评价和感受,包括

学术氛围满意度、制度与环境支持满意度、薪酬福利待遇满意度、领导行为满意度。经分析发现,我国高校教师的总体工作满意度高于一般水平,均值为 3.48 分。在各满意度中,满意水平由高到低依次为领导行为满意度、制度与环境支持满意度、学术氛围满意度和薪酬福利待遇满意度。

进一步分析发现,性别、婚姻、职称、院校学术声誉和任教学科等会影响教师的工作满意度。男性对学术氛围和领导行为方面的满意度要高于女性。已婚教师的工作满意度略高。年龄、职称与学科声誉对教师工作满意度呈正相关。教师年龄越大,职称越高,就职学校的学术声誉越高,教师的工作满意度水平越高。在学科类别方面,自然科学与人文学科的教师总体满意度最高,而工程技术类教师的工作满意度最低。

(二) 我国高校教师时间分配与工作满意度

在各项工作满意度中,除了制度与环境支持方面的满意度之外,教师的工作时间长度与学术氛围、薪酬福利待遇、领导行为方面的满意度均具有显著的相关性。其中,工作时间越长的教师对于院校的学术氛围和领导行为的满意程度也越高。

高校教师家务时间长度虽然与工作满意度没有显著的线性相关关系,但是工作满意度与家务时长之间大致呈"倒 U"形关系,平均每周家务时长在 20—30 小时(不含 20 小时)的高校教师,总体工作满意度最高。在各项工作满意度中,教师每周总家务时长对学术氛围、领导行为方面的满意度产生显著的负向影响。在家务中投入时间越长的教师对院校的学术氛围和领导行为越不满意。

高校教师的休闲时间长度与工作满意度之间大致也呈现"倒 U"形的关系,平均每周休闲时间在 50—60 小时(不含 50 小时)的高校教师工作满意度最高。在各项工作满意度中，休闲时间只与学术氛围、薪酬福利待遇方面的满意度呈显著的正相关。其中，睡眠时间与总体工作满意度及其各子维度之间并不存在显著性的相关关系，而娱乐、运动及其他方面的休闲时间却对总体工作满意度以及制度与环境支持、薪酬福利待遇、领导行为方面的满意度产生显著的积极影响。

高校教师的工作满意度在其他活动时间上大致呈现"偏U"形变化趋势。其中，平均每周花费在洗漱、就餐、穿衣、打扮等其他方面的时间在20小时及以下的高校教师工作满意度最高。

四、我国高校教师的时间分配与职业压力

（一）我国高校教师职业压力的现状特征

高校教师职业压力是高校教师在学术职业以及相关环境中产生的心理反映，主要表现为焦虑、紧张、易怒等情绪。高校教师职业压力具体包括教学压力、科研压力、行政事务压力、家庭生活负担、人际关系压力以及知识与科技更新压力。

本研究经数据分析发现，我国高校教师感受到的总体压力均值为3.62，超过一般水平（3）。在六大压力源中，科研压力高居榜首，其中压力最高的是论文发表和课题申报两项。行政事务压力位居其次，其中压力最高的前3项是财务报销、行政会议，以及各类评审考核等填报程序。家庭生活负担是高校教师的第三大压力源，有超过一半高校教师的经济压力超出一般水平，买"学区房"、还房贷成为教师最大的家庭经济负担。

当然，各维度的压力会因教师群体的不同而有所差别。在高校教师性别方面，男、女教师只在科研压力与家庭生活负担两项上存在显著

性差异,并且女教师的压力感明显大于男性。在婚姻方面,除家庭生活负担是已婚教师明显高于未婚外,其他方面的压力均不存在显著性差异。在职称上,除科研压力、行政事务压力、人际关系压力 3 项上以中级职称教师所承受的压力值最大外,其余几项均以副高级群体为最高。

在不考虑时间分配变量的情况下,个体因素中,年龄对职业压力产生显著的负向影响,教师的学术抱负则与职业压力呈显著的正相关,而学术兴趣与之存在显著的负相关。家庭因素中,教师的职业压力只与子女数量存在显著性关联,教师抚育的子女越多,压力越大。院校组织层面,与大多数研究结果相似,本研究也发现教师所在院校与学科的学术声誉越高,学术职业压力越大。

(二) 我国高校教师的时间分配与职业压力

工作时间长度与高校教师的总体压力感受、行政事务压力、家庭生活负担以及人际关系压力呈显著的正相关,而与科研压力呈显著的负相关。其中,教学时间对教学压力和科研压力产生显著性影响,科研时间对总体压力感受、科研压力、行政事务压力、家庭生活负担产生显著性影响,社会服务时间则与总体压力感受、科研压力、行政事务压力、家庭生活负担以及人际关系压力之间存在显著的正相关。

教师在家务方面投入的总时间与总体压力感受、教学压力、行政事务压力呈显著的负相关,与科研压力呈显著的正相关。在不同的家务时间中,教师总体压力感受以每周家务时间在 10 小时及以下的教师为最高,以家务时间在 30 小时以上的教师为最低。在各项家务时间分配中,家务劳动时间对教师的总体压力感受、教学压力、行政事务压力产生显著的负向影响,与科研压力、人际关系压力之间则呈显著的正相关。子女教育/照料时间与总体压力感受、家庭生活负担等之间呈显著的正相关。

在休闲时间与职业压力关系中,除了教学压力外,总体的休闲时间及其中的睡眠时间、其他闲暇时间,基本与职业压力及其各维度呈负相关关系。教师在其他活动方面花费的时间与职业压力及其所包含的各种压力之间的关系非常复杂,并不是简单的线性关系,教师的总体职业压力感受以每周"其他时间"为 20—30 小时(不含 20 小时)的教师为最高。

五、我国高校教师的时间分配与工作绩效

(一) 我国高校教师工作绩效的现状特征

结合相关文献以及高校教师评价的具体实践状况,本研究将教师的绩效分为教学表现和科研绩效两个方面。其中,教学表现包括教学情感、教学行为和教学能力;科研绩效主要通过科研产出来衡量,以"近 3 年的学术发表数量"作为衡量指标。本研究经数据分析发现,我国高校教师的整体教学表现处于一般偏上水平。

进一步分析发现,高校教师的整体教学表现在性别方面存在显著性差异,女教师的教学表现优于男教师。在职称方面,教师的整体教学表现以副高级职称的教师分值最高,以中级及以下职称的教师为最低。在科研产出方面,近 3 年来,教师人均学术发表约为 8 篇,但分布并不均衡,呈现金字塔式分层结构:科研高产群体中,人均学术发表约为 25 篇,最小值接近 12 篇;科研一般群体人均发表只有 6.7 篇,还有大约 1/4 的教师尚无学术发表成果。

教师的教学表现受多重机制的影响。教师个体层面的因素中,性别、年龄是影响教师教学表现的显著性因素。院校因素中,就职院校的

学术声誉、教师评价体制、教学任务要求等对教师教学表现产生显著性影响。就职院校学术声誉越高,教师的教学表现越好。与"科研偏好"的政策相比,"偏向教学"的政策对教师提升教学表现更有驱动力。学校要求的教学任务量则与教师的教学表现呈负相关。在任教学科中,与人文学科教师相比,自然科学和工程技术类教师的教学表现更好。

教师的科研产出受到普遍主义和特殊主义机制的影响。无论是在学术一般群体还是学术高产群体中,年龄、学术兴趣等都对教师科研产出具有显著性影响。在赞助性因素中,无论对于哪一类学术群体来说,学术组织职务担任情况、人才项目获得情况、导师指导情况对教师科研产出的影响都尤为显著。但是与学术高产群体不同,行政职务担任情况会对学术一般群体的科研产出产生显著性影响。

(二)我国高校教师的时间分配与工作绩效

高校教师的整体教学表现及其各维度的教学情感、教学行为和教学能力均与工作时间呈显著的正相关,工作时间越长,教学表现越好。具体的工作时间分配中,在教学上花费的时间越多,教学表现就会越好。科研时间则与整体教学表现、教学情感、教学投入之间呈显著的负相关。在科研上投入越多,教学效果反而越不好。在与科研产出的关系方面,无论是哪一类群体,工作时间特别是科研时间的适度增加,对科研产出均具有显著的促进作用。

高校教师的家务时间对整体教学表现具有显著的负向影响,教师在家务方面投入的时间越多,教师的教学表现越差。但是在对科研产出的影响方面,无论是学术一般群体还是学术高产群体,家务时间对科研产出均不产生显著性影响。

高校教师休闲时间对教学表现有显著的正向影响,休闲时间越多,教学行为、教学能力以及整体教学表现越好。在与科研产出的关系中，对于学术一般群体来说，休闲时间、睡眠时间越多，科研产出反而越低，而"其他闲暇时间"则与科研产出呈显著的正相关关系。与学术一般群体不同，睡眠时间并不对学术高产群体的科研产出产生显著性作用，而休闲时间和"其他闲暇时间"却会对其产生显著的正向促进作用。

第二节 反思与建议

根据以上研究结论，本节将对当前我国高校教师的时间利用效率以及工作状态中的不足之处进行反思，并在此基础上提出相应的策略。

一、时间荒：我国高校教师的时间体验

"时间荒"是美国学者肖尔（J.B. Schor）提出的一个概念。她发现自"二战"结束以来，受资本主义工业制度和消费主义的影响，美国人的工作时间逐渐增加，而休闲时间逐渐被挤压，这种现象被称为"时间荒"[1]。时间荒是一种主观体验，"荒"是时间节奏的属性，也是对现实处境的一种焦虑和面对未来的一种迷茫。"时间荒"不仅仅是缺少时间，也包含了面对各种复杂关系时所产生的对时间利用的不安与矛盾心态。在当下环境中，"时间荒"已成为我国高校教师的普遍感知与体验，主要体现在3个方面。

---

[1] J.B. Schor. The Overworked American: The Unexpected Decline of Leisure [M]. New York: Basic Books, 1992: 23.

第七章 结论与反思

(一) 加速时间

如今,"快"已成为现代社会的最基本特征,"快餐""快时尚""快闪""快网络"……一切都在追求快速度。速度本应是为人们节省时间,让人们有更多的休闲时光,让生活更美好,但现在,我们走得越快,拥有的时间似乎原来越少,生活也变得越来越分裂和疯狂。[1]受访教师 HIS-M1 就表示"现在什么都在追求快,人们走路越来越快,吃饭越来越快,甚至连做研究都越来越快。以前,很多教师大半年甚至一两年才能写出一篇论文,现在呢,一个月甚至一周就能写出来。特别是随着 AI 技术的不断成熟,有的老师可能一两天甚至几分钟就能倒腾出一篇论文……你追我赶,你快,我要更快……在当下这个环境下,我们已经很难在教师身上看到'知足而常乐,恬淡而无忧'的面容和心态了"。

速度的提升意味着空间的重要性降低,区隔性的作用减弱。特别是在当下网络沟通环境中,人们的社会行动和人际交往大多依赖以微信等为代表的新媒介进行。空间的距离极度压缩,空间的区隔也在慢慢消失,而空间区隔一旦被打破,公共与私人场域就没有了边界。无论身处何处,只要有网络,各种事务、各种任务都会找上你。就像美国社会学家罗萨所指出的那样,"运作与发展不再定位于某处,并且实际的地点,像是旅馆、银行、大学,越来越变成一种'非地点',亦即一种没有历史、特殊性或关联性的地方"[2]。于是,深夜收到学生论文,就餐时收到院系通知,锻炼身体时接到领导电话,外地出差时收到同事微信等,

---

[1] 马丁·泰勒.为什么速度越快,时间越少:从马丁·路德到大数据时代的速度、金钱与生命[M].文晗,译.北京:中国政法大学出版社,2018:319.
[2] 哈特穆特·罗萨.新异化的诞生:社会加速批判理论大纲[M].郑作彧,译.上海:上海人民出版社,2018:15.

已成为高校教师的日常。

　　与此同时,这种加速时间也强化了"工具理性"。在当下的数字化环境中,"效率至上""量化主义"逐渐支配人们的世界。在高校教师的学术生活中,衡量教师的工作成就不再依据人文价值,而是全部简化成教学量、论文量、课题量等数字形式,而且标准不断提高。受访教师PHI-M1就表示现在"教学教得好不好看学生评教分,研究做得怎样,也是看科研分。获得的各类课题、期刊论文、成果获奖等全部赋分。评职称看得分,聘期考核、绩效分配,还有各类人才项目申报也是看得分"。于是,原本追求自由、闲逸的学术人也被迫卷入以数字作为衡量标准的旋涡当中。为了达标或者获得更多的物质回报,高校教师也开始不断追求提升教学与科研业绩,于是"内卷化"成为学术世界的普遍现象。

　　但是,拥有时间才是教师开展工作的绝对前提,也是现实生活中诸多可能性实现的根本保证。为了提高效率,高校教师不得不想方设法在有限的时间内做更多的事,也就不得不挤压休闲时间、家务时间来延长工作时间。久而久之,加班加点、熬夜工作已经习以为常,因时间短缺而产生的时间焦虑也成为当下我国高校教师的普通体验。

(二) 碎片时间

　　与传统社会不同,在现代社会中,社会关系非常复杂,"它们超出了原来的界线,扩展到了各个方面"[①]。社会交往量的激增导致人们面对更多的事件。时间是恒定的,但是在日益庞杂、日益分化的社会关系网络中,同样的时间被塞进了更多的事务。因此,我们经常会看到教师工

---

① 涂尔干.社会分工论[M].渠东,译.北京:生活·读书·新知三联书店,2000:214.

作时一会儿接到电话,一会儿有人送来文件,一会儿又接到通知,很难安心下来专注自己的事务。就像书评人维舟所描述的,"你工作正忙的时候,桌上的电话响了。刚接起来说了几句,手机微信又响了。与此同时,E-mail 邮箱里几封邮件进来,电脑屏幕上还有 QQ 的几个对话窗口弹出,都在提醒你尽快作出答复"①。不仅如此,现在高校教师的睡眠时间也已"碎片化"。许多受访教师表示"好久没睡一个完整觉了,夜里醒来好多次,断断续续"(LIT-F1);"很难深度睡眠,一丁点的动静就会吵醒我,醒了又很难入睡"(EDU-F1)。

在当下,随着信息技术的发展,教师的空间场域不再是高度秩序性的,往往带有蒙太奇式的并置或者错位。于是,各种工作和生活事务很难被预知,计划往往会被意外打破,原本"深度思考"的学术时间更为短暂。最明显的例子就是教师的学术工作经常被临时性、突发性的事务所打断,"呼叫等待……无休止的电话会议……完全不顾时间地点的强制性视频会议……周末紧急出差,只为了一些本可以等到周一再处理的公务"②。这种不确定性意味着教师对时间的支配能力降低,意味着其对自身境遇的把控性减弱。如果长期持续下去,个体往往会失去工作的动力,表现出不作为甚至放弃的心态,当下的流行语"躺平"便是这种回应。

更重要的是,这种时间碎片化往往导致教师时间安排的失序化,使得教师原本就紧张的时间表上徒增矛盾与冲突。长此以往,不仅加剧

---

① 维舟.工业时代的时钟,造就了"机器"人——读《技术与文明》[EB/OL].[2020-10-28]. https://www.huxiu.com/article/35294/1.html.
② 马丁·泰勒.为什么速度越快,时间越少:从马丁·路德到大数据时代的速度、金钱与生命[M].文晗,译.北京:中国政法大学出版社,2018:1.

了高校教师的焦虑与彷徨,还会影响身心健康,影响工作与生活质量,甚至影响我国高等教育的整体质量。

(三) 无效时间

虽然我国高校教师的工作时间远远超过法定标准,但其中包含了很多无效时间。所谓无效时间,指的是本来可以节省但由于制度的无效率或不合理而不得不支出的时间。[1]英国历史学家帕金森(C.N. Parkinson)在研究英国社会政治制度时便发现,在现代官僚体系中,行政机构不断增多,行政人员数量不断膨胀,每个人都很忙,但组织效率却越来越低下,于是他提出了著名的"帕金森定律"。它包含两条重要的法则,一是增加下属机构人员的法则,一是增加工作的法则。该定律表明,只要还有时间,工作就会不断扩展,直到用完所有的时间。[2]

现代大学组织作为一个专业化的官僚组织,其官僚组织的特性带来了教师大量工作时间的无效性。本研究调查发现,有55.9%的高校教师认为自己的时间利用效率很低。其中,反映最多的就是行政审批制度带来的无效时间。"购买一个实验仪器,需要填报采购申请,需要实验室主任签字,院长签字,采购中心签字。如果采购顺利,还需要去财务处报销,而财务报销就得填报财务报销单,而这又需要实验室主任签字,院长签字。如果顺利的话,也至少需要两周。如果不顺利,那至少需要一个月。有时候领导不在,就白跑一趟,有时候表格填错了,又得重新再来。"(TEC-M1)

---

[1] 王宁.时间荒的社会学分析[C]//中国休闲研究学术报告 2012.广州:中山大学社会学与人类学学院社会科学与社会工作系,2013:26.
[2] C.N. Parkinson. The Law of Delay: Interviews and Outerviews [M]. Houghton: Houghton Mifflin, 1970.

此外,除了工作带来的无效时间外,与教师生活密切相关的购房、买车、落户、就医等也会产生大量的无效时间,如购房中的公积金申请、贷款申请,就医过程中的预约、挂号、排队、医生诊断、各种检查等程序消耗了教师大量的时间。"现在就医虽然是网上预约了,但是到了医院,看病的人那么多,经常超过预约时间。再就是,现在医生下诊断结果特别麻烦。抽血、拍片、做彩超、各种检查,感觉一个小病会折腾一整天甚至两天。"(ECO-F2)

"时间就是效率""时间就是金钱"。无效时间让教师原本就稀缺的时间更加捉襟见肘。于是,浪费时间成为可耻的行为,会让教师有深深的负疚感。为了完成任务,为了弥补失去的无效时间,教师不得不让渡其他时间,牺牲睡眠时间、闲暇时间,进而加剧了高校教师的时间紧迫感。

二、结构化生存:我国学术职业的现实处境

时间具有结构性,结构是决定历史、社会与文化各种事件和行为的基本规则。[1]结构体现在各种社会实践中,对教师的行动具有约束性。

(一) 社会宏观环境

行为不仅仅是个人属性所导致的结果,也是与模式化的情景互动的结果[2],外在的社会力量制约着个体的行动选择与身心感受。时代背景、经济发展水平、政治制度、文化传统等都会对人的时间体验、工作状

---

[1] 约翰·斯特罗克.结构主义以来:从列维-斯特劳斯到德里达[M].渠东,李康,李猛,译.沈阳:辽宁教育出版社,1998:69.
[2] 彼得·什托姆普卡.默顿学术思想评传[M].林聚任,等,译.北京:北京大学出版社,2009:141.

态产生影响。

不同的时代赋予了不同的时间内涵,也赋予了教师不同的时间体验。同样的物理时间,在不同历史时期,高校教师会有不同的时间感受。"时不我待,只争朝夕,以梦为马,不负韶华",在当下社会环境下,那些属于学术人的"闲逸好奇"的慢生活已不再适应这个时代。快速的生活节奏和"效率至上"的价值规范推动教师不断加速向前。在当下时代环境中,教师作为社会的普通一员,也不能遗世独立。为了适应这个时代,教师必须快速掌握现代科技,掌握不断更新的知识。高度在线化成为日常工作模式。在这个时代,即使是老年人也必须学会使用智能手机,微信等社交媒体已成为人们沟通与交流的主要媒介,各种App渗透了教师生活与工作的方方面面。高度在线化、全天候、零距离成为当下学术职业的工作模式。

(二) 大学组织

在整个大环境背景下,高等院校也通过制定相应的规章制度和集体认同的方式赋予了使教师快速工作的合法性,而这种快节奏又反过来形塑并内化着教师的时间结构,使其成为不容置疑的客观存在。即使教师想彻底停下脚步,也不敢真正付诸行动。

此外,大学组织的体制化也进一步促进了教师工作的市场化。体制化"往往表现为超然于人的结构……工具意义上的理性常常构成了其组织原则"[①]。尽管学术界和社会各界一直对高校教师的评价制度颇有微词,但是在如今快速化的社会中,科学主义、优绩主义的评价规则很难改变。体制化实际上就是一个学术人生存与生活方式被重塑的过

---

① 杨国荣.善何以必要[J].哲学门,2000(1):15-18.

程,也是一个内在生命意识与时钟重新调校的过程。①无论教师多么热爱教学,也不可能把所有时间放在教学上;无论教师多么抗拒这种评价体制,也不能完全背道而驰。教师为了在大学中得以生存,就必须服从大学的规则,按大学的规章制度办事。

(三) 家庭环境

家庭是教师人际关系中的重要组成部分,是教师工作之余的主要生活场所。家庭成员是教师重要的情感寄托,子女的进步、父母的鼓励都可能帮助高校教师减轻工作的疲惫感和紧张感。可以说,家人的陪伴与支持有助于高校教师减轻学术工作的高压对其带来的身心健康损害。

但与此同时,家庭又是生产场所,需要高校教师的精神、精力和资金投入。特别是对于已婚教师来说,婚姻带来的家庭分工、消费模式变化深刻影响着教师的工作状态与行为。在中国,婚姻往往不是两个个体的纯粹性组合行为,而是往往涉及两个家庭之间的互动连接与资源整合。伴随着婚姻家庭共同体的组建,家庭成员之间的内部关系协调与正常运转都需要教师花费心思和时间去维持。为了让家人住进更好的房子,为了子女得到更好的教育资源,为了家庭的一切,教师不得不努力工作。但与之并行的是,教师长时间的工作投入又往往忽视了家庭投入。于是,工作与家庭之间的冲突往往使我国高校教师陷入两难的境地。

三、多措并举:促进高校教师的学术成长

教育乃国家兴盛之基,教师乃教育兴盛之本。建设高等教育强国,

---

① 阎光才.闲逸与仓皇的学问[J].读书,2015(7):64.

首先应建设一支健康且充满活力的高校教师队伍。因此,我们应多措并举,有的放矢,促进教师的学术成长。

(一) 教师个体

教师是社会行动的主体,教师自身应当加强自我管理,关注自身工作状态,以提升工作与生活品质。

首先,教师本人应当学会管理时间,提高时间利用效率。英国博物学家赫胥黎(T.H. Huxley)有句名言:"时间最不偏私,给任何人都是24 小时;时间也最偏私,给任何人都不是 24 小时。"时间是交给个人的,教师应当学会如何节约时间,合理安排时间。第一步就是先了解自己的时间分配,培养时间管理意识。在入睡前,教师可大致回顾一下这一天的时间去了哪里,哪些任务完成了,哪些任务本该完成却没有完成。然后吸取教训,改善时间管理策略。比如,可先制作一个任务清单,把当天要做的任务全部列出来,按照轻重缓急依次做完。这里可以借鉴美国管理学家史蒂芬·柯维(Stephen R. Covey)提出的时间管理的"四维象限法"[①]来进行:紧急而重要的事情马上做,重要但不紧急的事务计划做或者放在其次做,紧急但不重要的事情授权做或者放在再其次做,不紧急也不重要的不做、减少做或者最后做。此外,要学会合理利用同步化时间,比如在等车、坐车、排队买单或挂号时可以同时做一些事情,如回复信息、阅读文献、批阅论文等。最后,要敢于说"不",要敢于对一些无关紧要、没有意义的事情说"不",要勇于对手机说"不"。这里可尝试使用"番茄工作法",如将"番茄时间"设为 25 分钟,在这期间不做任

---

① 史蒂芬·柯维.高效能人士的七个习惯[M].高新勇,王亦兵,等,译.北京:中国青年出版社,2015:72.

何与任务无关的事,只是专注工作,直到闹钟响起,然后短暂休息一下,再继续设下一个"番茄时间"和任务,提高工作效率。

第二,适当进行休闲活动,提高身心素质。健康的身体是教师工作与生活的基础,但本研究发现,我国高校教师中只有 27.1% 的教师认为自己的身体比较健康,基本不生病,而有接近一半的教师认为自己的身体处于亚健康状态,有 22.8% 的教师经常生病,处于不健康状态。当然,这种状况是多方面导致的,其中最重要的一个原因就是缺乏运动。因此,教师应当加强体育锻炼,可适当进行游泳、跑步、瑜伽等活动,一方面可提升身体素质,另一方面还可以缓解压力。除此之外,也要适当进行娱乐活动,转移注意力。工作累了,辅导孩子作业厌烦了,不妨放下手头的任务,好好睡个觉,或者通过看电影、唱歌、跳舞等娱乐活动,愉悦身心,缓解疲劳。当然,教师还可以考虑视情况利用假期时间,彻底放下工作任务,外出观光旅游,放松心情,提高幸福感。

最后,我们要学会正确认识自己。传说古希腊德尔斐神庙大门上刻有名言"认识你自己",这也是苏格拉底的哲学宣言。2500 多年前的曾子也曾表示"吾日三省吾身:为人谋而不忠乎?与朋友交而不信乎?传不习乎?"在现代社会中,教师更应该不断加深对自己的认识,客观评价自己的长处和短处,正确认识自己各方面的工作能力,正视自身所面对的工作或生活上的问题和困难,进而不断总结、反思,推动自身不断进步。与此同时,教师也要学会善待自己,放平心态,不要过于患得患失。

(二)高校层面

学校是教师工作的关键场域,学校内部的制度与文化环境与教师的身心与工作状态关系密切。对本研究的调查问卷中关于相关政策建议方面的开放性题目的反馈结果进行分析后发现(见图 7-1),改革绩效考核制度、减少行政干预、提高薪酬待遇、更多关注教学是教师呼声最高的诉求。高校应当多倾听教师的心声,切实出台相关举措,提高教师的幸福感。具体可有以下几个方面。

图 7-1 教师对学校的政策建议

第一,应改善办公条件,为教师提供必需的良好的工作环境。办公室、实验室都是教师必不可少的办公场所,是教师开展工作的最基本保障。但是本次调查访谈发现,许多教师特别是文科类教师,没有属于自己的独立办公室,有些教师甚至连一张办公桌也没有。不少教师只能选择在家中、图书馆或者咖啡馆备课、写论文,这样的条件显然不利于教师提升工作的积极性,也不利于其产出高质量的学术成果。学校应该尽可能地为教师改善办公环境,提供必要的办公场所和必要的办公设施、设备,以提高教师工作的归属感和满意度。

第二,高校的行政管理方式要进行转型,相关事务安排应围绕教师的学术工作展开。高校管理者应当将辅助教师工作放在学校发展的关键位置,以服务理念为指导,建立科学合理的内部治理机制,促进学术工作和行政管理的有效沟通。与其他职业不同,学术职业更需要"慢下来"的时间,需要慢下来去静静思考,慢下来去深度探究。因此,在涉及高校教师的相关事务上,相关部门应该为教师提供计划性时间、预留时间,以防教师的学术工作被各种临时性、无计划性的事务所打扰。同时,要打破高校行政部门间的"各自为营""各行其是"的局面,加强各部门间的信息共享与合作力度,减少填表、签字等重复性工作。要善于利用现代化信息技术,将人工智能、物联网技术、大数据技术等应用于行政管理当中,加快信息传递,简化管理程序,提高管理实效,保证教师工作效率,提升教师效率和工作满意度。

第三,应完善教师考评体制,缓解教师压力。首先,高校对教师应坚持分类评价。高校应立足自身发展定位,针对学科类别、岗位类型以及教师所从事的学术研究领域的不同,建立不同的学术评价标准,创设灵活且有弹性的教师评价体系,形成健康有序的竞争机制。其次,要切实破除"偏向科研"的教师评价顽疾。高校和相关部门应深刻把握《深化新时代教育评价改革总体方案》的总体要求,尽早提出"破五唯"的具体细则,营造良好学术生态,帮助教师缓解因科研任务过重而产生的精神压力。最后,应适当延长教师的考核评价周期。学术研究具有长期性和不确定性,而当前的评价制度却更强调短期性。这种强调时间限制的聘任制度既损害了学术产出的质量,又加大了教师的"倒计时"焦虑。高校应进一步探索准聘与长聘相结合的评聘方式,切实落实和完善能上能下、能进能出的聘用机制,给教师留下更多的发展空间,增加教师的职业安全感。

第四，提高教师的薪酬福利待遇，为教师安心于学术提供物质方面的保障。物质上"无后顾之忧"既是教师的生存保证，也是其学术工作时间和质量得以保证的最基本条件。教师只有获得充足的生存保障，不必为生活所迫，才能有精力和时间来安心学术。在当前经济快速发展的环境中，如果教师连基本的生活都得不到保障，就很难全心全意工作。调查发现，"加薪、涨工资"成为高校教师最多的诉求。高校应切实保障教师的薪酬福利待遇，适当提高教师基本工资，还可考虑提供周转房，发放住房补贴或安家费等，使教师"著书不为稻粱谋"，安心学术。

最后，高校还应当做好人文关怀。一方面要关注教师的心理健康。高校要多关心关注教师的心理状态，可以提供诸如"心理咨询室""教师专线"等专门的压力宣泄途径和保障系统，借助专业力量，为教师提供心理援助。另一方面要特别关注青年教师的专业成长。学校要多了解青年教师的诉求，为青年教师提供学习和培训的机会，创设专业发展平台，提高工作胜任力。此外，高校还可多组织一些教师活动，营造良好人际氛围，促进教师间的交流。

(三) 政府层面

高校教师的发展离不开政府的支持，政府和相关部门应当加强政策引领，继续出台和进一步完善相关政策制度，为教师发展提供保障。

一是要进一步完善法律法规，保障高校教师的权益。在宪法的指引下，以相关法律筑牢维护高校教师合法权益的制度篱笆。严格禁止威胁高校教师人身和财产安全的行为，积极畅通高校教师维护合法权益的信息渠道。全面开展高校法治巡查，督促高校依法治校，夯实尊师重教的法律根基。同时，相关部门也要在法律法规方面确保高校教师的主体地位,把教师发展作为学校发展的重要事务,切实维护高校教师专业发展权利。

二是要进一步完善高校教师评价体系,注重教师全面发展。我国一直高度重视高校教师的评价制度改革。例如,2016年8月教育部发布《关于深化高校教师考核评价制度改革的指导意见》,2020年10月中共中央、国务院发布《深化新时代教育评价改革总体方案》。但是在当下各种人才项目、资源竞争倾向科研的情况下,"科研偏好"的评价制度难以改变,部分学校甚至只是在原有的科研标准基础上又增加了教学方面的评价要求,反而进一步加重了教师的教学负担。在此背景下,政府相关部门应当加大高校教师评价制度改革的力度,重视教师的全面评价。

三是要继续加大对高校的经费投入。在我国,政府是高校的主要办学经费来源,只有经费充足,高校才能为教师提供良好的办学条件和学科发展平台,才能保障教师的薪酬福利待遇。但是,目前我国高校的拨款经费相对较低,这对高校特别是非"双一流"高校的办学非常不利。本研究发现,我国"双非"院校教师的工作满意度,特别是其对物质环境、薪酬待遇、进修晋升条件等方面的满意度远低于"双一流"院校教师。中央及各级教育部门应进一步完善经费拨款制度,在增加"双一流"院校经费拨款的同时,适当关注对"双非"院校的经费投入,同时做好相关配套支持工作,提升高校办学活力,提高教师的工作满意度。

第三节　研究创新与局限

本研究利用定量和定性结合的混合研究方法,采用问卷调查、访谈和观察的方式,结合国内外相关理论,对我国高校教师的时间分配与工作状态进行了较为系统的探究,既有较高的创新性,也存在着一定的局限性。

一、研究贡献

本研究的贡献主要有二。

一是建立了高校教师时间分配和工作状态的量化数据库和质性资料库。本研究设计了"我国高校教师时间分配与工作状态调查问卷",采用纸质发放和电子发放的形式,历时半年多,收集了来自全国14个省/市的有效样本2 286份。同时,设计访谈提纲,采用半结构式访谈,获得了来自16所高校32位教师的访谈材料。此外,还通过实地考察,获得了8个城市、13所院校的相关观察数据。

二是进一步增加了人们对学术职业的认识。在人们的印象中,大学教师"待遇好",工作轻松还比较自由,但通过对我国高校教师时间分配与工作状态的全面分析可知,从事学术职业是相当艰辛的,不仅工作时间长,休闲时间少,而且工作状态也并非如人们想象的那样理想。高校教师承受的实际压力较大,薪酬待遇水平一般,对工作的满意度也不是很高。

二、研究创新

(一) 学术思想和学术观点方面的特色和创新

本研究提出运用时间分配理论研究学术职业。时间是物理学、哲学、社会学、管理学等学科的重要研究主题,但是教育学方面对此的研究较少。本研究不仅丰富了教育学方面的时间研究成果,而且利用时间社会学中的时间分配理论来阐释高校教师工作状态背后的原因及影响机制,完善了相关时间理论。

在对教师时间分配的解释及应对不足之处的对策方面,本研究提出对各种因素由微观到中观,再到宏观,依序开展分析。在描述现状的基础上,结合高校教师所在的生活场域,从教师个体、学校内部和学校外部因素全面展开研究,层层递进。

(二)研究视角与研究方法的特色和创新

本研究从微观的时间分配视角出发,采用混合研究方法分析了当下高校学术职业的发展境况,研究视角和研究方法均具有一定的创新性。

首先,研究视角新颖。新时代信息技术的发展和网络的普及要求高校教师在知识爆炸的时代背景中加速知识创新,高等教育强国建设和"双一流"院校的建设要求高校教师承担起勇创"一流"的使命,人才培养、科学研究、社会服务、文化传承、创新创业等目标都要求高校教师接受多重考评,教师也因此置身于更为繁杂的多任务之中。于是,时间成为愈发珍贵的稀缺资源。高校教师都在忙什么呢?他们的时间究竟去哪儿了?背后的原因是什么?针对这些疑问,本研究从现实中人们不断追问的"时间去哪儿了?"的问题出发,从时间分配的视角出发来研究高校教师当前的工作状态,透过微观的教师时间分配实态来窥探整个学术职业的境况。

其次,综合运用多学科研究途径。本研究的研究对象虽然限于高校教师,但是时间分配与工作状态这一研究课题本身却是具有跨学科属性的。因此,除高等教育学研究路径之外,本研究还涉及时间社会学、时间心理学、时间管理学、文化学、统计学等多学科的研究路径与方法。

最后,综合使用多种研究方法。除了传统的文献研究、比较研究之外,本研究主要采用了量化研究与质性研究相结合的混合研究方法。量化研究根据相关文献与量表,并结合研究者自身工作与生活场景,自编"我国高校教师时间分配与工作状态调查问卷",采用了问卷调查法。质性研究方面则采用访谈法与观察法。访谈法采用开放式访谈与半结构式访谈相结合,访谈初期为开放式访谈,然后随着研究的深入,转向半结构式访谈。观察法主要是观察教师的日常工作与生活状态,如教师在办公室、实验室的工作状态,各种任务安排、时间安排,以及不同城市的生活节奏、交通情况、娱乐休闲情况,等等。

三、研究局限与展望

虽然本研究具有一定的创新性,但仍然存在不足,并留有不少有待解决的问题。

一是访谈材料的有效性难以保证。本研究的访谈方式主要采用面对面访谈和线上访谈两种形式,受疫情影响,访谈后期采取的是线上访谈(利用腾讯会议或者微信)。线上访谈虽然比较方便,但是访谈时由于不能面对面地观察受访者的面部表情和谈吐举止,难以避免部分教师的回答可能避重就轻,导致获得的访谈材料并不全面。例如,在谈到自己的工作状态时,有的受访者仅以三言两语就回答完毕,即使进一步追问,也以有其他事务为由不愿作答,匆匆结束。

此外,由于受访者大多是在谈自身经验,难免带有个人主观成分,而研究者并不能确认此类访谈材料的客观性。例如,有些教师表示自己一直是最忙的,每天都被各种事务缠身,工作时间最长,而其他教师则比较悠闲,甚至无所事事。当涉及一些敏感问题时,不少受访老师也会选择回避。即使有些受访者触及了相关问题,但当研究者按其要求将访谈记录反馈给受访者时,部分受访者还是要求删掉一些敏感部分。

二是缺少横向和纵向的比较数据。本研究按照专家意见利用问卷调查数据,主要分析了当下我国境内高校教师的时间分配与工作状态,虽然研究思路符合本研究的主旨,但是缺少与其他职业、其他国家和地区高校教师的时间分配与工作状态数据进行的对比分析,有些遗憾。今后若有条件,可采用多种方法深入挖掘其他职业以及其他国家和地区的高校教师的时间分配与工作状态数据,通过进一步对比,更加全面地分析当下我国学术职业发展的特点。

此外,本研究缺少学术职业发展过程中的相关历史性数据。时间分配是一种相对客观的数据,虽然不同历史时期(如欧洲中世纪、19世纪、20世纪)高等学府教师的相关数据较难获得,但也有不少既有研究尝试分析了高校教师工作的历史变迁。今后若有条件,可综合历史资料,从纵向角度来深度梳理学术职业的历史发展,以了解不同历史时期高校教师的工作与生活状态。

最后,本研究虽然重点分析了我国高校教师的时间分配和工作状态的现状特征、影响因素以及两者的关系,并提出了相关应对策略,但是这些策略并不系统和具体,在实践中是否具有真正的操作性,也需要进一步探究。

参考文献

一、中文文献

[1] 赫尔嘉·诺沃特尼.时间:现代与后现代经验[M].金梦兰,张网成,译.北京:北京师范大学出版社,2011.

[2] 格哈特·帕森斯.学术思想评传[M].李康,译.北京:北京大学出版社,2009.

[3] 哈尔特穆特·罗萨.加速:现代社会中时间结构的改变[M].董璐,译.北京:北京大学出版社,2015.

[4] 哈特穆特·罗萨.新异化的诞生:社会加速批判理论大纲[M].郑作彧,译.上海:上海人民出版社,2018.

[5] 黑格尔.自然哲学[M].梁志学,薛华,译.北京:商务印书馆,1980.

[6] 康德.纯粹理性批判[M].邓晓芒,译.北京:人民出版社,2004.

[7] 马克思,恩格斯.马克思恩格斯全集(第2卷)[M].中共中央马克思恩格斯列宁斯大林著作编译局,译.北京:人民出版社,1995.

[8] 马克斯·韦伯.经济与社会(上)[M].林荣远,译.北京:商务印书馆,1997.

[9] 马克斯·韦伯.新教伦理与资本主义精神[M].于晓,陈维纲,

译.北京:生活·读书·新知三联书店,1987.

[10] 马克斯·韦伯.学术与政治[M].冯克利,译.北京:生活·读书·新知三联书店,2005.

[11] 齐格蒙特·鲍曼.流动的现代性[M].欧阳景根,译.上海:上海三联书店,2002.

[12] 雅斯贝尔斯.什么是教育[M].邹进,译.北京:生活·读书·新知三联书店,1991.

[13] 埃米尔·涂尔干.宗教生活的基本形式:涂尔干文集(第一卷)[M].渠东,汲喆,译.上海:上海人民出版社,2006.

[14] 贝尔纳·斯蒂格勒.技术与时间:爱比米修斯的过失[M].裴程,译.南京:译林出版社,2012.

[15] 皮埃尔·布迪厄.实践感[M].蒋梓骅,译.南京:译林出版社,2012.

[16] 让·波德里亚.消费社会[M].刘成富,全志钢,译.南京:南京大学出版社,2001.

[17] 雅克·勒戈夫.中世纪的知识分子[M].张弘,译.北京:商务印书馆,1996.

[18] 柏拉图.柏拉图全集(第3卷)[M].王晓朝,译.北京:人民出版社,2003.

[19] 亚里士多德.物理学[M].张竹明,译.北京:商务印书馆,1982.

[20] 瑟乔·西斯蒙多.科学技术学导论[M].许为民,等,译.上海:上海科技教育出版社,2007.

[21] 威尔·金里卡.当代政治哲学[M].刘莘,译.上海:上海译文出版社,2015.

［22］休·J.阿诺德,丹尼尔·C.菲尔德曼.组织行为学[M].邓荣霖,等,译.北京:中国人民大学出版社,1990.

［23］约翰·范德格拉夫.学术权力:七国高等教育管理体制比较[M].王承绪,译.杭州:浙江教育出版社,2001.

［24］C.莱特·米尔斯.白领:美国的中产阶级[M].周晓虹,译.南京:南京大学出版社,2016.

［25］D.普赖斯.小科学·大科学[M].宋剑耕,戴振飞,译.北京:世界科学社,1982.

［26］R.K.默顿.科学社会学[M].鲁旭东,林聚任,译.北京:商务印书馆,2003.

［27］阿尔弗雷德·舒茨.社会世界的意义构成[M].游淙祺,译.北京:商务印书馆,2012.

［28］安德鲁·阿伯特.职业系统:论专业技能的劳动分工[M].李荣山,译.北京:商务印书馆,2016.

［29］安东尼·吉登斯.社会的构成[M].李康,李猛,译.北京:生活·读书·新知三联书店,1998.

［30］保罗·莱文森.手机:挡不住的呼唤[M].何道宽,译.北京:中国人民大学出版社,2004.

［31］伯顿·R.克拉克.高等教育系统:学术组织的跨国研究[M].王承绪,译.浙江:杭州大学出版社,1994.

［32］伯顿·R.克拉克.探究的场所:现代大学的科研和研究生教育[M].王承绪,译.杭州:浙江教育出版社,2001.

［33］布劳.不平等和异质性[M].王春光,谢圣赞,译.北京:中国社会科学出版社,1991.

[34] 查尔斯·杜希格.习惯的力量:为什么我们这样生活,那样工作?[M].吴奕俊,曹烨,译.北京:中信出版社,2013.

[35] 菲利普·G.阿特巴赫.变革中的学术职业:比较的视角[M].别敦荣,等,译.青岛:中国海洋大学出版社,2006.

[36] 菲利普·G.阿特巴赫.美国博士教育的现状与问题[J].别敦荣,陈丽,译.教育研究,2004(6).

[37] 菲利普·G.阿特巴赫,利斯·瑞丝伯格,劳拉·拉莫利.全球高等教育趋势:追踪学术革命轨迹[M].姜有国,译.上海:上海交通大学出版社,2010.

[38] 哈里特·朱克曼.科学界的精英:美国的诺贝尔奖金获得者[M].周叶谦,冯世则,译.北京:商务印书馆,1979.

[39] 华勒斯坦.开放社会科学:重建社会科学报告书[M].刘锋,译.北京:生活·读书·新知三联书店,1997.

[40] 华勒斯坦.学科·知识·权力[M].刘健芝,译.北京:生活·读书·新知三联书店,1999.

[41] 加里·S.贝克尔.人类行为的经济分析[M].王业宇,陈琪,译.上海:格致出版社,上海人民出版社,2008.

[42] 简·柯里.全球化与大学的回应[M].王雷,译.北京:北京大学出版社,2010.

[43] 杰里·W.吉雷,安梅楚尼奇.组织学习、绩效与变革:战略人力资源开发导论[M].康青,译.北京:中国人民大学出版社,2005.

[44] 科尔兄弟.科学界的社会分层[M].赵佳苓,译.北京:华夏出版社,1989.

[45] 克利福德·格尔茨.文化的解释[M].韩莉,译.南京:译林出版

社,1999.

[46] 劳伦斯·纽曼.社会研究方法:定性和定量的取向(第五版)[M].郝大海,译.北京:中国人民大学出版社,2007.

[47] 理查德·L.达夫特,雷蒙德·A.诺伊.组织行为学[M].杨宇,等,译.北京:机械工业出版社,2004.

[48] 刘易斯·科塞.理念人:一项社会学的考察[M].郭方,译.北京:中央编译出版社,2001.

[49] 刘易斯·芒福德.技术与文明[M].陈允明,王克仁,译.北京:中国建筑工业出版社,2009.

[50] 马丁·泰勒.为什么速度越快,时间越少:从马丁·路德到大数据时代的速度、金钱与生命[M].文晗,译.北京:中国政法大学出版社,2018.

[51] 欧文·戈夫曼.日常生活中的自我呈现[M].冯钢,译.北京:北京大学出版社,2008.

[52] 乔治·赫伯特·米德.心灵、自我与社会[M].赵月瑟,译.上海:上海译文出版社,2008.

[53] 史蒂芬·柯维.高效能人士的七个习惯[M].高新勇,王亦兵,等,译.北京:中国青年出版社,2015.

[54] 斯蒂芬·P.罗宾斯.组织行为学[M].孙健敏,李原,译.北京:中国人民大学出版社,1997.

[55] 希拉·斯劳特,拉里·莱斯利.学术资本主义[M].梁骁,黎丽,译.北京:北京大学出版社,2014.

[56] 约瑟夫·A.马克斯威尔.质的研究设计:一种互动的取向[M].朱光明,译.重庆:重庆大学出版社,2007.

[57] 托马斯·H.埃里克森.时间,快与慢[M].周云水,何小蓉,译.北京:北京联合出版公司,2013.

[58] 森冈孝二.过劳时代[M].米彦军,译.北京:新星出版社,2019.

[59] 佐藤庆幸.官僚制社会学[M].朴玉,苏东,等,译.北京:生活·读书·新知三联书店,2009.

[60] 奥威·洛夫格伦,乔纳森·弗雷克曼.美好生活:中产阶级的生活史[M].赵丙祥,罗杨,等,译.北京:北京大学出版社,2011.

[61] 艾沃·古德森.教师生活与工作的质性研究[M].蔡碧莲,葛丽莎,等,译.北京:教育科学出版社,2013.

[62] 爱德华·汤普森.共有的习惯[M].沈汉,译.上海:上海人民出版社,2002.

[63] 巴里·巴恩斯.局外人看科学[M].鲁旭东,译.北京:东方出版社,2001.

[64] 拉德克利夫·布朗.社会人类学方法[M].夏建中,译.北京:华夏出版社,2002.

[65] 约翰·哈萨德.时间社会学[M].朱红文,李捷,译.北京:北京师范大学出版社,2009.

[66] 约翰·齐曼.知识的力量:对科学与社会关系史的考察[M].徐纪敏,王烈,译.长沙:湖南出版社,1992.

[67] 约翰·斯特罗克.结构主义以来:从列维-斯特劳斯到德里达[M].渠东,李康,李猛,译.沈阳:辽宁教育出版社,1998.

[68] 鲍威,杜嫱.冲突·独立·互补:研究型大学教师教学行为与科研表现间关系的实证研究[J].北京大学教育评论,2017(4).

[69] 鲍威,王嘉颖.象牙塔里的压力:中国高校教师职业压力与学

术产出的实证研究[J].北京大学教育评论,2012(1).

[70] 鲍威.高校教师教学方法的范式转换及其影响因素[J].教育学术月刊,2014(3).

[71] 才国伟,刘剑雄.归因、自主权与工作满意度[J].管理世界,2013(1).

[72] 曾晓娟.大学教师工作压力研究[D].大连:大连理工大学,2010.

[73] 陈涛,张莉,张莹瑞.高校辅导员幸福指数、工作状态、离职倾向互动影响分析:基于江苏7所高校的调查研究[J].江苏高教,2015(6).

[74] 陈向明.质的研究方法与社会科学研究[M].北京:教育科学出版社,2000.

[75] 陈秀兰.浅析高校教师"过劳死"现象及保护措施[J].法制与社会,2007(2).

[76] 陈云英,孙绍邦.教师工作满意度的测量研究[J].心理科学,1994(3).

[77] 方维慰.研究型大学的区域创新功能与实现途径[J].江苏高教,2013(5).

[78] 冯伯麟.教师工作满意及其影响因素的研究[J].教育研究,1996(2).

[79] 付梦芸.柯罗诺斯之困:我国研究型大学教师的工作时间及其分配[D].上海:华东师范大学,2017.

[80] 付梦芸.我国学术职业压力与科研产出的实证研究[J].科学学研究,2021(3).

[81] 付梦芸.我国研究生导师的压力现状及其影响因素探究[J].

复旦教育论坛,2015(3).

[82]高宣扬.鲁曼社会系统理论与现代性[M].北京:中国人民大学出版社,2005.

[83]郭卉,姚源.研究型大学教师教学和科研工作关系十年变迁:基于CAP和APIKS调查[J].中国高教研究,2020(2).

[84]韩映雄.学生学业负担指数模型构建与应用[J].教育发展研究,2018(10).

[85]胡馨文.硕士研究生课程教学管理研究:以湖南某高校为个案[D].长沙:湖南大学,2009.

[86]姜华.高校二级学院院长的角色冲突[J].中国高教研究,2011(10).

[87]李国强.家庭社会资本:家校合作的重要影响因素[J].中国教育学刊,2009(11).

[88]李虹.大学教师的工作压力类型和压力强度研究[J].清华大学教育研究,2005(5).

[89]李琳琳.时不我待:中国大学教师学术工作的时间观研究[J].北京大学教育评论,2017(1).

[90]李琳琳.我国大学教师服务工作特征探析[J].高等教育研究,2014(11).

[91]李峥嵘,柴彦威.大连城市居民周末休闲时间的利用特征[J].经济地理,1999,19(5).

[92]中央教育科学研究所比较教育研究室.简明国际教育百科全书:教学(上)[M].北京:教育科学出版社,1990.

[93]廉思.工蜂:大学青年教师生存实录[M].北京:中信出版社,2012.

[94] 梁樱.工作状态对城镇已婚女性精神健康的影响:基于CSS2013的实证分析[J].妇女研究论丛,2016(7).

[95] 刘贝妮.高校教师工作时间研究[J].开放教育研究,2015(2).

[96] 刘进,王静.什么影响美国高校教师教学满意度:基于对NSOPF调查数据的分析[J].教师教育研究,2009(3).

[97] 刘谦.教育的社会文化土壤:基于美国费城安卓学校的教育人类学观察[M].北京:光明日报出版社,2016.

[98] 刘天印.基于系统模拟的高校教师工作压力研究[D].武汉:华中科技大学,2010.

[99] 刘献君,张俊超,吴洪富.大学教师对于教学与科研关系的认识和处理调查研究[J].高等工程教育研究,2010(2).

[100] 陆根书,黎万红,张巧艳,等.大学教师的学术工作:类型、特征及影响因素分析[J].复旦教育论坛,2010(6).

[101] 陆雄文.管理学大辞典[M].上海:上海辞书出版社,2013.

[102] 马莉萍,张心悦.研究型大学海归教师与本土教师本科教学质量的比较研究[J].中国高教研究,2020(10).

[103] 牟智佳,刘珊珊,陈明选.循证教学评价:数智化时代下高校教师教学评价的新取向[J].中国电化教育,2021(9).

[104] 青连斌.大城市职工生活时间分配和利用问题的初步研究[J].社会学研究,1990(2).

[105] 邱均平,周春雷.发文量和H指数结合的高影响力作者评选方法研究:以图书情报学为例的实证分析[J].图书馆论坛,2008,28(6).

[106] 桑志坚.作为一种规训策略的学校时间[J].湖南师范大学教育科学学报,2014,13(5).

[107]沈红,谷志远,等.大学教师工作时间影响因素的实证研究[J].高等教育研究,2011(9).

[108]宋瑞,金准,等.休闲绿皮书:2017—2018年中国休闲发展报告[M].北京:社会科学文献出版社,2018.

[109]孙建萍,孙建红,安寸然.高校教师工作满意度调查与分析[J].教育探索,2006(9).

[110]孙文玲,王力锋.高校教师与学生共同选修体育课的可行性探析[J].当代体育科技,2023(2).

[111]覃红霞,张瑞菁.SSCI与高校人文社会科学学术评价之反思[J].高等教育研究,2008(3).

[112]唐任伍,周觉.论时间的稀缺性与休闲的异化[J].中州学刊,2004(4).

[113]唐永霞.改革开放40年中国农村已婚女性家庭地位的变化:基于中国妇女社会地位抽样调查数据的分析[J].甘肃高师学报,2020(3).

[114]王金营,马志越,李嘉瑞.中国生育水平、生育意愿的再认识:现实和未来——基于2017年全国生育状况调查北方七省市的数据[J].人口研究,2019(3).

[115]王琪延.从时间分配看北京人20年生活的变迁:基于2006年北京生活时间分配调查的统计分析[J].北京社会科学,2007(5).

[116]王琪延.中国城市居民生活时间分配分析[J].社会学研究,2000(4).

[117]王志红,蔡久志.大学教师工作满意度的测量与评价[J].黑龙江高教研究,2005(2).

[118] 韦佳佳,王琪延.休闲与生活满意度研究[J].统计研究,2020(6).

[119] 魏红,程学竹,赵可.科研成果与大学教师教学效果的关系研究[J].心理发展与教育,2006(2).

[120] 文学舟,梅强,关云素.高校本科专业教学效果影响因素实证研究[J].高校教育管理,2019,13(1).

[121] 吴国宝,檀学文.用多少时间为自己而活?:作为福祉的农民个人生活时间影响因素分析[J].中国农村经济,2015(9).

[122] 吴湘萍,徐福缘,周勇.高校教师工作绩效的影响因素分析[J].华东师范大学学报(教育科学版),2006(1).

[123] 夏纪军.学缘关系、性别与学术声誉:基于经济学领域H指数的实证研究[J].浙江社会科学,2014(6).

[124] 许琪,戚晶晶.工作—家庭冲突、性别角色与工作满意度:基于第三期中国妇女社会地位调查的实证研究[J].社会科学文摘,2016(8).

[125] 阎光才,牛梦虎.学术活力与高校教师职业生涯发展的阶段性特征[J].高等教育研究,2014(10).

[126] 阎光才.闲逸与仓皇的学问[J].读书,2015(7).

[127] 阎光才.学术等级系统与锦标赛制[J].北京大学教育评论,2012(3).

[128] 阎光才.学术认可与学术系统内部的运行规则[J].高等教育研究,2007(4).

[129] 阎光才.学术系统的分化结构与学术精英的生成机制[J].高等教育研究,2010(3).

[130] 阎光才.学术职业压力与教师行动取向的制度效应[J].高等教育研究,2018(11).

[131] 阎光才.研究型大学中本科教学与科学研究间关系失衡的迷局[J].高等教育研究,2012(7).

[132] 于凤芹.提高课堂教学质量要处理好的几个关系:有感于杨叔子院士的《再论要真抓课堂教学质量》[C]//中国电子教育学会高等教育分会.中国电子教育学会高教分会2014年年会论文集.合肥:中国电子教育学会高等教育分会,2014:44—48.

[133] 曾晓娟.大学教师工作压力研究[D].大连:大连理工大学,2010.

[134] 张春兴.教育心理学[J].台北:东华书局股份有限公司,2000.

[135] 张积家,陈栩茜,陈俊.高校教师生活压力的研究[J].应用心理学,2003,9(2).

[136] 张金岭.公民与社会:法国地方社会的田野民族志[M].北京:北京大学出版社,2012.

[137] 赵呈领,徐晶晶,陈莉,刘清杰.混合学习模式教学绩效影响因素研究:以"现代教育技术"实验课程为例[C]//中国人工智能学会计算机辅助教育专业委员会.计算机与教育:实践、创新、未来——全国计算机辅助教育学会第十六届学术年会论文集.杭州:中国人工智能学会计算机辅助教育专业委员会,2014:142—149.

[138] 赵汀阳,弗朗索瓦·阿赫托戈.时间和历史的概念:一个实验性的跨文化对话[J].王惠民,贾祯祯,译.哲学研究,2023(1).

[139] 郑楚楚.教师教育生活的意义困境及其超越:时间哲学的视角[J].教育发展研究,2022,42(8).

[140] 辞海编辑委员会.辞海(第六版)[M].上海:上海辞书出版社,2009.

[141] 周丽超.高校教师工作满意度的研究[J].天津电大学报,2004(3).

[142] 朱九思.开拓与改革[M].武汉:华中科技大学出版社,2008.

[143] 朱新秤,卓义周.高校青年教师职业满意度调查:分析与对策[J].高等教育研究,2005(26).

[144] 朱依娜,卢阳旭.性别、家庭与高校教师的时间分配:基于2011年全国科技工作者时间利用调查[J].妇女研究论丛,2014(9).

二、英文文献

[1] A. A. McLean. Work Stress[M]. Reading, MA: Addison-Wesley, 1979.

[2] A. N. Link, C. A. Swann, B. A. Bozeman. Time Allocation Study of University Faculty[J]. Economics of Education Review, 2008(27).

[3] B. Schneider. Organizational Climates: An Essay [J]. Personnel Psychology, 1975(2).

[4] B. A. Shelton, D. John. The Division of Household Labor [J]. Annual Review of Sociology, 1996(22).

[5] B. P. Sobakowitz, J. Kogan. Student Ratings, Class Size Comments, Rank and Gender Bias [C]//M. Helfert, M. T. Restivo, et al. CSEDU 2015: Proceedings of the 7th International Conference on Computer Supported Education. Setúbal: SciTePress, 2005: 218-223.

[6] C. Haslam, A. Bryman, A. L. Webb. The Function of Per-

formance Appraisal in UK Universities [J]. Higher Education, 1993 (25).

[7] C. Kyriacou. Teacher Stress: Directions for Future Research [J]. Educational Review, 2001, 53(1).

[8] C. Peirce. Training in Reasoning and the Logic of Things [M]. Boston: Harvard University Press, 1992.

[9] C.J. Bland, B.A. Center, D.A. Finstad, K.R. Risbey, J. Staples. The Impact of Appointment Type on the Productivity and Commitment of Fulltime Faculty in Research and Doctoral Institutions [J]. The Journal of Higher Education, 2006, 77(1).

[10] C.L. Cooper, J. Marshall. Sources of Managerial and White-Collar Stress [M]. New York: John Wiley & Sons, 1978.

[11] C.X. Zhang, J.E. Farley. Gender and the Distribution of Household Work: A Comparison of Self-reports by Female College Faculty in the United States and China [J]. Journal of Comparative Family Studies, 1995, 26(2).

[12] D. Cooper. Knowledge Workers [J]. Canadian Business, 2006, 79(20).

[13] D. Katz, R.L. Kahn. The Social Psychology of Organization [M]. New York: John Wiley Publishers, 1978.

[14] D.C. Bok. Universities in the Marketplace: The Commercialization of Higher Education [M]. Princeton, NJ: Princeton University Press, 2003.

[15] D.F. Baker, W.P. Neely, P.J. Prenshaw, et al. Developing a

Multi-dimensional Evaluation Framework for Faculty Teaching and Service Performance [J]. Journal of Academic Administration in Higher Education, 2015(2).

[16] D.J. Price. Little Science, Big Science [M]. New York: Columbia University Press, 1963.

[17] Dheeraj Sharma. Faculty Evaluation of Marketing of Research Streams and Self-Serving [C]//Harlan Spotts. Creating and Delivering Value in Marketing: Proceedings of the 2003 Academy of Marketing Science(AMS) Annual Conference, 2015.

[18] Donald F. Parker, Thomas A. DeCotiis. Organizational Determinants of Job Stress[J]. Organizational Behavior and Human Performance, 1983, 32(2).

[19] E.A. Locke. The Nature and Cause of Job Satisfaction [C]// M.D. Dunnette. Handbook of Industrial and Organizational Psychology. Chicago, IL: Rand McNally, 1976.

[20] E.L. Boyer. Scholarship Reconsidered: Priorities of the Professoriate [M]. Princeton, NJ: Princeton University Press, 1991.

[21] E. Zerubavel. Private Time and Public Time: The Temporal Structure of Social Accessibility [J]. Social Forces, 1979(58).

[22] F. Scarpell, R. Vandenberg. The Importance of Occupational and Career Views to Job Satisfaction Attributes [J]. Journal of Organizational Behavior, 1992, 13(2).

[23] F.J. Landy, H. Rastegary, J. Thayer, C. Colvin. Time Urgency: The Construct and Its Measurement [J]. Journal of Applied

Psychology,1991(5).

[24] F.J. Landy. Psychology of Work Behavior [M]. New York: Wadsworth Inc., 1989.

[25] G. Pronovost. Time in a Sociological and Historical Perspective [J]. International Social Science Journal, 1986(107).

[26] G.S. Becker. A Theory of the Allocation of Time [J]. Economic Journal, 1965(75).

[27] H. Lee, J. Liebenau. A New Time Disciplines: Managing Virtual Work Environments [C]//Richard Wipp, et al. Making Time, 2002:126-139.

[28] H. Stier, L.E. Noah. Time to Work: A Comparative Analysis of Preferences for Working Hours [J]. Work and Occupations, 2003(8).

[29] H.A. Wright, R. Cropanzano, D.G. Bonett. The Moderating Role of Employee Positive Well-being on the Relation between Job Satisfaction and Job Performance [J]. Journal of Occupational Health Psychology, 2007(12).

[30] H.E. Yuker. Faculty Workload: Facts, Myths and Commentary [J]. Eric Higher Education Report, 1974(6).

[31] H.F. Ladd. Teachers' Perceptions of Their Working Conditions: How Predictive of Planned and Actual Teacher Movement? [J]. Educational Evaluation and Policy Analysis, 2011, 33(2).

[32] H.J. Bernardin, R.W. Beatty. Performance Appraisal: Assessing Human Behavior at Work [M]. Kent: Kent Pub., 1984.

[33] H. L. Allen. Faculty Workload and Productivity in the 1990s: Preliminary Findings[J]. The Nea 1996 Almanac of Higher Education, 1996(10).

[34] I. A. Saad, R. E. Isralowitz. Teachers' Job Satisfaction in Transitional Society within the Bedouin Arab Schools of the Negev [J]. The Journal of Social Psychology, 1992, 132(6).

[35] J. Kimmel, R. Connelly. Mothers' Time Choices: Caregiving, Leisure, Home Production, and Paid Work [J]. Journal of Human Resources, 2007(3).

[36] J. Maxwell. Understanding and Validity in Qualitative Research [J]. Harvard Educational Review, 1992.

[37] J.P. Robinson, G. Godbey. Time for Life: The Surprising Way American Use their Time [M]. University Park, PA: The Pennsylvania State University Press, 1997.

[38] J.A. Delello, R.R. McWhorter, et al. The Life of a Professor: Stress and Coping[J]. Polymath: An Interdisciplinary Journal of Arts & Sciences, 2014, 4(1).

[39] J.A. Jacobs, S.E. Winslow. Overworked Faculty-job Stresses and Family Demands[J]. Annals of the American Academy of Political and Social Science, 2004(596).

[40] J.B. Schor. The Overworked American: The Unexpected Decline of Leisure [M]. New York: Basic Books, 1993.

[41] J. Cole, H. Zuckerman. The Productivity Puzzle: Persistence and Change in Patterns of Publication of Men and Women Scien-

tists [J]. Advances in Motivation and Achievement, 1984(2).

[42] J.D. Millett. The Academic Community: An Essay on Organization [M]. New York: McGraw-Hill Book Company, Inc., 1962.

[43] J.H. Greenhaus, N.J. Beutell. Sources of Conflict between Work and Family Roles [J]. Academy of Management Review, 1985, 10(1).

[44] J.H. Schuster, M.J. Finkelstein. The American faculty: The Restructuring of Academic Work and Careers [M]. Baltimore: Johns Hopkins University Press, 2006.

[45] J.K. Bowers. Issues in Developing a Faculty Evaluation System [J]. Journal of Personnel Evaluation in Education, 1989(3).

[46] J.M. Jex, T.C. Elacqua. Time Management as a Moderator of Relations between Stressors and Employee Strain [J]. Work & Stress, 1999(13).

[47] J.P. Campbell, B.M. Wiernik. The Modeling and Assessment of Work Performance [J]. Annual Review of Organizational Psychology and Organizational Behavior, 2015(2).

[48] J.P. Campbell. Modeling the Performance Prediction Problem in Industrial and Organizational Psychology [C]// M.D. Dunnette, L.M. Hough. Handbook of Industrial and Organizational Psychology(Vol.1, 2nd ed.). Palo Alto, CA: Consulting Psychologists Press, 1990.

[49] J.R. Hackman, G.R. Oldham. The Job Diagnostic Survey: An Instrument for the Diagnosis of Jobs and the Evaluation of Job Re-

design Projects [D]. New Haven, CT: Yale University, Department of Administrative Sciences, 1974.

[50] Janie H. Wilson, Denise Beyer, Heather Monteiro. Professor Age Affects Student Ratings: Halo Effect for Younger Teachers [J]. College Teaching, 2014, 62(1).

[51] Jeffrey G. Bailey. Academics' Motivation and Self-efficacy for Teaching and Research [J]. Higher Education Research & Development, 1999, 18(3).

[52] Jerry A. Jacobs, Kathleen Gerson. The Time Divide: Work, Family and Gender Inequality [M]. Cambridge, MA: Harvard University Press, 2004.

[53] Jerry A. Jacobs. The Faculty Time Divide [J]. Sociological Forum, 2004, 19(1).

[54] K.F. Ting. A Multilevel Perspective on Student Ratings of Instruction: Lessons from the Chinese Experience [J]. Research in Higher Education, 2000, 41(5).

[55] L. Lu, C.L. Cooper, Y.C. Chen. Chinese Version of the OSI: A Validation Study [J]. Work & Stress, 1997(1).

[56] L. Sanchez, E. Thompson. Becoming Mothers and Fathers: Parenthood, Gender and the Division of Labor [J]. Gender and Society, 1997(11).

[57] L. Thompson, A.J. Walker. The Place of Feminismin Family Studies [J]. Journal of Marriage and Family, 1995(4).

[58] L. Wilson. American Academics: Then and Now [M]. New

参考文献

York: Oxford University, 1979.

[59] L.D. Singell, J.H. Lillydahl. Will Changing Times Change the Allocation of Faculty Time [J]. The Journal of Human Resources, 1996, 31(2).

[60] L.G. Schoen, S. Wincour. An Investigation of the Self-efficacy of Male and Female Academics [J]. Journal of Vocational Behavior, 1998(32).

[61] L.K. Johnsrud. Maintaining Morale: A Guide to Assessing the Morale of Midlevel Administrators and Faculty [M]. Washington, DC: College and University Personnel Association, 1996.

[62] L.W. Porter, E.E. Lawler. What Job Attitudes Tell about Motivation [J]. Harvard Business Review, 1968, 46(1).

[63] L.W. Porter. A Study of Perceived Need Satisfactions in Bottom and Middle Management Jobs [J]. Journal of Applied Psychology, 1961(1).

[64] L. Wimsatt, A. Trice, D. Langley. Faculty Perspectives on Academic Work and Administrative Burden: Implications for the Design of Effective Support Services [J]. Journal of Research Administration, 2009(1): 5-16.

[65] Laura L.B. Barnes, Menna O. Agago, William T. Coombs. Effects of Job-related Stress on Faculty Intention to Leave Academia [J]. Research in Higher Education, 1998(4).

[66] Leo Egghe, Ronald Rousseau. An Informetric Model for the Hirsch-index [J]. Scientometrics, 2006(1).

[67] Logan Wilson. American Academics: Then and Now [M]. New York: Oxford University, 1979.

[68] M. Aguiar, E. Hurst. Measuring Trends in Leisure: The Allocation of Time over Five Decades [J]. The Quarterly Journal of Economics, 2007(3).

[69] M. Allen. Research Productivity and Positive Teaching Evaluations: Examining the Relationship Using Meta-analysis [J]. Journal of the Association for Communication Administration, 1995.

[70] M. Bittman, J. Wajcman. The Rush Hour: The Character of Leisure Time and Gender Equity [J]. Social Forces, 2000, 79(1).

[71] M. Hancer, R. T. George. Job Satisfaction of Restaurant Employees: An Empirical Investigation Using The Minnesota Satisfaction Questionnaire [J]. Journal of Hospitality & Tourism Research, 2003(1).

[72] M. Rotundo. The Relative Importance of Task, Citizenship, and Counter Productive Performance to Global Ratings of Job Performance: A Policy-capturing Approach [J]. Journal of Applied Psychology, 2002, 87(1).

[73] M. A. Mcpherson, R. T. Jewell, M. Kim. What Determines Student Evaluation Scores? A Random Effects Analysis of Undergraduate Economics Classes [J]. Eastern Economic Journal, 2009, 35(1).

[74] M. J. Finkelstein. The American Academic Profession: A Synthesis of Social Scientific Inquiry since World War II [M]. Columbus, OH: Ohio State University Press, 1984.

参考文献

[75] M.L. Bellas, Robert K. Toutkoushian. Faculty Time Allocations and Research Productivity: Gender, Race and Family Effect [J]. The Review of Higher Education, 1999, 22(4).

[76] M.L. Johnson. Significant Factors Influence Overall-faculty Satisfaction at Public 2-year Colleges [D]. Phoenix, Arizona: University of Phoenix, 2010.

[77] M.L. Welter. The Art of Scholarship and the Essence of Sustained Education for Faculty in Schools of Nursing [J]. Journal of Nursing Education, 1964, 3(2).

[78] M.M. Ferree. Beyond Separate Spheres: Feminism and Family Research [J]. Journal of Marriage & Family, 1990, 52(4).

[79] M.N. Solem, K.E. Foote. Concerns, Attitudes and Abilities of Early Career Geography Faculty [J]. Annals of the Association of American Geographers, 2004, 94(4).

[80] Niklas Luhmann. The Differentiation of Society [M]. Stephen Holmes, Charles Larmore, trans. New York: Columbia University Press, 1982.

[81] P.A. Sorokin, R.K. Merton. Social Time: A Methodological Functional and Analysis [J]. American Journal of Sociology, 1937, 42(5).

[82] P.C. Smith, L.M. Kendall, C.L. Hulin. The Measurement of Satisfaction in Work and Retirement [M]. Chicago: Rand McNally, 1969.

[83] P.E. Spector. Measurement of Human Service Staff Satisfac-

tion: Development of the Job Satisfaction Survey [J]. American Journal of Community Psychology, 1985(6).

[84] P.G. Altbach, M.J. Finkelstein. The Academic Profession: The Professoriate in Crisis[M]. New York & London: Garland Publishing, Inc., 1997.

[85] P.J. Bentley, Svein Kyvik. Academic Work from a Comparative Perspective: A Survey of Faculty Working Time across 13 Countries [J]. Higher Education, 2012(63).

[86] P.K. Wilke, W.H. Gmelch, N.P. Lovrich. Stress and Productivity: Evidence of the Inverted U Function [J]. Public Productivity Review, 1985, 9(4).

[87] R. Abouserie. Stress, Coping Strategies and Job Satisfaction in University Academic Staff [J]. Educational Psychology, 1996(1).

[88] R. Albert. Family Background and Genius II: Nobel Laureates in Science[J]. The Canadian Journal of Psychiatry, 2005, 50(14).

[89] R. Camporese, C. Freguja, L.L. Sabbadini. Time Use by Gender and Quality of Life [J]. Social Indicators Research, 1998(44).

[90] R. Hoppock. Job Satisfaction [M]. New York: Harper & Brothers Publishers, 1935.

[91] R. Knoop. Work Values and Job Satisfaction [J]. Journal of Psychology, 1994.

[92] R.A. Karasek. Job Demands, Job Decision Latitude and Mental Strain: Implications for Job Redesign [J]. Administrative Science Quarterly, 1979(24).

参考文献

[93] R.E. Rice, M.D. Sorcinelli, et al. Heeding New Voices: Academic Careers for a New Generation [Z]. Forum on Faculty Roles & Rewards(American Association for Higher Education), 2000.

[94] R.K. Merton. The Matthew Effect in Science, II: Cumulative Advantage and the Symbolism of Intellectual Property[J]. ISIS, 1988(79).

[95] R.T. Blackburn, J.H. Lawrence. Faculty at Work: Motivation, Expectation, Satisfaction [M]. Baltimore: Johns Hopkins University Press, 1995.

[96] Russell Viner. Putting Stress in Life: Hans Selye and the Making of Stress Theory[J]. Social Studies of Science, 1999, 29(3).

[97] R.W. Larson, M.H. Richards, et al. Divergent Worlds: The Daily Emotional Experience of Mothers and Fathers in the Domestic and Public Spheres [J]. Journal of Personality and Social Psychology, 1994, 6(67).

[98] S. Cole, J. Cole, G.A. Simon. Chance and Consensus in Peer-review [J]. Science, 1981(214).

[99] S.B. MacKenzie, P.M. Podsakoff, G.A. Rich. Transformational and Transactional Leadership and Salesperson Performance [J]. Journal of the Academy of Marketing Science, 2000, 29(2).

[100] S. Fisher. Stress in Academic Life: The Mental Assembly Line [M]. Buckingham, UK: Open University Press, 1994.

[101] S.J. Motowidlo. Job Performance [C]// W.C. Borman, D.R. Ilgen, R.J. Klimoski. Handbook of Psychology: Industrial and Or-

ganizational Psychology. Hoboken, NJ: John Wiley & Sons, 2003.

[102] S.L. Morgan, B. Sorensen. Parental Networks, Social Closure, and the Matics Learning: A Test of Coleman's Social Capital Explanation of School Effects [J]. American Sociological Review, 1999(5).

[103] S.R. Parker. The Future of Work and Leisure [M]. London: MacGibbon & Kee, 1971.

[104] S. Y. Armour. An Assessment of Human Resource Professionals' Job Satisfaction [D]. Minneapolis: Capella University, 2014.

[105] Stephen Palmer, Cary Cooper. How to Deal with Stress [M]. London: Kogan Page, 2013.

[106] Suzanne H. Lease. Occupational Role Stressors, Coping, Support and Hardiness as Predictors of Strain in Academic Faculty [J]. Research in Higher Education, 1999, 40(3).

[107] T.A. Beehr, J.E. Newman. Job Stress, Employee Health and Organizational Effectiveness: A Factor Analysis, Model, and Literature Review [J]. Personnel Psychology, 1978(31).

[108] T.F. Golob, M.G. McNally. A Model of Activity Participation and Travel Interactions Between Household Heads [J]. Transportation Research, Part B: Methodological, 1997(3).

[109] T.H. Macan, C. Shahani, R.L. Dipboye, et al. College Students' Time Management: Correlations with Academic Performance and Stress [J]. Journal of Educational Psychology, 1990(4).

[110] Ulrich Teichler, Akira Arimoto, William K. Cummings. The Changing Academic Profession: Major Findings of a Comparative Survey [M]. Dordrecht: Springer, 2013.

[111] V.H. Vroom. Work and Motivation [M]. New York: John Wiley & Sons, 1964.

[112] W. Cathy, B. Brent, et al. Pathways through Graduate School and into Careers [R]. Princeton: Educational Testing Service, 2012.

[113] W.B. Schaufeli, M. Salanova, V. Gonzáles-Romá, A.B. Bakker. The Measurement of Engagement and Burnout: A Two Sample Confirmatory Factor Analytic Approach [J]. Journal of Happiness Studies, 2002(3).

[114] W.C. Borman, S.J. Motowidlo. Expanding the Criterion Domain to Include Elements of Contextual Performance [J]. Personnel Selection in Organization, 1993(4).

[115] W. E. Moore. A Reconsideration of Theories of Social Change [J]. American Sociological Review, 1960(25).

[116] W.H. Gmelch, P.K. Wilke, N.P. Lovrich. Dimensions of Stress among University Faculty: Factor-Analytic Results from a National Study [J]. Research in Higher Education, 1986(3).

[117] W.H. Gmelch, J.S. Burns. The Cost of Academic Leadership: Department Chair Stress [J]. Innovative Higher Education, 1993, 17(4).

[118] W.G. Tierney, E. M. Bensimon. Promotion and Tenure:

Community and Socialization in Academe[M]. New York：State University of New York Press，1996.

[119] Xiao-xing He，Jian Shi，et al. A Comparative Study of Stress among University Faculty in China and Japan[J]. Higher Education，2000(39).

三、网页

[1] E.P. Thompson. Time，Work-Discipline，and Industrial Capitalism[EB/OL].［2019-02-04］. http：//links. jstor. org/sici？sici＝00312746％28196712％290％3A38％3C56％3ATWAIC％3E2.0.CO％3B2-G.

[2] ILO. Working Time Statistics[EB/OL].［2019-05-14］. http：//www.ilo.org/global/statistics-and-databases/statistics-overview-and-topics/working-time/lang--en/index.htm.

[3] IT之家.2021年中国成年人每天看手机时间将超过美国，达196分钟[EB/OL].［2021-11-13］.https：//baijiahao.baidu.com/s？id＝1702523853066101581&wfr＝spider&for＝pc.

[4] QuestMobile.2023中国互联网核心趋势年度报告（精华版）[EB/OL].［2023-12-20］.https：//www. thepaper. cn/newsDetail_forward_25709796.

[5] Serpert，Others. Faculty Workload Study：Final Report[EB/OL].［2020-12-26］.http：//www.eric.ed.gov/PDFS/ED348917.

[6] 北京大学.北京大学教师聘任和职务晋升制度改革方案[EB/OL].［2021-07-20］.http：//www.china.com.cn/chinese/zhuanti/bdgg/

379463.htm.

[7] 陈平原.深度剖析高校教师的处境及出路[EB/OL].[2019-03-21].https://www.hnzk.gov.cn/zhikuyanjiu/1981.html.2016-1-13.

[8] 重庆市教育委员会.关于进一步完善市属高校绩效考核及分配的指导意见[EB/OL].[2019-01-05].http://jw.cq.gov.cn/zwgk/zfxxgkml/zcwj/gfxwj/202302/W020230214608945777455.pdf.

[9] 福建师范大学.福建师范大学教学科研业绩奖励津贴实施办法[EB/OL].[2018-12-31].https://mkszyxy.fjnu.edu.cn/bd/ee/c2896a48622/page.htm.

[10] 福州大学.湖北大学关于印发教师等专业技术职务评聘工作实施办法(试行)的通知[EB/OL].[2012-03-19].https://jdzx.fzu.edu.cn/_local/B/F7/4C/A6AE6CF48250969FAB2867A3C20_66EF7DB5_CAF79.pdf?e=.pdf.

[11] 复旦大学.大学教师高级职务聘任实施办法(试行).[EB/OL].[2023-08-28].https://xxgk.fudan.edu.cn/_t435/f6/a6/c12661a456358/page.htm.

[12] 复旦大学.复旦大学校内岗位聘任实施方案.[EB/OL].[2021-10-22].https://www.op.fudan.edu.cn/69/6c/c34772a420204/page.htm.

[13] 国家自然科学基金.国家自然科学基金优秀青年科学基金项目(海外)项目指南[EB/OL].[2024-01-18].https://www.nsfc.gov.cn/publish/portal0/tab948/info91706.htm.

[14] 河南师范大学.关于印发《河南师范大学"预聘—长聘"制管理办法(试行)》的通知[EB/OL].[2023-12-19].https://www.htu.edu.cn/

szb/2023/1103/c20717a289128/page.htm.

[15] 湖北大学.关于印发《湖北大学教师聘期考核及聘任管理办法（试行）》的通知[EB/OL].[2019-12-08]. https://law.hubu.edu.cn/_local/F/CF/25/C512E45AD5A6075AF4438286AC3_9FC990E4_41212.pdf.

[16] 湖南大学信息科学与工程学院.年度岗位绩效计算办法[EB/OL].[2018-09-08]. http://csee.hnu.edu.cn/fujian/e1512e14-81b3-4c23-851a-b04e21aceaa2.pdf.

[17] 湖南师范大学体育学院.湖南师范大学体育学院绩效教学奖励分配办法[EB/OL].[2024-04-24]. http://tyxy.hunnu.edu.cn/info/1112/7574.htm.

[18] 华侨大学.关于印发《华侨大学新进教师聘用管理暂行办法》的通知[EB/OL].(2022-05-08)[2023-01-08]. https://rsc.hqu.edu.cn/rszc/rsk.htm.

[19] 江苏大学.江苏大学岗位聘用聘期考核暂行办法[EB/OL].[2020-02-27]. https://rsc.ujs.edu.cn/info/1532/28932.htm.

[20] 林建华.北京大学前任校长谈预聘制的是非：从北大师资聘任制发展看大学里的人才阶梯[EB/OL].[2021-08-29]. https://news.qq.com/rain/a/20210829A01UZV00.

[21] 陆昌勤."21世纪的流感"：幸福的杀手[EB/OL].[2019-06-16]. http://paper.people.com.cn/rmlt/html/2006-06/16/content_7055237.htm.2014-07-08.

[22] 慕思,中国睡眠研究会.2023中国健康睡眠白皮书.[EB/OL].[2023-03-27]. https://baijiahao.baidu.com/s?id=1761522038842793457&wfr=spider&for=pc.

[23] 南昌大学.教学督导与评估办公室教职工绩效考核细则[EB/OL].[2021-12-23].https://dpb.ncu.edu.cn/docs/2024-03/5e8cf25662f448e2b02cfe5131cefcd4.pdf.

[24] 南京大学.南京大学岗位绩效津贴实施方案[EB/OL].[2018-06-23].https://hr.nju.edu.cn/_upload/article/files/2c/65/3583fc514426858d90ece3693593/c62c2634-bc3f-4d5a-b48b-738e70f7436d.pdf.

[25] 清华大学.清华大学招聘网[EB/OL].[2022-06-22].http://jobs.tsinghua.edu.cn/project/qhdx/pages/recruit_new/?FM_SYS_ID=qhdx#/why.

[26] 全国人大.中华人民共和国高等教育法[EB/OL].[2023-04-17].http://www.npc.gov.cn/npc/c30834/201901/9df07167324c4a34bf6c44700fafa753.shtml.

[27] 人事部,教育部.关于高等学校岗位设置管理的指导意见[EB/OL].[2020-05-21].http://www.jyb.cn/cm/jycm/beijing/jybgb/zh/t20070620_92597_1.htm.

[28] 汕头大学.汕头大学教师聘任与考核办法(试行)[EB/OL].[2021-12-01].https://info.stu.edu.cn/_local/0/E0/C2/45611C7A85EF35C0A6E3626C22E_CF7AA3F8_151AE8.pdf.

[29] 天下财经.中国美好生活大调查2022—2023:"00后"是网购绝对主力[EB/OL].[2023-05-03].https://tv.cctv.com/2023/05/03/VIDEnr2AUiHsro5onPrWpHOD230503.shtml.

[30] 武汉理工大学.关于印发《武汉理工大学专任教师引进实施办法》的通知[EB/OL].[2023-12-28].http://sem.whut.edu.cn/rsrc/gw-py/202411/P020241113403882878542.pdf.

[31] 西安交通大学.西安交通大学岗位聘用实施办法[EB/OL].[2020-04-28].http://hr.xjtu.edu.cn/zczd_content.jsp?urltype=news.NewsContentUrl&wbtreeid=1022&wbnewsid=6744.

[32] 西安理工大学.西安理工大学教师岗位考核管理办法(试行)[EB/OL].[2023-12-20].https://ybxy.xaut.edu.cn/_local/7/6F/94/2D25DB518597DDFA55CBB915845_998312D9_BA6A3.pdf.

[33] 厦门大学.厦门大学教师职务聘任条例(2021年修订)[EB/OL].[2022-01-08].https://ihe.xmu.edu.cn/_local/C/49/38/51A658B0445F7A49C80842E6F02_282EDB7B_82E0E.pdf.

[34] 厦门理工学院.厦门理工学院专业技术岗位聘用与考核实施办法[EB/OL].[2020-01-05].https://rsc.xmut.edu.cn/gzzd/zcpr.htm.

[35] 新华社.图表:《休闲宪章》[EB/OL].[2020-08-02].http://www.gov.cn/jrzg/2006-05/02/content_273062.htm.

[36] 余勋坦.理想[EB/OL].[2019-08-22].http://www.360doc.com/content/14/0706/08/16731108_392324908.shtml.

[37] 云南大学.关于印发《云南大学工作人员考核暂行办法》的通知[EB/OL].[2019-01-21].http://www.art.ynu.edu.cn/_local/9/75/86/4AC31DFFA86A0D2D269035D0E47_90439877_8A5E0.pdf.

[38] 浙大宁波理工学院外国语学院.外国语学院关于2023年度绩效(考核)奖励分配方案的公示[EB/OL].[2023-12-24].https://wyxy.nbt.edu.cn/index.htm.

[39] 浙江工业大学.浙江工业大学岗位设置与岗位聘任制度实施意见[EB/OL].[2022-06-20].http://www.tmxy.zjut.edu.cn/_upload/article/files/63/d7/9e1678ff4294924716370aeb9701/5a221add-d56c-4f50-

926e-020ac912af3e.pdf.

［40］中国石油大学(华东).关于发放 2023 年度奖励性绩效工资的通知［EB/OL］.［2023-12-08］.https：//rsc.upc.edu.cn/2023/1208/c2314a418052/page.htm.

［41］中南民族大学音乐舞蹈学院.中南民族大学音乐舞蹈学院工作量课酬管理办法(试行)［EB/OL］.［2023-12-05］.https：//www.scuec.edu.cn/musicdancing/info/1159/2589.htm.

附 录

一、调查问卷

我国高校教师时间分配与工作状态调查问卷

尊敬的老师：

您好！本调查旨在深入了解我国高校教师的时间分配与工作状态。问卷采用不记名方式，我们向您保证这些信息绝不外泄，真诚希望您根据实际情况完整填写，谢谢！

本问卷预计占用您10分钟时间，完成后，您将获得20元奖励。再次感谢您对本次调查的大力支持，祝您工作如意，生活愉快！

中国高校教师时间分配与工作状态研究课题组

E-mail：facultysurvey@126.com

2018年9月

（一）基本信息

1. 您的性别为＿＿＿＿＿＿

① 男　② 女

2. 您出生于哪一年？_____

3. 您是从哪一年开始在高校工作的？_____

4. 您的工作单位(院系)地处哪个省(市)_____

5. 您获得的最高学位为_____

① 博士学位　　② 硕士学位　　③ 学士学位　　④ 其他

6. 您获得最高学位的高校为_____

① 境外研究型院校　　② 中科院/社科院

③ 国家"双一流"建设院校　　④ 省/市"双一流"建设院校

⑤ 一般本科院校

7. 您目前就职的高校属于_____

① 国家"双一流"建设院校　　② 省/市"双一流"建设院校

③ 其他

8. 您目前所任教的学科门类为_____

① 哲学　　② 经济学　　③ 法学　　④ 教育学　　⑤ 文学

⑥ 历史学　　⑦ 理学　　⑧ 工学　　⑨ 农学　　⑩ 医学

⑪ 军事学　　⑫ 管理学　　⑬ 艺术学

9. 您任教的学科属于_____

① 国家"一流"学科　　② 省/市"一流"学科　　③ 一般学科

10. 您获得的人才项目有(可多选)_____

① 无　　② 校级　　③ 省/市级(如泰山学者、闽江学者等)

④ 长江学者、"杰青"等　　⑤ 院士

11. 您的职称级别为_____

① 正高级　　② 副高级　　③ 中级(如讲师、助理教授)

④ 初级及以下

12. 您当前是否担任行政职务_____

①是　②否

13. 目前,您是否在学会、期刊或者其他学术组织中担任职务_____

①是　②否

14. 目前,您是否在学院兼任学生辅导员、图书管理员等管理工作职务_____

①是　②否

15. 在上一学年,您的税后年收入(扣除"五险一金",不含课题费)约为_____万元

16. 请您估算每周花费在各项事务中的时间(含周末,单位:小时/周)

(1) 教学(含备课、学生指导):_____　科研:_____

行政管理与社会服务:_____

(2) 家庭劳务(如买菜、做饭、洗衣等):_____　教育/照料子女:_____

(3) 休闲(如娱乐、运动等):_____　就餐时间:_____

17. 您每次上班的路途时间为多少分钟(单程)_____

18. 在通常情况下,您_____点起床,您_____点晚休。

(二) 家庭投入与支持情况

19. 您的婚姻状况为 _____

① 已婚　② 未婚(未婚者请跳至第22题)

20. 请填写您的子女个数(无子女的可不填)

就学阶段	人数	就学阶段	人数
幼儿园以下（0—3岁）		初中	
幼儿园		高中	
小学		高等教育/就业/其他	

21. 在家庭中,您的子女主要是由谁来照料/教育（无子女的可不填）_____

① 妻子　　② 丈夫　　③ 父母/其他

22. 目前,您需要赡养_____位老人（如无,请填 0）

23. 请判断以下各项与您当前的符合程度（1 至 5 程度逐步递增,1 为非常不符合,5 为非常符合）

项　目	符合程度
（1）与我的配偶相比,我在家庭上付出较多	1　2　3　4　5
（2）工作上遇到困难时,家人会给我精神安慰	1　2　3　4　5
（3）在我需要时,家人会给我经济上的帮助	1　2　3　4　5
（4）我喜欢家务工作	1　2　3　4　5
（5）家人对我的工作有很大期望	1　2　3　4　5
（6）子女照料/教育给我带来很大压力	1　2　3　4　5
（7）家庭的各种事务会分散我的工作精力	1　2　3　4　5
（8）我很难平衡家庭与工作	1　2　3　4　5
（9）我对子女有很大期望	1　2　3　4　5
（10）赡养老人给我带来很大压力	1　2　3　4　5
（11）我有较大的买房压力	1　2　3　4　5
（12）买车以及其他家庭开销给我很大压力	1　2　3　4　5
（13）我有较大的家庭经济负担	1　2　3　4　5

(三) 工作情况与状态

24. 如果下列工作在同一时间内发生冲突时,您希望优先进行哪项活动(请排序)

项　　目	期望顺序	实际顺序
(1) 本科生课堂教学		
(2) 研究生课堂教学		
(3) 本科生学业指导		
(4) 研究生学业指导		
(5) 学术论文写作		
(6) 科研经费报销		
(7) 参加国际/国内的专业性学术会议		
(8) 参加院系党政会议		
(9) 参加校级党政会议		
(10) 参加政府部门(如省政府、教育部等)主办的相关会议		

25. 最近3年,您平均每学年指导/招收的学生数是多少？(如无,请填0)

本科生(毕业设计/论文):_____　硕士生:_____　博士生:_____

26. 最近一学年,您平均一学期的教学课时量是多少？(单位:学时/学期,如无,请填0)

本科生课程教学量:_____　研究生课程教学量(含硕士生和博士生)_____

27. 最近3年,您(独立/第一作者)学术发表情况如何(单位:篇/部,如无,请填0)

SCI/SSCI(不含会议论文)_____ CSSCI_____ EI_____
其他期刊_____ 学术著作_____

28. 最近3年,您总共申请的课题次数与中标数量(仅限个人主持的项目,如无,请填0)

项目	申请数	中标数
国家级课题		
省部级课题		
横向课题		

29. 在入职前2年,导师与您合作/指导的高水平论文发表数(SCI/SSCI/EI/CSSCI等)为_____篇,与您合作/指导的国家级/省部级课题申请数为_____项。

30. 在上一学期,您在会议和出差上平均花费的时间为(请留意每项标注的单位)

（1）院系党政会议次数(次/月)_____ 每次院系党政会议时间(小时/次)_____

（2）学校党政会议次数(次/月)_____ 每次学校党政会议时间(小时/次)_____

（3）出差次数(次)_____ 每次出差时间(含来回路途时间)_____

31. 您所在的学校是否实行"非升即走"(或预聘制/非升即转)制度。

① 是　　② 否

32. 请判断以下各项与您当前的符合程度(从1到5程度逐步递

增,1 为非常不符合,5 为非常符合)

项　目	符合程度				
(1) 我喜欢教学工作	1	2	3	4	5
(2) 我的课堂很受学生欢迎	1	2	3	4	5
(3) 我的学生评教得分平均在优秀级别	1	2	3	4	5
(4) 我喜欢熬夜工作	1	2	3	4	5
(5) 我对教学工作很有热情	1	2	3	4	5
(6) 我喜欢与学生打交道	1	2	3	4	5
(7) 我会将我的科研融入教学中	1	2	3	4	5
(8) 即使是家庭/娱乐时间,我也会思考工作	1	2	3	4	5
(9) 工作疲惫时我很快就会恢复过来	1	2	3	4	5
(10) 我有较强的教学研究能力	1	2	3	4	5
(11) 我经常进行教学反思	1	2	3	4	5
(12) 学校规定的课堂教学工作量对我具有挑战性	1	2	3	4	5
(13) 本科生指导任务给我带来很大压力	1	2	3	4	5
(14) 研究生指导任务给我带来很大压力	1	2	3	4	5
(15) 我想在教学中有所成就	1	2	3	4	5
(16) 课题申请给我带来很大压力	1	2	3	4	5
(17) 论文发表给我带来很大压力	1	2	3	4	5
(18) 职称晋升给我带来很大压力	1	2	3	4	5
(19) 绩效考核给我带来很大压力	1	2	3	4	5
(20) 聘期考核给我带来很大压力	1	2	3	4	5
(21) 年度考核给我带来很大压力	1	2	3	4	5
(22) 我想在学术上有所成就	1	2	3	4	5
(23) 我不喜欢参加各种行政会议	1	2	3	4	5
(24) 我经常填报各种表格	1	2	3	4	5

续 表

项　　目	符合程度				
(25) 经费报销给我带来很大压力	1	2	3	4	5
(26) 我的科研工作经常被各种行政事务所打扰	1	2	3	4	5
(27) 我经常为学院或学校写材料	1	2	3	4	5
(28) 同行评审(如评阅论文、课题等)给我带来很大压力	1	2	3	4	5
(29) 手机、电子邮件等各类信息经常分散我的工作注意力	1	2	3	4	5
(30) 领导期望对我有很大压力	1	2	3	4	5
(31) 我经常做得比职位所要求的多	1	2	3	4	5
(32) 我与同事相处比较融洽	1	2	3	4	5
(33) 同事间竞争压力较大	1	2	3	4	5
(34) 知识更新给我带来很大压力	1	2	3	4	5
(35) 科技进步给我带来很大压力	1	2	3	4	5
(36) 总体来说,我当前有较大的工作压力	1	2	3	4	5
(37) 我有很清晰的时间管理与规划	1	2	3	4	5
(38) 我可以充分利用时间	1	2	3	4	5
(39) 我的作息很规律	1	2	3	4	5
(40) 我感觉时间不够用	1	2	3	4	5
(41) 我对当前获得的工资满意	1	2	3	4	5
(42) 我对当前的绩效分配满意	1	2	3	4	5
(43) 我对当前获得的福利待遇满意	1	2	3	4	5
(44) 我对当前的办公条件满意	1	2	3	4	5
(45) 我认为学院的绩效奖惩制度很公平	1	2	3	4	5
(46) 学校经常提供学习和进修的机会	1	2	3	4	5
(47) 我对领导行为满意	1	2	3	4	5

续 表

项　目	符合程度				
(48) 我对当前的聘期考核制度满意	1	2	3	4	5
(49) 我对学校的教学评价满意	1	2	3	4	5
(50) 我对学校的科研奖励制度满意	1	2	3	4	5
(51) 我对校园环境满意	1	2	3	4	5
(52) 我对当前学院的学术氛围满意	1	2	3	4	5
(53) 所在城市的交通系统便利我的出行	1	2	3	4	5
(54) 我所在的城市生活节奏比较快	1	2	3	4	5
(55) 总体来说,我对当前的工作满意	1	2	3	4	5

33. 最近3年,您认为自己的整体健康状况是_____

① 非常不健康,身体有严重问题。

② 不太健康,经常去医院或吃药。

③ 一般,偶尔得小病。

④ 比较健康,基本不生病。

⑤ 非常健康。

34. 请谈谈您对当前工作的看法或者对相关政策的建议

_____

_____

35. 如果您方便,请留下您的微信/支付宝/银行账号,我们将把20元劳酬转给您

如果您可以接受后续的访谈,欢迎您留下邮箱或其他联系方式,再

次感谢您的合作!

二、访谈提纲

(一) 教师访谈提纲

1. 基本信息:性别、婚姻、子女情况、年龄、任职学校、教授学科、职称、职务

2. 您能否描述一下昨天一天的时间安排(起床、用餐、路途、工作、午休、运动、晚休等)? 平常是否也是这样作息?

3. 您周末和假期的时间安排一般是怎样的? 请分别具体谈一下。

4. 您对当前的时间感受是怎样的? 利用效率如何? 为什么会这样? 如何规划时间?

5. 您目前感受到的压力怎么样? 主要来自哪些方面(教学、科研、行政、家庭等)? 遇到压力时您一般如何缓解? 请分别具体谈一下。

6. 您对当前的工作及其各方面(如工作环境、学术氛围、教师评价与晋升制度、绩效分配制度、薪酬福利待遇、领导行为等)满意吗? 哪些方面满意? 哪些方面不满意? 为什么? 有离校的打算吗? 为什么?

7. 您认为自己的教学表现(如教学情感、教学行为、教学能力)怎么样? 符合您的预期吗? 为什么?

8. 您近3年科研产出(如课题、论文、著作、咨询报告等)如何? 对目前的产出满意吗? 为什么?

9. 请您用3个形容词来描述一下当前的工作状态。

10. 如果重新选择,您是否还会继续选择从事这个职业? 为什么?

（二）学生访谈提纲

1. 基本信息：学校、年级、专业

2. 您清楚自己导师的作息吗？（平常他/她在哪里办公？大概几点会来实验室或者办公室？）

3. 您清楚自己导师本学期有几门课（本科生课程、研究生课程）吗？他/她目前指导了多少在校学生（含本科生、研究生）？

4. 您认为该导师讲的课怎么样？请客观评价。

5. 该导师课下是如何指导您的（指导形式、指导内容、每周指导次数以及所花费的时间），您对他的指导方式满意吗？

6. 您将来会选择从事高校教师这个职业吗？为什么？

三、观察提纲

1. 该院校所在城市的交通情况、行人步速、科技发展水平、市民精神状态、休闲娱乐情况等

2. 该院校师生的步速、用餐速度等

3. 该院校教师的穿着打扮、精神状态等

4. 该院校各时间段（如同一天的早上、中午、晚上，工作日、周末、假期等）每个学院办公室/实验室的教师在班分布情况，其身份多数是什么？（如是教师还是学生，是青年教师还是其他教师？）

5. 教师某一时间段（如上午、下午或者一天）的活动与时间安排（仅为跟踪观察使用）

后　记

本著作是国家社会科学基金教育学青年项目课题（课题批准号：CIA180272）的研究成果。从立项到开题，从资料收集到著作完成，历时4年之久。每次提笔写作，恍惚间又回到了读博时期，仿佛又回到了丽娃河畔，但是那种生活却再也回不去了。特别是有了孩子之后，身体每况愈下，学术研究的体力和精力都大不如以前，也让我深深体会到了婚育之后女性学术工作者的艰辛。

本课题能够成功立项，得益于博士期间的研究积累，离不开阎导和华东师范大学高等教育研究所各位老师的培养。在梳理以前资料和研究成果的过程中，脑海中总是浮现丽娃河畔那些温暖的往事，那河、那人、那树都是我人生最美好的回忆。老师们敏锐的学术洞察力、严谨求实的治学精神以及精益求精的学术作风都深深地影响着我，令我终身受益！

感谢厦门大学教育研究院的史秋衡教授、郑若玲教授和台湾研究院的张宝蓉教授在我开题时提出的宝贵建议！感谢华侨大学前校长贾益民教授、法学院院长刘超教授、华文学院李欣教授，以及华南师范大学教育科学学院卓泽林教授、宁波大学教师教育学院副院长刘希伟教授、兰州大学高等教育研究院李雄鹰教授对课题中期检查和结题的大力支持！

感谢华侨大学华文教育研究院各位领导提供的工作平台。在我被琐事缠身时，主楼13楼的办公室成为我暂离烦扰的"容身之所"，使我能够潜心写作。感谢华侨大学华文学院各位领导与同仁的支持！感谢华东师范大学高教所、厦门大学教育研究院、华中科技大学科学研究院各位同门兄弟姐妹在调研过程中所提供的各种帮助！本研究设计的问卷题量较大，能够获得高校教师的问卷数据实属不易。正是有了各位的帮助，本研究才得以顺利进行。

感谢上海社会科学院出版社的曹艾达编辑以及相关工作人员，本书数据、图表较多，感谢他们不辞辛苦地编辑、校对！感谢评审专家提出的宝贵建议！同时，我还要特别感谢填写本书调查问卷、参与受访和接受观察的各位老师！特别是在疫情期间，面对面的访谈和跟踪观察受到很大阻力，就在我准备放弃访谈调查和跟踪观察的时候，有不少老师同意接受视频访谈，有的还给我发送了文字记录，甚至自己想办法录制了观察视频。虽然素不相识，但大家给予的支持让我十分感激。尽管在本著作中不得不使用编码代称，但你们的帮助我会永远铭记于心！

最后，我还要感谢我的家人！有了宝宝之后，在时间安排上经常"身不由己"。为了让我专心工作，父母离开了生活几十年的老家，成了"老漂族"，一边努力克服水土不服、生活环境不适应等困难，一边帮忙带孩子、分担家务。感谢我的父母、爱人一直以来的支持与陪伴，感谢我的两个可爱的宝宝！

高校教师的时间分配与工作状态是一个复杂的议题，本书的研究不免存在缺憾之处，但希望通过这本书，大家能够更全面地认识当前我国学术职业的境况，更深入地了解我国高校教师的工作与生活状态。

图书在版编目(CIP)数据

我国高校教师的时间分配与工作状态研究 / 付梦芸著. -- 上海 : 上海社会科学院出版社, 2024. -- ISBN 978-7-5520-4598-7

Ⅰ. G645.12

中国国家版本馆 CIP 数据核字第 2024W4S295 号

我国高校教师的时间分配与工作状态研究

著　　者：付梦芸
责任编辑：曹艾达
封面设计：杨晨安
出版发行：上海社会科学院出版社
　　　　　上海顺昌路 622 号　邮编 200025
　　　　　电话总机 021-63315947　销售热线 021-53063735
　　　　　https://cbs.sass.org.cn　E-mail:sassp@sassp.cn
照　　排：南京理工出版信息技术有限公司
印　　刷：上海龙腾印务有限公司
开　　本：890 毫米×1240 毫米　1/32
印　　张：10.25
插　　页：1
字　　数：245 千
版　　次：2024 年 12 月第 1 版　2024 年 12 月第 1 次印刷

ISBN 978-7-5520-4598-7/G·1371　　　　　　　定价:89.00 元

版权所有　翻印必究